本书获华南师范大学外国语言文化学院
高水平大学建设项目资助

华南师范大学外国语言文化学院学术文库

纠结的换装偶人

文化安全视角下的日本文化研究

甘能清　汪　静　著

暨南大学出版社
JINAN UNIVERSITY PRESS

中国·广州

图书在版编目（CIP）数据

纠结的换装偶人：文化安全视角下的日本文化研究/甘能清，汪静著. —
广州：暨南大学出版社，2019.8
ISBN 978 - 7 - 5668 - 2647 - 3

Ⅰ. ①纠…　Ⅱ. ①甘…②汪…　Ⅲ. ①文化研究—日本　Ⅳ. ①G131.3

中国版本图书馆 CIP 数据核字（2019）第 096855 号

纠结的换装偶人：文化安全视角下的日本文化研究
JIUJIE DE HUANZHUANG OUREN：WENHUA ANQUAN SHIJIAO XIA DE
RIBEN WENHUA YANJIU
著　者：甘能清　汪　静
··

出 版 人：徐义雄
策划编辑：杜小陆
责任编辑：黄志波　黄　璐
责任校对：李林达
责任印制：汤慧君　周一丹

出版发行：暨南大学出版社（510630）
电　　话：总编室（8620）85221601
　　　　　营销部（8620）85225284　85228291　85228292（邮购）
传　　真：（8620）85221583（办公室）　85223774（营销部）
网　　址：http://www.jnupress.com
排　　版：广州良弓广告有限公司
印　　刷：佛山市浩文彩色印刷有限公司
开　　本：787mm×960mm　1/16
印　　张：12
字　　数：230 千
版　　次：2019 年 8 月第 1 版
印　　次：2019 年 8 月第 1 次
定　　价：49.80 元

前　言

光阴荏苒，屈指数来，笔者接触日语语言、日本文化已二十余载了。出于兴趣爱好以及教学工作需要，笔者对日本文化安全动态的关注与日俱增，隐约发现当今中国的一些文化"不安全"现象以往在日本也曾出现过。于是，在感慨岁月匆匆之余，萌发了针对日本文化安全的经验教训做点"学术"的想法。通过深入系统的整理之后，笔者发现研究日本文化安全的专门书籍少之又少，这更加坚定了笔者的决心。

毋庸讳言，对于日本和日本人，国人的感情是复杂的。这种感情既包含了自豪，也包含了不解、愤怒甚至仇恨，如今或许还夹杂着某种憧憬。每当在文献、影视中看到日本"遣隋使""遣唐使"不远万里、漂洋过海地来中国学习、取经的情景时，国人无不感到自豪满满；每当在书籍影视中看到日本对中华大地野蛮侵略、无情蹂躏的情景时，国人无不感到义愤填膺；每当耳闻目睹日本右翼阴魂不散、罔顾史实的行径时，国人无不对之恨之入骨。笔者在教授日语语言和日本文化相关课程时，每接触一个新班级，都要进行同一个口头调查。问题是"一提到日本，你首先想到的是什么"。每一届班级的回答都大同小异，占前五位的是"日本鬼子""南京大屠杀""小日本""日本动漫"和"日本游戏"。这充分说明，国人一方面牢记国恨家仇，一方面也深受日本文化的影响。现如今，每当看到日本弹丸之国竟有如此巨大的经济成就和国民"修养"时，国人无不觉得百般费解；每当被日本的种种美景美色美味诱惑时，憧憬"赴日游"的国人也不在少数。

然而，当笔者问起，"你了解日本吗"的时候，得到的回答多是否定的。时至今日，由于中日两国民族感情的特殊性，国人对日本、对日本人、对日本民族的了解与研究似乎没有实质的突破，表面的认识依然影响深远。反观日本对中国的研究，对比相当鲜明。历史上，日本早就把"中国"这个题目"放在解剖台上解剖了几千次，装在实验管里试验了千百次"①。日本作为我们的近邻，居然能够一度让我们陷入"亡国灭种"的危机之中，我们或许应该换个角度观照日本及日本文化了。

---

① 戴季陶：《日本论：了解日本的文化读本》，九州出版社，2005年，第9页。

　　"文化""文化安全""日本文化"这几个概念在学术界尚未见到不存在争议的清晰定义，拙著将书名定为"文化安全视角下的日本文化研究"，主旨不是要讨论日本文化安全与否，而是从文化安全这个视角来审视日本文化，深刻把握它的特点，考察它的可鉴之"长"和应避之"短"。具体而言，拙著主要基于"文化安全"理论框架，重点从非物质文化安全的角度，探讨"文化安全视角下战后日本民族文化身份的构建""文化安全视角下日本传统文化保护的经验""文化安全视角下日本的核心价值观""文化安全视角下日本人的精神状态"以及"文化安全视角下的日语语言危机"。分析表明，"二战"后日本在民族文化身份的构建和对外交往中鲜有意识形态的论争，日本的核心价值观虽然也有危机但是整体保持基本稳定。日本在保护传统文化时，普遍持有"危机意识"，在具体的文化问题上升至"安全"问题之前即积极干预，全民参与，依"安全"标准采取对策，妥善解决萌芽中的文化问题，使之融入"函数主义"式的"日本文化"中，保证"换装偶人"的安全。这些都是日本文化安全保障的成功做法，收效也比较显著。但是，日本人的精神状态似乎并不那么安全、理想，流浪汉问题、蛰居者问题和援助交际问题，都是因为日本文化的底色——共同体主义出现松动，受到了美式自由主义、个人主义侵蚀而造成了日本特有"世间体"的变动或崩溃，部分国民尤其年轻人产生了对"世间体"的逃避或反叛，因而带来了精神上的危机。究其原因，根植于日语语言的"世间体"世界观和"世界体"世界观的冲突以及日本实施"脱汉限汉"国语政策和"有多利教育"所导致的"世间体"构造及世界观的异变，加剧了部分日本国民精神荒芜化，从而导致了一连串的精神危机乱象的发生。

　　从多个侧面对日本文化安全进行尽可能深入的研究，对全球化背景下我国地方特色文化的传承，乃至我国"文化自信"的巩固、"文化软实力"的提高等，都是具有借鉴意义的。

　　拙著在书写时首先尊重学术性与严肃性，其次兼顾通俗性和大众性，试图以"学术通俗化"的思路对日本文化进行可信而有效的解析。在做这样的尝试时，我们努力把握好通俗化的"度"，以免造成学术著作的学术价值低下，同时努力避免学术未能实现通俗化却落入娱乐化的泥潭中。无奈笔者学识水平所限，不足及错漏在所难免，还望学界同仁及各位读者不吝赐教。倘能抛拙著一砖，引来学界众多美玉，让更多的学人投入到日本这个题目的研究中来，让更多的国人进一步地了解日本这个近邻，足矣！

著　者
2018 年端午节于陋室书房中

目　录

第一章　何谓文化安全视角

第一节　文化安全的定义

"文化（culture）"是一个使用频率极高的词语，人们对它并不陌生。但是，要给"文化"下一个简单而明确的定义，绝非易事。据统计，由人类学家、社会学家、精神病学家以及其他学者对"文化"一词给出的定义已多达160多种。据《辞海》的解释，"文化"一词有三种含义：其一，从广义上说，文化是指人类社会历史实践过程中所创造的物质财富和精神财富的总和；从狭义上讲，文化是指社会的意识形态，以及与之相适应的制度和组织机构。文化是一种历史现象，每一社会都有与其相适应的文化，并随着社会物质生产的发展而发展。作为意识形态的文化，是一定社会的政治和经济的反映，又作用于一定社会的政治和经济并给予其巨大影响。随着民族的产生和发展，文化通过民族形式的发展，形成民族的传统。文化不仅具有民族性，其发展也具有历史的连续性，社会物质生产发展的历史连续性是文化发展历史连续性的基础。其二，泛指一般知识，包括语文知识，例如"学文化"就是指学习文字和求取一般知识；又如对个人而言的"文化水平"，是指一个人的知识程度。其三，指中国古代封建王朝所实施的文治和教化的总称[1]。一般认为《辞海》中的"文化"定义代表了我国目前大多数学者的观点[2]。本书中所说的"文化"依据第一种含义。

1951年，加拿大政府颁布《皇家科学·艺术·教育委员会报告》，明确提出："我们的军事防卫能力必须确保国家安全，我们的文化防卫能力也要引起高度重视。文化安全（cultural security）与国防安全同等重要，二者不可分割。"这是西方最早笼统地使用"文化安全"这一概念的文件[3]。然而，"文化安全"这个概念，直到20世纪90年代末期才开始在中

---

① 《辞海》（1979年版缩印本），上海辞书出版社，1980年，第1533页（有删减）。

② 王威孚、朱磊：《关于对"文化"定义的综述》，《江淮论坛》2006年第2期，第190－192页。

③ 程工等：《世界主要国家文化安全政策研究》，社会科学文献出版社，2014年，第4页。

国学界出现。中国学者对于文化安全的研究成果首先在于明确提出了"文化安全"这一概念。不过，正如张福贵（2012：13）指出的那样，"从一种学理的角度来说，对于思想文化的评价与社会政治的评价应该是有不同价值尺度的。思想文化作为一种精神活动或者作为精神活动的实践形式，是不能用'稳定''安全'与否等社会政治评价尺度来衡量的。社会政治的核心问题是如何建立完善的制度来维护合理的秩序，而思想文化的核心问题是如何保持文化传承和思想个性以实现国家民族精神的创新性与活力"，因而至今鲜有对"文化安全"提出清晰定义的论著，更多的是对"文化安全"标准的讨论。比较具有代表性的是潘一禾。他将"文化安全"置于"非传统安全"范畴下，明确提出了"文化安全"的四个标准：

（1）政治文化和社会管理制度上的安全感；

（2）传统文化和独特价值体系上的安全感；

（3）民族语言和信息传播上的安全感；

（4）国民教育体系和国民素质上的安全感①。

另有学者认为，"文化安全问题实质上是一种政治问题，是国家和政府认定一种文化问题对自身的生存和发展构成威胁而实施安全化之后形成的，其安全指涉对象和实施主体都是国家和政府。而能够对一国生存和发展造成威胁的文化安全问题主要有两类：意识形态安全和民族文化安全"②。这一概念有些过窄，实质上把文化安全问题等同于一种政治问题，某种程度上抹杀了文化安全的特性。其实文化安全和政治安全是两个不同的概念，可以说，政治安全是文化安全问题，但文化安全不一定是政治安全问题。除了从危险层面、指涉对象和实施主体三方面来界定之外，还应该加上文化安全涉及范围的大小和蔓延趋势等。文化安全问题容易被忽视，往往是上一代种下隐患，到下一代才凸显出来。另外，它还容易被掩盖，需要前瞻性和学者的敏锐，而不是等它成了"政治问题"时再去关注，比如年轻人的精神状态问题。

事实上，判断某种文化是否存在安全隐患，考察文化安全与否离不开两个重要的指标：一是潜在性，二是前瞻性。①文化安全的潜在性。首先是潜在的广度比较大，波及的人群比较多；其次是潜在的深度比较深，影响人的价值判断；最后是潜在的长度比较长，短时间内看不出来。换言之，它不是"政治问题"，但它会演变成政治问题。尤其是涉及年轻人的

---

① 潘一禾：《文化安全》，浙江大学出版社，2007 年，第 28 页。

② 程工等：《世界主要国家文化安全政策研究》，社会科学文献出版社，2014 年，第 10 页。

教育问题，危及"国家形象"的公民素质问题等。②文化安全的前瞻性。程工等人的《世界主要国家文化安全政策研究》讲到了一定危害，称国家纳入政府层面考虑的才是"文化安全"问题，恰恰是这样的思路，有时反而让文化更加不安全，要防患于未然，有前瞻性。张福贵（2012）也指出，"文化安全不只是对本土文化现状和当下价值的保护，更是对于文化未来发展潜力的坚信和发展方向选择的认定。文化安全是在不断接受强势文化的挑战和冲击的'不安全'的境遇中，不断发展自身而实现的"。这其中的"发展潜力"和"发展方向"都很好地说明了文化安全问题具有前瞻性的特点，文化安全问题的分析考察需要前瞻性的眼光。文化问题如果等到酿成一定危害、波及面很广时再去关注，往往是"贼去关门"，难免"为时晚矣"。所以，文化安全问题需要未雨绸缪，防微杜渐，防患于未然。与我们一衣带水的日本在这一方面有很多值得我们借鉴的经验和教训。

综合现有文献对"文化安全"的定义，可以肯定的是，"文化安全"离不开下列四个维度：一是核心价值观的安全，二是传统文化的安全，三是民族语言的安全，四是普通人的生活方式尤其是年轻人的精神安全。本书将用以上文化安全的四个维度，一一解析日本文化，剖析日本人在对外开放时如何做到维护核心价值观的稳定，如何传承和发扬传统文化，如何维护和推广民族语言，如何妥善处理和应对日本年轻人生活方式上出现的问题。通过这四个维度的考察，发现日本成功背后存在的危机，对我国"文化自信"的加强、"中国梦"的构筑，应有可鉴之处。

第二节　日本文化安全吗

关于"日本文化"的概念，我国日本文化研究学者王勇先生指出，"'日本文化'之概念，可大可小，因人而异。大者，如家永三郎的《日本文化史》，涵盖人文社科之全部；小者，如石田一良的《日本文化：历史的展开与特征》，限于日本人的精神构造"①。根据《辞海》的"文化"定义及王勇关于"日本文化"概念的理解，可以认为，"日本文化"从广义上讲，是指日本在其社会历史实践过程中所创造的物质财富和精神财富的总和；从狭义上讲，是指日本的社会意识形态，以及与之相适应的制度和组织机构。本书所说的"日本文化"侧重于广义的理解。

---

① 王勇：《日本文化——模仿与创新的轨迹·前言》，高等教育出版社，2001年，第1页。

用文化安全的四个维度观照日本文化，可以发现日本人从来没觉得自己安全过，总是战战兢兢、如履薄冰，危机意识似乎从未间断。比如"日本沉没""列岛危机""失去的十年"等夸大其词的用语，都是日本人自己提出来的。日本人几乎从来不谈"文化安全"，谈得更多的是日本文化"不安全"的一面，尤其是日本文化的"安全保障"。日本学者如石森秀三、津田幸男等关于这类问题的研究，大多使用"文化安全保障"① 或具有相同含义的表述，他们更加关注的是日本文化当中"不安全"的一面以及如何解决这些"不安全"的因素，以"保障"日本的"文化安全"。比如语言文字上受外来词的冲击，年轻人滥用外来词造成日本年纪大的人无法听懂年轻人讲话的现象，日本年轻人的精神荒芜现象，正值青壮年却"有家不回"、游荡在街头的流浪汉现象，大好青春却宅在家里的、数以百万计的"蛰居者"现象，青春蓬勃的美少女为了一点零花钱不惜出卖身体的"援助交际"现象，熟谙高科技却被邪教洗脑的"奥姆真理教"教徒问题等，都引起了日本学者及民众的高度关注。之所以如此关注文化的"不安全""文化的安全保障"，应该不仅与日本人对文化的理解有密切的关联，更加与日本人总是行进在"不断接受强势文化的挑战和冲击的'不安全'境遇"的途中，即日本人普遍的"危机"意识有密切的关系。日本人总是在问题还不怎么构成"危险"时就积极干预，全社会参与。比如中小学生拒绝上学的问题，学生间恃强凌弱的"校园欺凌问题"，可以说很多国家都有这个问题。但是日本人的"危机"意识让他们早在问题的萌芽状态就积极干预了。可以这样说，当状况还没有达到"安全"问题的级别时，他们已经按照"安全"的标准应对了，如对蛰居问题的处理等。另外，有些文化现象在日本已经可控，并不影响日本的文化安全，而对其他国家来说却构成"文化安全"问题，比如日本的成人出版物、成人动漫等。如果用文化安全的标准来评价日本，在一定程度上可以说它是成功维护文化安全的典范。

日本曾经数次彻底投入地向外国学习，却没有被同化，反而不断地吸收强势文化，使本土文化不断发展、增强，形成了独特的"日本文化"。能做到这一点，日本文化到底有哪些神秘特质呢？这些值得我们思考。

关于日本文化的特质，日本学者石田一良提出了一种解释框架——"换装偶人"②，意思就是日本文化本身就像一个偶人，外来文化只是一件

---

① 日语中的表述为"文化的安全保障"或"文化の安全保障"。
② 日文说法为"着せ替え人形説"。王勇：《日本文化论：解析与重构》，《日本学刊》2007 年第 6 期，第 86 - 98 页。此文中将其译为"变形玩偶"。

漂亮的衣服。有时候他们把漂亮的衣服层层叠加在身上，等到看中下一件漂亮的衣服时，再把以前的衣服脱掉。因此，日本文化转型时似乎少有纠结和困惑，能做到转换自如。日本文化的很多样式都体现了这一原则，石田一良将其称为"函数主义"①，比如日本的连歌（基于和歌的一种娱乐文艺），以及日语语言文字的诞生和发展就是一个极好的例证，本书将在第七章进行详细探讨。

日本一旦吸收某种文化后，就会加入自己的原创，逐渐形成自己的风格。一旦接触，马上消化，日本文化这个"偶人"的消化吸收功能很强大，已经形成了某种固定模式。"吃进去的是'外'，吐出来的是'和'"。日本人曾经用"和魂汉才"和"和魂洋才"这两个词高度概括对外学习的宗旨。

总体来说，日本在"文化安全"上取得了很大的成果，他们很少陷入意识形态的纠结和争论。日本对传统文化的保护堪称典范，日语的推广也取得了很大的成效，日本文化产业取得了巨大的经济效益和社会效益，为树立日本的国家形象加分不少，无形中壮大了日本的文化"软实力"。尽管如此，日本国内极少轻言"日本文化安全"。基于这样的事实，拙著定名为"文化安全视角下的日本文化研究"而非"日本文化安全研究"之类的，主旨是从文化安全这个视角来审视日本文化，考察它的得与失，而不是要讨论日本文化安全与否。

---

①　日语著作中的用词是"関数主義（かんすうしゅぎ，kansushugi）"，也称"機能主義（きのうしゅぎ，kinoushugi）"，是英文"functionalism"的日译。按照一般的理解，函数主义即实用第一，功能至上。石田一良所说的"函数主义"是指当一个变量发生变化时，另外一个变量也随之发生变化。

第二章　日本文化研究文献概述

世界上最早对日本研究投入精力的应该算是中国人了。首先，中国民间传说里有很多关于日本起源的故事，如徐福东渡的故事等。其次，中国的书籍里也有很多关于日本的记载，如《山海经》《搜神记》《魏书·倭王志》等。隋唐时期，日本派遣"遣隋使""遣唐使"向中国虚心求教，文化迅猛发展。到了近代，日本率先向西方学习，实行文明开化，中日两国的实力对比第一次出现逆转。尤其是甲午战争，当时昏庸腐败的清政府令中国落入惨败的境地。此时中国本着研究日本的精神，第一次重视这个邻居，甚至提出"以东洋为师"的口号。

然而，中国的谦虚态度并没有打动日本，日本渐渐成为中国"灭顶之灾"的制造者。1937年日本全面侵华，让中国人面临沦为"亡国奴"的危险。中国在战争年代对日本的研究，针对性很强，但难免有急功近利之嫌。

"二战"后，日本偏居亚洲一隅，国土狭小、资源贫乏，却创造了经济奇迹，吸引了全世界的目光。全世界很多国家都在研究日本，首先是研究它的经济奇迹，其次是研究经济背后的文化基因，从而出现了很多关于日本文化研究的著作。

限于篇幅，本书主要选取我们最熟悉的一些日本文化本体研究专门著作（不含中日文化对比类著作）加以简要概述，以期勾勒出日本文化研究的大致轨迹。

第一节　分类进行的日本文化研究

首先，按照分析研究的角度和方法对日本文化研究的著作类成果进行细分，主要有如下三类：一是重点分析日本民族心理和日本人精神构造类的研究，二是综述日本文化类的研究，三是从特定角度解析日本文化特征类的研究。

一、分析日本民族心理和日本人精神构造类研究概述

（一）石田一良的《日本文化：历史的展开与特征》

这是日本文化史学者石田一良（石田一良＝いしだかずよし，Ishida kazuyoshi，1913—2006）的著作。石田一良提出了一个观点，即日本文化是"换装偶人"。也就是日本文化的底色是"氏族共同体"，即生活中心主义、共同体主义以及函数主义。这是日本文化的内核，后来吸收的文化只不过是换穿的衣服而已。他按照时代的顺序，分别考察了佛教的传入、唐朝政治制度的传入、禅宗的传入以及基督教的传入，又辟专章分别研究了神道思想、日本佛教史、日本儒教史和基督教史的变迁和意识形态的结合。最后他提出一个观点：日本文化具有"结晶"化学反应功能，即在兼收并蓄之后，会产生新的日本文化景观。但是日本文化的本质是"函数主义"，即一个变量发生变化，另外一个变量也发生变化。例如"连歌"，某个词在前一句话是一个意境，到下一句话就是另外一个意境了。

石田一良的"换装偶人"一说，与日语翻译家储元熹教授的观点相似。储元熹教授1996年在洛阳外国语学院的一次学术报告会上，谈及他翻译日本国学家内藤湖南的著作《日本文化史》（商务印书馆1997年版）时表示：中国文化面对外来文化是"吃菜"，吃进去，然后再吐出新的东西，比如对佛教的吸收。中国佛教和印度佛教展示出完全不同的景观，尤其是观音菩萨顺应中国老百姓的喜好，摇身一变以女性的形象出现。而日本文化就是"穿衣服"，无论多么精彩的外来文化，对日本人来说，都只是一件华丽的衣服，可以拿来就穿，也可以想脱就脱，几乎没有思想的纠结和心灵的激荡。石田一良将这一文化特质命名为"换装偶人"，并且上升到日本人精神构造的逻辑底色的高度，细致分析了每一个阶段日本人的审美情趣和主流意识的相关性，具有强大的解释功能。

在石田一良看来，日本"氏族共同体"的内核没有改变。但是，文化是有潜移默化功能的，日本每换穿一次外来文化的"衣服"，对它的"气质"就没有影响和改变吗？并且，在换下"旧装"披上新装的时候，对"旧装"的处置方法真的不会影响到"偶人"的内在吗？对此，石田一良没有进一步展开。据他的弟子——浙江工商大学日本文化研究所所长王勇教授讲，他曾就这一问题当面求教过石田一良先生，但没有得到正面回

答①。事实如何，尚未得到确认。但是，"偶人换穿衣服"对"气质"的影响应该是难以否认的。

（二）本尼迪克特的《菊与刀》

这是美国人类学家鲁斯·本尼迪克特（Ruth Benedict，原姓 Fulton，1887—1948）于 1944 年应美国政府的委托，为美国占领日本该采取何种政策而作的研究报告，英文书名为 The Chrysanthemum and the Sword。由于当时战争尚未结束，作者不能发挥人类学田野研究的特长，亲赴日本进行实地考察，就退而求其次，考察了在美国生活的日本人。她分别考察了日本人养育子女、家庭结构以及社会交往的细节，用强大的思辨功能得出日本人性格的矛盾性——既勇猛尚武又彬彬有礼、既冥顽不化又与时俱进以及既温雅驯服又心怀怨愤。根据她的研究结论，杜鲁门政府占领日本后，保留了天皇，以较小的代价实现了对日本的改造。这本书也成为迄今为止对日研究评价最高的一本著作。她提出的"耻感文化"和"罪感文化"，至今仍能解释东西方文化的差异。

毫不夸张地说，这是能够让读者深切地感受到人类学魅力的一本书，也体现了西方人强大的逻辑思辨能力，着实令人折服。作者巧妙地抓住了日本文化两个非常有象征意义的"符号"——菊与刀，揭示了日本人的两面性。遗憾的是，关于菊与刀的两面性，著作中没有具体的论述。换言之，这种两面性是否总是泾渭分明？在某种条件下，它们是否会发生转化？《菊与刀》没有给出它的解释。此外，作者把特定时代、特殊日本人群体的社会心理当作日本人的普遍心理，在方法论上也受到一些质疑。

（三）大贯惠美子的《作为自我的稻米：日本人穿越时空的身份认同》

作者大贯惠美子是美籍日裔学者，原著书名为 Rice as Self：Japanese Identities through Time，出版于 1992 年。该著作从历史人类学的角度分析了日本人身份认同的建立。她的主要观点如下：①日本人的身份认同是来自"他者"的观照，即只有在与陌生人的对比中，日本人才确立其为"日本人"。日本的民间传说中有很多"陌生的外来人""陌生的外来力量"，这些"陌生的外来人"和"外来力量"都是以和平、友好、强大的形象出现的，基本符合日本历史上遭遇外来文化的特征。②日本人的稻米文化历史并不是很长，在很长一段时间里也不是以稻米为主食，但是稻米却被赋予

---

① 王勇：《日本文化论：解析与重构》，《日本学刊》2007 年第 6 期，第 94 页。

了特殊的含义。稻米曾经作为俸禄，除了食用之外的功能，还可以作为财富的象征。稻米与天皇制也相关联，如天皇的"大尝祭"①，祭礼的主要内容就是品尝新米。作者认为天皇在日本文化中更多是一个"祭祀符号"。此外，稻米还是日本人宇宙观形成的一个因素。在日本传说中，稻米是从腹部流出的，这也决定了日本人认为人的腹部是灵魂居所的原因。③日本人认为产在日本的稻米才是最好的，这是因为只有产在日本的稻米才能与身份认同关联。这个观点可以解释日本人的"精神自尊"，不认同"外来的和尚会念经"，相反认为日本的东西才是全世界最好的。

该著作令人再一次感叹人类学的解释功能和研究魅力。作者竟能借助一粒小小的稻米，纵贯古今，旁征博引，完成了对日本人身份认同的梳理过程。然而，按照唯物主义的逻辑思路，作者基于民间传说的很多结论难免有"唯心"之嫌。

（四）高增杰的《日本的社会思潮与国民情绪》

这是中国社科院日本研究所原副所长高增杰于 2001 年出版的著作。当时他研究的着眼点是将日本文化与国际政治理论结合，提出"理念"一词。他的研究结论是日本一直存在两种社会思潮：理想主义和现实主义。理想主义的代表人物是横井小楠，他提出合作的观点，以"王道"的思想和亚洲邻国相处；而现实主义的代表人物是佐久间象山，他提出"铁血理论"，以"霸道"的思想征服亚洲邻国。作者认为这两种思潮依然存在，日本今后走何种道路取决于这两种思潮的较量结果。

然而，对日本人何以这样思维，他们的逻辑是什么，该著作并没有深入地分析。按照国际政治的一般思维，思潮固然重要，但是执政党的选择更加重要。执政党选择采纳哪种理念，往往不是两种思潮自然较量的结果。

---

① 大尝祭，日语为"大嘗祭"，原本训读作"おおにえのまつり（oonienomat-suri）""おおなめのまつり（oonamenomatsuri）""おおむべのまつり（oomubenomat-suri）"等，现在多音读为"だいじょうさい（daijyousai）"。原本指天皇即位典礼之后首次举行的"新尝祭（新嘗祭＝にいなめさい，niinamesai；新尝祭）"。所谓"新尝祭"是指每年 11 月天皇举办的丰收祭，是一种天皇向神灵呈贡当年新谷米且天皇自己也品尝的祭礼。大尝祭起初只是此种新尝祭的别名。之后，天皇即位后的首次新尝祭被视为一代只有一次的祭礼，举办规模相当大，律令中将其特别称作"践祚大嘗祭（せんさくだいじょうさい，sensaku daijyousai；即位大尝祭）"，以区别于一般的大尝祭（新尝祭）。

二、日本文化类研究综述

综述日本文化的著作不少，限于篇幅，我们很难做到一一介绍。在此，从与文化安全研究的最大关联性出发，暂且选取中日两国具有代表性的成果进行介绍。中国学者研究日本文化的成果选择王勇的《日本文化——模仿与创新的轨迹》；日本学者研究日本文化的成果则选择较有影响力的家永三郎的《日本文化史》；美国学者研究日本文化的成果选择埃德温·赖肖尔的《日本人》。

（一）王勇的《日本文化——模仿与创新的轨迹》

这是中国的日本文化研究学者王勇于 2001 年出版的代表著作之一。他也是前文提到的石田一良的学生。这是一本概述日本文化的著作，按照时间顺序，分别介绍了每个历史时期的日本文化特色，主要采取的是历史学的研究角度，文化的概念也是狭义的"文物文化"。特色是在绳文文化前提出"岩宿文化"。

该书全面梳理了日本文化的变迁和每个时代的主要文化特色。尤其是每一章的"余论"，都提出了一些新颖的说法，比如"明代的日本趣味"。在认为明治维新之前日本文化完全就是对中国的吸收这一观念一统江山的当下，他本着扎实的文物考察，在大量文化交流的实例中提出"明代的日本趣味"，认为在明朝，日本文化已经开始初具特色，甚至开始反哺中国。

但是，这毕竟是一本面向日语专业大学生的教材，普及性较强，很多地方限于篇幅没有展开，在学术的深入性上还是受了一些限制。

（二）家永三郎的《日本文化史》

这是日本文化史学家家永三郎出版于 1959 年的著作，代表了"二战"后有良知的日本学者对日本文化的反思和梳理。在该著作中，家永三郎采取了"文化"的狭义定义，认为"文化"是用作专指学术、艺术、宗教和思想、道德等领域的词语。该著作也是按照这个狭义的文化定义来阐明日本文化历史的。他提出了很多基于学识而不是基于战前政府主导的一些观点：

（1）所谓"神道教"在日本很长的一段历史时期里，只是一种巫术仪式，并没有教义和场所。后来的"神道教"是统治阶级为了自己的利益编造出来的。

（2）日本文化有一个显著的特点，那就是传统文化不会因外来的或国内创立的新文化的发展而消亡。在许多情况下，它们相互重合而共存。外来文化的影响并没有达到如此的深度和广度，以致从根本上改变日本人的文化生活。

（3）武士的道德因时代而异，并不一定都一样。广泛使用的"武士道"这个名称，是进入江户时代以后出现的词语。他还指出，必须认识到：被明治以后的伦理学家美化为普遍道德、在欧美各国也被大肆宣扬的所谓"武士道"，是江户时代形成的观念形态。而封建社会成长期武士道德的实际内容，却具有按照这种观念形态来看有点无法想象的性质。

或许大多数人会有这样的一个错觉，以为日本人生活的各个方面在很早的时候就全面受中国的影响，尤其是派遣遣唐使时期。这本书展现给我们的是另外一种场景：在13世纪前的日本，中国文化对日本的影响从内容上看是文物制度，从受众层面来看是贵族阶层。而在13世纪之后，中国的日常文化才开始影响到日本普通民众。与此同时，日本特色的文化现象也开始出现，比如茶道、花道等。

基于家永三郎考证的史实，我们尝试提出一个观点：在很长的历史时期里，其实存在着"两个日本"：一个是高居统治地位的贵族，吟赏烟霞，醉心于中国文化的吸取；一个是群居民间的广大民众，吸风饮露，过着相当原始的生活。反观古代中国，科举制度让普通民众有上升的空间，在上下两个阶层中有一条显而易见的通道；而日本的世袭制度，让上下两个阶层的交流几乎没有交集。日本派出的遣隋使、遣唐使从中国引进了文字及律令制度等诸多东西，但宦官、缠足及科举制度这几项并没有引进。之所以没有引进科举制度，恐怕是因为一旦引进这个制度，只要有能力，一般人也能得到重用，这样必将威胁到包括这些遣唐使在内的贵族集团的利益（中川正之，2014：25）。中国的文化流动在不同阶层之间是可能的，上流社会的生活方式甚至对普通百姓有一种示范效应。日本则不然，贵族阶层和民众阶层之间界线分明且没有联通和交集。从这个对比意义上讲，日本是相当封闭的。

还有一个有趣的现象，一般来说，在吸收外来文化时，日常生活相关的内容更容易引起兴趣，比如穿衣和饮食。日本人对中国服饰的模仿与引进是比较早的，据《日本书纪》① 记载，公元603年，圣德太子制定了用以评定官位的"冠位十二阶"② 制，根据官位的等级确定头冠的颜色。由此，日本上层阶层遵照隋朝的衣服令，模仿了中国的服装。但是，对饮食

---

① 成书于公元720年。
② 日语为"冠位十二阶（かんいじゅうにかい，kanijunikai）"。

文化的引进却相对滞后，这也许跟中日两国之间的距离有关。稻米的种植，由于传入的是种子，所以较早地得以普及。这些事实表明，日本对中国文化的吸收是有选择的，是主动为之的。这一点在日语对汉语的吸收及其具体的吸收方法上也表现得相当突出。

该著作的不足之处，与其说是不足，还不如说是在当今学术分析方法主流熏陶之下，我们已经不太习惯这种阶级分析法主导的著作了。联系到作者著书的年代——1959 年，正是日本革新势力在保革对立语境中占据优势的年代，作者用那个年代流行的分析方法也不足为奇。

（三）埃德温·赖肖尔的《日本人》

埃德温·赖肖尔是美国与费正清齐名的亚洲问题专家，熟谙日本问题，曾长期担任美国驻日大使。1977 年出版的《日本人》是赖肖尔的代表作之一，出版后曾多次重印，为美国畅销书之一。全书共分自然环境、历史背景、社会情况、政治制度以及日本与外部世界五个部分。全书以日本 20 世纪 70 年代的材料为主，结合日本的整个历史演变和文化传统来分析研究日本情况，是一本有一定深度的著作。与此同时，作者还介绍了这个资源缺乏的岛国战后成为一个经济巨人的发展过程。

与《菊与刀》相比，本书最大的特色就是作者长期在日本生活，利用的是第一手的资料，近距离地对日本进行分析研究。他从自然、地理及政治的沿革出发，深入考察了日本人的心理特征。

该书的不足之处就是论题比较发散，更像一本普及日本和日本人概况的著作，对日本文化特征研究的深入性不够。该书后来又几经修订，中文就有好几个版本，足见作者对日本的持续研究和关注及该书的影响力。

三、从特定角度解析日本文化特征类研究概述

与综述日本文化类的著作、成果相比，从某个特定角度来解析日本文化特征的著作、成果由于其可读性更大，同时也不乏学术魅力，在学界和读者中的影响力更大。为了从尽可能多的视角去了解日本文化的特征，我们也尽量选择了有一定影响力的著作、成果进行综述。

（一）李御宁的《日本人的缩小意识》

这是韩国学者李御宁的一部力作。原著写于 20 世纪 80 年代，当时就

在日本引起轰动，成为经久不衰的畅销书，并于 2003 年出版了中文版①。从这个事实也可以看出日本人的危机意识和重视外国人对日本文化研究的程度。该书首先驳斥了西方人把日本人当作亚洲东方文化之代表的倾向，认为日本文化并不能代表亚洲文化。其次，作者列举了日本表现"缩小意识"的六大类型：

(1) 套匣型——装填；

(2) 扇子型——折叠；攥握；聚合；

(3) 女孩偶人型——去掉；削掉；

(4) 盒饭型——填塞；

(5) 能面型——架势；

(6) 徽章型——凝聚。

利用这六大类型，作者进一步深入地、具体地分析了日本表现自然的"缩小"文化，比如缩景的庭园、盆栽、插花以及壁龛。然后又分析了社会中的"缩小"文化，如榻榻米、茶室、"座"的文化以及歌舞伎的"花道"等。接着又分析了当代社会中的"缩小"文化的表现——晶体管和半导体以及经营学中的"缩小"的表现——机器人和"打弹珠"的游戏。作者最后得出结论是，日本人的特长在于"缩小"：从细微处着眼。一旦他们狂妄起来往大的方向发展，最后就难免失败。他的结语是"莫为鬼神为一寸法师"，劝告日本人安于自己的"小意识""小情调"，不要外向，不要妄图称霸，否则将是日本的灾难，也是全世界的灾难。

这本书的研究角度选得很巧妙，基本上抓住了日本文化的一个非常重要的特色，几乎算是"人人心中皆有，人人笔下皆无"的程度。用他的"缩小"逻辑，可以解释日本很多文化现象和发明，比如折扇和折叠伞。日本人缺乏原创性，但是他们的"缩小"意识使其优化既有的发明，从而创造出更加方便快捷的东西。

但是，作者很多方面罔顾事实，故意夸大韩国文化对日本的影响，尤其是很多通过韩国传播到日本的文化被断章取义地说成是韩国文化对日本文化的影响。社会科学应该保持一定的独立性和相当程度的客观性，而这位韩国学者字里行间流露出的"大韩国心态"令人啼笑皆非，削弱了著作的严谨性。

---

① 参见李御宁著，张乃丽译：《日本人的缩小意识·前言》，山东人民出版社，2003 年。

（二）王东的《敛与狂：日本人看不见的日本》

这是一位长期生活在日本的中国人近年出版的通俗著作，给人很多启发。著作的标题是模仿《菊与刀》所起，作者似乎试图用"敛"和"狂"两个字来概括日本文化的特色。这本书有以下几个特点：

第一，它提供了最新的日本情况。虽然这些关于日本的情况都经过了作者的过滤与加工，但是一些现象的描述有助于读者把握当下日本社会的一些特色。

第二，它的一些观点给人一定启发。比如该书指出，日本人对政府、对生活有很多的不满，但没有酿成大的骚动。原因在于沉静的日本人并没有将不满付诸行动，试图改变现状。另外，该书还指出日本现在的问题是缺乏一个领导核心，而该局面是美国人有意为之，这个提法比较新颖。

第三，著作的后记"中日千年错看史"，跟全书漫谈的风格相比，有较强学术性。由此推测，该书作者大概是想将一些学术上的观点进行通俗的传达，以期读者对日本有更多的认识。作者指出在"中日千年错看史"上，中国是大而化之，尤其是在明治维新之后，相信日本制度的力量，以为真的是西方民主制度和科学力量让日本强大起来了。然而，日本之所以能变革成功，在于日本人强大的执行能力，在于其内阁的绝对权威，这才是被民主掩盖的实质所在，这一点也比较新颖。而日本对中国的"错看"，就在于迷失在细节里，过于纠结一些局部的细节，不能对中国有整体的宏观把握。

这本书的不足之处在于，它更多的时候是在谈对日本的"感觉"。虽然有一些事例来支撑，但还是给人以"想当然"的感觉，主观判断的成分不少，需要甄别的内容也不少。

（三）李兆忠的《暧昧的日本人》

这同样是一位在日本生活多年的中国人的著作，试图以"暧昧"一词来概括日本文化的特征。他认为日本人尚武又爱美，封闭又开放，自然又人工，顺从又反抗，视"瞬间"为"永恒"，模仿中又有创造。但是，一旦涉及大和民族的生死存亡和根本利益，日本人从来不"暧昧"、不含糊。其"暧昧"，往往是清晰到极致的表现。

这本书给人带来的启示主要有三点。第一，该书提炼出"暧昧"一词，抓住了日本文化的一个特色；第二，该书从民间传说"桃太郎"入手，继而发散开来，研究视角比较独特；第三，该书提出中国对日本的几种心态具有一定的启发性：一是大中华心态，二是受害者心态，三是简单化心态。

这本书的不足之处是，跟《敛与狂：日本人看不见的日本》一样，对《菊与刀》的模仿痕迹很重。这两本书的最大的问题都是作者没有依托一种理论框架，也没有一种学科领域作为支撑。所以他们的观点看似新颖，很能吸引眼球，但经不起细致的推敲。这也是我们选择"文化安全"这个视角来研究日本文化的原因之一。理论是需要学术规范的，不依托一定的学科，不借助一定的理论框架，难免又会流向"泛泛而谈"的窘境。

（四）土居健郎的《日本人的"撒娇"心理构造》

这是日本学者土居健郎的力作，日语版书名为『「甘え」の構造』。它从"甘え（あまえ，amae：撒娇）"一词切入，分析了日本人的精神构造。其实"甘え"这个词跟中文的"撒娇"还是有一定距离，但是实在难以找到一个与之对等的中文词语来对译。这个词在日语中更多的是"依赖""信赖"、精神寄托的意思。土居健郎从"撒娇"一词入手，分析了日本人的精神构造。他认为，在日常生活中，日本人往往会选择一个强大的、类似于西方基督教中的、德高望重的"教父"角色加以信赖和依靠，整个国民情绪对天皇都有这种依恋和信赖。

这本书给人的启示是语言和文化相结合的研究思路，是文化语言学研究的成功案例。这样的研究方法在日本研究学界并不少见，诸如《日本人"加油"的构造》[1] 等，都是从一个词切入，继而考察日本文化的特色。这本书的不足之处是它只能解释日本文化的一个侧面，只对日本人精神层面的一个方面进行展开，涉及的对象极其有限。而且韩国人也认为"撒娇"这个词不是日本仅有，韩语中也有类似的词语，韩国人也有类似的精神现象。

（五）中根千枝的《"纵式"社会的人际关系》

这是日本社会学者中根千枝的力作，日语版书名为『タテ社会の人間関係』。作者从"纵式"入手解析日本社会的特色，认为无所不在的"纵式"结构，构成了日本社会的风貌。这个"纵式"结构其实就是严格的上下等级制度，一种在日本无处不在的"秩序"意识。

这本书的亮点在于，她选准一个词就足以概括日本文化的特色。"纵式"一词确实抓住了日本文化最根本的一个方面。

这本书的不足之处就是对日本社会"横向"结构的一面没有涉及。日

---

① 天沼香：『「頑張り」の構造——日本人の行動原理』，吉川弘文館，1987 年。

15

本社会也有"横向"结构的一面，尤其是西方文化传入之后，平等的思想也深入人心，对这一点该书没有涉及。

（六）加藤周一的《"杂种"文化——日本的微小希望》①

这是日本学者加藤周一在战后初期的代表著作，日语版书名为『雑種文化——日本の小さな希望』。作者在 20 世纪 50 年代曾经作为福布赖特（Fulbright）留学生访问了欧美，该著作是他留学回国后所作的文章之结集。其中前半部分分析了日本文化积极吸收外国文化并将其日本化的过程，提出了日本文化是"杂糅文化"的主张，即日本文化是"杂糅"而成的，结合了东西方很多文化形态。这一主张当时引起了很大反响。

该著作抓住了日本文化来源的多样性，"杂糅"一词也很精准。但是不足之处就是，这种种文化是以何种形态杂糅的？是刻意的拼盘还是一个大杂烩？这些作者没有涉及。研读该著作时，笔者受其启发，曾想过用"优化"一词来解读日本文化，大概意思就是日本文化是在对优秀的外来文化"优化升级"的基础上形成的。但是这也无法解释日本文化的种种顽疾，且有点太过抬举日本文化之嫌，也落入模仿"菊与刀"企图提出一个词概括日本文化的俗套。要从另一个侧面解读日本文化，需要有另外的视角。"文化安全"理论视角应该是一个不错的选项。

（七）王勇的《中日"书籍之路"研究》

这本书是王勇 2003 年出版的著作。相比"海上丝绸之路"的提法，他提出了中日之间存在一条"书籍之路"的观点。他打了一个比方，"丝绸之路"输出的是大米，大米吃完了也就完了；而"书籍之路"输出的是稻谷，稻谷到了日本又再生。所以他认为日本文化的秘密是掌握了中国的"书籍"，掌握了"渔"，所以在此基础上"再生"了跟中国相似又迥异的独特的"日本文化"。在他后来发表的《日本文化论：解析与重构》② 一文中，更加具体地提出了几种对日本文化的解析角度，诸如杂种文化、换装偶人等，然后从"书籍之路"的观点重构日本文化论。

这本书能够让人领略到历史学这门学科的魅力。王勇是研究历史出身的，他的论文写作方法跟一般的学者有所不同，很注重历史材料的运用，

---

① 此处的"杂种"是日语的"雑種（ざっしゅ，zasshu）"的直译，原意是"混合、混杂，种类混合"，与汉语的"杂糅"比较接近。汉语中的"杂种"含贬义，日语中的"雑種"不含贬义。

② 该论文于 2007 年 6 月发表于《日本学刊》，第 86 – 159 页。

很多时候他并不是要提出什么观点、解决什么问题，而是最大限度地还原历史风貌。该著作与其说是一本书，倒不如说是一本论文集，以独立论文的形式对中日之间的"书籍之路"进行了考证，但是书中没有论文对日本如何利用"书籍"的过程进行分析探讨，不能解决这样一个问题：同样的经典，在日本能发挥社会功能，比如《论语》加算盘用在了经营上，《三国志》被利用在军事上，而这些书在本土中国，并没有发挥学术之外的作用，原因何在？对这些问题的探讨不无裨益。

第二节　分阶段进行的日本文化研究

上一节把日本文化主体研究的主要成果按类别扼要地进行了介绍。受选材标准以及笔者学识所限，难免有所遗漏，很难称得上是对日本文化先行研究的较好的全面的归纳总结。不过，基本上涉及了目前为止日本文化主体研究的主要成果和观点，相信一定程度上是可取可信的。

任何论著的出现都离不开其社会背景和历史背景，按照历史阶段对日本文化研究的论著进行归纳和分析可以发现其研究特征。关于日本文化研究的论著从时间顺序上看，每一阶段都有其自身的基本特征，它们研究的视角也不尽相同。早在清朝末年张之洞时期，就提出"师夷长技以制夷"，派遣留学生去东洋留学，那时已出现了对日本文化研究的书籍。下面依时间轴按阶段特征简单梳理一下日本文化研究的相关论著。

一、第一阶段——应时而作：19 世纪 90 年代到"二战"前

这一时期的日本文化研究论著主要有黄遵宪的《日本国志》、戴季陶的《日本论》以及周作人的《论日本》。黄遵宪是把明治维新时期日本人学习西方的情况和经验教训介绍到中国的第一人。该研究论著的宗旨是让中国对日本的情况有一个细致的了解。戴季陶的《日本论》发表于1928年，对日本社会文化的各个侧面，如原始信仰、皇权崇拜及社会阶段的演变做了剖析，综观了日本社会的变迁，尤其关注中国的律令等在登陆日本后的本土化进程。由于当时正值日本侵华战争前夕，因此该著作称得上是一部"二战"前夕中国人对日本的洞察之作，是带有政治家色彩的手笔。此外，周作人的《论日本》，也都是为了增加中国对日本这个战争对手的了解而作的。

另外，虽然与本书筛选先行研究成果的标准——研究日本文化专门著作有一定差别，不过由于历史时期的特殊性，还是应该提及蒋百里于抗战初期在媒体上发表的《日本人：一个外国人的研究》一书。该书从日本的自然条件和历史渊源谈起，分析了近代日本的国际形势、经济困境及阶级隔阂等，描述了日本社会的变迁，指出了日本民族精神上的空虚与矛盾，最后针对当时的中日战争得出了"不要和日本讲和"的结论，被视为抗日战略预言书。

二、第二阶段——反思之作："二战"后至冷战结束前

第二次世界大战结束之后，日本国内外对日本文化的研究进入了反思阶段，出现了一系列高水平的著作。

首先是本尼迪克特的力作《菊与刀》（1946 年）。研究的宗旨是为了给美国政府提供决策依据，关注的是日本人的行为模式和思维结构。其次是日本人对自身文化的反思之作，如《"纵式"社会的人际关系》（1967 年）、《"杂种"文化——日本的微小希望》（1956 年）、《日本人的"撒娇"心理构造》（1971 年）等。主要关注日本人的精神构造和人际关系的实质，从文化的性质来把握日本文化。不光日本人在进行这个工作，长期驻日的外国人也试图研究日本。如美国驻日大使赖肖尔，他的《日本人》关注日本国民的特性，并将其置于亚洲文化这个大背景下加以考察。再次是抓住日本文化的某一特征进行深入研究，如李御宁的《日本人的"缩小意识"》（1982 年）。最后是对日本文化进行整体研究，尤其注重国民的精神构造。如石田一良的《日本文化：历史的展开与特征》（1988 年）、大贯惠美子的《作为自我的稻米：日本人穿越时空的身份认同》（1992 年）等。

三、第三阶段——多面之作：冷战结束后

冷战结束后，中日关系面临着调整和重新定位，对日本文化的研究也开始多样化。有对日本文化进行整体把握和研究的，如王勇的《日本文化——模仿与创新的轨迹》（2001 年）；有配合中国日语学习者的学习需要，重点介绍日本大众文化的，如王冲的《日语畅谈畅听日本文化》（2014 年）；也有试图从某一个角度深入研究日本文化的，如李兆忠的《暧昧的日本人》(1998 年出版，2005 年再版)、王东的《敛与狂：日本人看不见的日本》

（2014 年）；有当中日关系出现困难时，试图全面解析日本社会思潮和国民情绪的，如高增杰的《日本的社会思潮与国民情绪》（2001）；有提出学界新的研究发现的，如王勇等的《中日之间的"书籍之路"》（2003 年）等。

与外国人对日本文化的研究和中国对日本之外国家的文化研究相比，中国的日本文化研究尚嫌单薄，尤其是很多时候是"应时之作"。从上面的叙述可以看出，中国大规模出现对日研究的时候都是中日关系有新的变动或出现问题的时候。中国的对日文化研究需要长期的、深入的、持续的研究。

综合以上的概述，关于日本文化主体研究的相关著作归纳如下表。

表 2－1　日本文化主体研究成果简介

序号	作者及著作名	关于日本文化特征的主要观点	可能的不足或质疑
1	石田一良《日本文化：历史的展开与特征》	日本文化是"换装偶人"，日本文化的底色是"氏族共同体"，即生活中心主义、共同体主义以及函数主义	每一次换穿外来文化的衣服，对气质没有影响吗？对旧装的处置方法不会影响偶人的内在吗
2	本尼迪克特《菊与刀》（The Chrysanthemum and the Sword）	欧美文化属于"罪感文化"，日本文化属于"耻感文化"	忽视了日本文化的两面性，这种两面性是否如此泾渭分明？把特定时代特殊日本人集团当作日本人的普遍心理是否合适
3	大贯惠美子《作为自我的稻米：日本人穿越时空的身份认同》（Rice as Self: Japanese Identities through Time）	①日本人的身份认同是来自"他者"的观照，只有在与陌生人的对比中，日本人才确立其为"日本人"②"稻米"对于日本人的特殊含义③日本人的"精神自尊"，不认同"外来的和尚会念经"，相反认为日本的东西才是全世界最好的	基于民间传说的结论难免有"唯心"之嫌

（续上表）

序号	作者及著作名	关于日本文化特征的主要观点	可能的不足或质疑
4	高增杰《日本的社会思潮与国民情绪》	日本一直存在两种社会思潮——理想主义和现实主义。理想主义的代表人物是横井小楠，他提出合作的观点，以"王道"的思想与亚洲邻国共处，而现实主义的代表人物是佐久间象山，他提出"铁血理论"，以"霸道"的思想征服亚洲邻国。当今日本依然存在这两种思潮，日本今后的走向取决于这两种思潮此消彼长的较量结果	按照国际政治的一般思维，思潮固然重要，但是执政党的选择也非常重要，执政党选择采纳哪种理念更为重要，这往往不是两种思潮自然较量的结果。对于思潮背后的思维逻辑，应有进一步的分析
5	王勇《日本文化：模仿与创新的轨迹》	按照时间顺序梳理了日本文化的变迁以及各个时代的主要文化特色，提出了"岩宿文化"的主张。各章的"余论"部分提出了一些新颖的说法，如"明代的日本趣味"等	普及性较强，在学术的深入性上还是受了一些限制
6	家永三郎《日本文化史》	①日本文化有一个显著的特点，那就是传统的古老文化不会因外来文化或国内创立的新文化的发展而消亡 ②13世纪前中国文化对日本的影响内容上主要是文物制度，对象主要是贵族阶层；13世纪后，中国的日常文化才开始影响到日本民众 ③存在两个"日本"，一个是贵族阶层的日本，一个是广大民众的日本	用阶级分析法会不会带来偏倚之见？两个日本的同时存在是否意味着两种世界观的同时存在
7	赖肖尔《日本人》	全书从自然环境、历史背景、社会情况、政治制度、日本与外部世界等五个部分，以日本20世纪70年代的材料为主，结合日本的整个历史演变和文化传统来分析研究日本情况，是一本有一定深度的著作	论题比较发散，更像一本普及日本和日本人概况的著作，对日本文化特征研究的深入性不够

（续上表）

序号	作者及著作名	关于日本文化特征的主要观点	可能的不足或质疑
8	李御宁《日本人的缩小意识》	①总结了日本表现"缩小意识"的六大类型 ②日本人的特长在于"缩小"，从细微处着眼，一旦他们狂妄起来向大的方向发展，最后就难免失败	著作中流露出"大韩国心态"，与社会科学应该保持一定的独立性和相当程度的客观性的做法不符
9	王东《敛与狂：日本人看不见的日本》	①日本人对政府对生活有很多的不满，但是沉静的日本人并没有将不满付诸行动，试图改变现状 ②日本现在的问题是缺乏一个领导核心，而这个局面是美国人有意为之	理论支持不足，给人以"想当然"的感觉
10	李兆忠《暧昧的日本人》	①日本文化的特征——尚武又爱美，封闭又开放，自然又人工，顺从又反抗，视"瞬间"为"永恒"，模仿中又有创造。但是，一旦涉及大和民族的生死存亡和根本利益，日本人从来不"暧昧"、不含糊，其"暧昧"往往是清晰到极致的表现 ②提出中国对日本的几种心态也比较切合实际：一是大中华心态，二是受害者心态，三是简单化心态	没有理论框架的支撑和学科的依托，不免给人以过于主观武断的感觉
11	土居健郎的《日本人的"撒娇"心理构造》	它从"甘え（撒娇）"一词切入，分析了日本人的精神构造。认为在日常生活中，日本人往往会选择一个强大的、类似于西方基督教的、德高望重的"教父"的角色加以信赖和依靠，在整个国民情绪中，对天皇都有这种依恋和信赖	它只能解释日本文化的一个侧面，只对日本人精神层面的一个方面进行展开，涉及的对象极其有限。而且"甘え（撒娇）"这个词似乎并非日本仅有，韩语中也有类似的词语，韩国人也有类似的精神现象，因而受到学者的质疑也在情理之中

（续上表）

序号	作者及著作名	关于日本文化特征的主要观点	可能的不足或质疑
12	中根千枝《"纵式"社会的人际关系》	无所不在的"纵式"，构成了日本社会的风貌。这个"纵式"其实就是严格的上下等级制度，一种在日本无处不在的"秩序"意识	对"横向"结构的一面没有涉及
13	加藤周一《"杂种"文化——日本的微小希望》	日本文化是"杂糅文化"，即日本文化是"杂糅"而成的，结合了东西方很多文化形态	并未提及日本文化是何种形态杂糅的，是刻意的拼盘还是一个大杂烩
14	王勇《中日"书籍之路"研究》	①中日之间存在一条"书籍之路"②日本文化的秘密是掌握了中国的"书籍"，掌握了"渔"，所以在此基础上"再生"了跟中国相似又有很多不同的独特的"日本文化"	日本如何利用"书籍"的过程未有分析。不能解决这样一个问题，即同样的经典，在日本能发挥社会功能，比如《论语》加算盘用在了经营上，《三国志》被利用在军事上，而这些书在本土的中国，并没有发挥学术之外的作用，原因何在
15	戴季陶《日本论：了解日本的文化读本》	①神道信仰是日本民族的第一个特点②好美爱美是日本民族的另一个特点③日本人的尚武精神促进了日本社会的进步	个别地方流露出"唯心史观"以及对领袖的效忠思想

第三节　文化安全视角下日本文化的先行研究

前文的概述表明，要深入地挖掘日本文化，就必须依托一种学科门类，运用一种理论框架，进行持续的关注。本书基于"文化安全"视角，试图从四个维度——核心价值观的安全、传统文化的安全、民族语言的安全以及普通人的生活方式尤其是年轻人的精神安全——来观照日本文化。之所以尝试从文化安全视角展开日本文化研究，是基于这样的事实：当前方兴未艾的文化安全研究在日本文化研究方面尚未得到应有关注和分析。为了说明这一事实，下面从三个方面来分析文化安全视角下日本文化的研究现状：一是这些研究的兴起背景（包括国际国内）；二是这一类研究的基本状况及主要成果，最有代表性的论断；三是这类研究存在的不足。

从文化安全视角进行日本文化研究，尚未见到这方面的专著。笔者利用中国知网（www. cnki. net）、中山大学、华南师范大学、暨南大学等高校图书馆藏书查询系统以及中国国家图书馆联机公共目录查询系统①（opac. nlc. cn）等，以"日本文化安全""文化安全""cultural security"等关键词进行搜索，未见到专门详述日本文化安全的论著。目前国内唯一有专章谈到日本文化安全的专著就是《世界主要国家文化安全政策研究》（程工等，2014）。它也是迄今较新的关于日本文化安全政策的论述。另外，为了了解日本国内有关日本文化安全的研究现状，我们利用塞尼网（ci. nii. ac. jp）、学术机构馆藏构建协作支援事业（www. nii. ac. jp/irp/list）以及京都大学附属图书馆藏书查询系统（kuline. kulib. kyoto-u. ac. jp）、东京大学附属图书馆快速查询系统（www. lib. u-tokyo. ac. jp）、日本国立国会图书馆（www. ndl. go. jp）的馆藏书目查询系统以及 OPAC 系统，以"日本文化（にほんぶんか）""日本の文化（にほんのぶんか）""文化の安全（ぶんかのあんぜん）""文化的安全""cultural security"为关键词进行了搜索。搜索到直接关联的论著只有津田幸男（2012，2013）的关于"日本の言語と文化の安全保障のために（日本语言及文化之安全保障）"，以及石森秀三（2003）的"文明の衝突と文化の安全保障（文明冲突与文化安全保障）"。两者都没有直接论述日本文化安全，而主要是探讨日语语言的安全保障及其文化安全保障。由此可知，关于日本文化安全（包括日本文化安全保障）的微观研究乃至宏观研究都还有较大空间。

---

① 即 Online Public Access Catalogue，简称 OPAC。

关于文化安全研究的兴起背景，一是全球化的进一步深化，各国之间的文化交流无论是广度还是深度都达到了一个前所未有的高度；二是非传统安全观的出现；三是"软实力"这一概念的推出。如何用"文化"这一"软实力"影响他国，达到"不战而胜"的目的？如何防范外国的"文化入侵"，维护国家的文化安全就成了一个摆在各国面前的现实问题。

下面简述这一类研究的基本状况及其主要成果，尤其是最有代表性的论断。张建英（2011）在《文化安全战略研究》一书第三章"世界主要国家安全战略概览"中分析了美国、日本、加拿大和阿拉伯等国家和地区的文化历史和文化安全战略。其中关于日本的文化安全方面，张建英指出：回顾日本文化发展脉络，可以清晰地发现，日本文化安全战略始终强调开放性与主体性特征，强调内部各种文化主张的结合，强调自主与外来的融合。即使是在受中华文化影响最为深刻的"大化改新"时期，也创造了不少本民族文化中独特的东西。"二战"以后，日本通过摸索与思考，成功地实现了与西方文化的接轨与融合。到二十世纪七八十年代，由过去的"军事立国"战略和"经济立国"战略，转到了"科教文化立国"战略上。"科教文化立国"战略，不仅从战略层面对本国文化安全进行了全方位的规划部署，也在发掘文化对经济社会和人的全面发展的巨大潜能方面，给我们以重要的启发。日本"科教文化立国"战略包括：①全方位对文化建设发展进行总体设计筹划，设置新文化厅，进行文化立法。②加大保护"国语"的力度。③大力推进教育。尤其是终身教育的实施，对从深层面维护日本文化安全的主体性和开放性，发挥了重要作用。④强力推进文化、信息产业发展。

涂成林、史啸虎等在《国家软实力与文化安全研究——以广州为例》（中央编译出版社，2009 年）一书中将世界各国分成了三个不同的文化群体：霸权文化群体、强势文化群体和弱势文化群体，并在此基础上分析了三种文化群体采取的不同文化安全策略。

该书在第三章《国外加强国家软实力与文化安全的经验启示》中专门谈到了"日本和韩国的文化安全策略"。该书讲到，日本一方面积极发展外向型文化产业，从政策、资金及技术等方面鼎力协助，对海外文化产品也很开放。另一方面，对文化产业的保护却是严格的。尤其警惕外国资本进入日本文化产业，还专门颁布了法律进行细致的规定。作者称之为"实施文化保护战略，构筑文化安全防波堤"。

该书主要从日本政府的举措来谈，结合一些政策和规定，对日本文化安全的策略点到辄止，没有进一步展开。而且，该书的文化安全仅限于"文化产业"一项，与其说是谈日本的文化安全，不如说作者是在研究日本的文化产业安全，内容比较单薄。

程工等（2014）的《世界主要国家文化安全政策研究》一书中，第二章对日本文化安全进行了专门的分析，这是迄今能看到的著作及论文中对日本文化安全最直接最详细的叙述。该章着眼于日本的文化安全政策，详述了日本文化安全面临的机遇和挑战，日本文化安全政策的内容和实践、特点和影响。它的论述涉及战后民主化改革与日本文化的重塑，象征天皇制下的国家意识的重构，美国文化的冲击下的文化遗产保护，日本战后文化事业的起步与发展等（程工等，2014：13）。

该书认为，日本的文化安全既拥有经济迅速发展、全球化和信息化带来的机遇，同时也面临右翼思潮滋生和个人主义过度发展等挑战。在此背景下，日本通过"文化艺术立国"的国家发展战略。书中"文化外交"战略和"酷日本"战略打造和实施日本的文化安全政策。日本文化安全政策具有参与主体多样、法律体系健全和注重长远效益等多方面特点，对推动日本"政治大国化"进程、构筑良好国际形象和壮大文化实力都起到了积极的作用。日本文化安全面临的机遇有：第一，经济的腾飞为日本文化发展提供了物质基础；第二，日本文化热的出现为其文化输出提供了便利条件；第三，全球化与信息化的发展为日本文化安全建设提供了有利契机。但是日本文化安全也面临着不少的挑战：第一，战后改革的不彻底助长了右翼思潮的滋生；第二，现代化的进程催生了文化同质化的趋势；第三，个人主义的发展造成了社会整体精神世界的迷失。关于日本文化安全政策的内容与实践：第一是树立"文化艺术立国"的国家发展战略。书中分别详述了文化安全政策在国家战略中的体现、"新的文化立国"战略的演变及实践、"文化艺术立国"战略的确立及实践。第二是实施"文化外交"战略。分为战后初期的"文化外交"、强大经济实力支撑下的"文化外交"、新保守主义战略下的"文化外交"。第三是打造"酷日本"战略。介绍了"酷日本"战略的内涵、"酷日本"战略的形成与实践。第四是日本文化安全政策的本质。该书总结了日本文化安全政策的特点是参与主体多样、法律体系健全、注重长远效益。日本文化安全政策的影响是推动了日本"政治大国化"进程，构筑了日本在国际上的国家形象，壮大了日本的文化实力。

该书的缺陷和不足在于资料过于陈旧。作为一本出版于2014年的新书，该书仅仅利用了截至1998年的资料，讲述了日本青少年杀人事件和"拒绝上学"事件，就引出这样的结论：日本个人主义的发展所导致的社会整体精神世界的迷失已然成为文化安全领域的危机因素。这一部分至少有两个问题值得追问。第一，一本出版于2014年的书，却没有引用进入

21世纪后的材料，难免让人有这样的疑问：2000年起的这14年，日本青少年的杀人事件和拒绝上学问题是否依然如故？有哪些改善和恶化？第二，把日本社会整体精神世界的迷失归咎于个人主义似有失客观。日本明治以来的个人主义是破除小团体服务于家国的、并不同于欧美原始的个人主义和自由主义。甚至可以这样说，正是由于变种的个人主义，没有培育起真正的个人主义，在集体主义松懈、个人意识萌发时，作为一个个体无法承载自己的发展和困境，才会出现上述种种问题。

文化安全作为非传统安全的一个范畴，是国际关系理论的一个新兴领域。它关注政治文化和社会管理制度上的安全、传统文化和独特价值体系的安全、民族语言和信息传播的安全和国民教育体系和国民素质的安全。结合日本的实际，本书先介绍日本在文化安全保障方面的一些成功事实，包括战后日本民族文化身份的构建、日本保护传统文化安全的经验以及维持核心价值观的基本稳定三个方面，着力分析日本文化安全保障取得成功的经验和遭遇挫折的教训。然后介绍日本文化安全保障中不太成功的事实及表现，主要包括流浪汉现象、蛰居者现象和援助交际现象等当代日本人的生活方式，在此基础上进一步剖析日本文化安全的实际面貌及其存在的问题。最后以日语的产生、发展以及对外推广的流变过程，详细展现日本在维护语言文字安全上的得失，基于语言世界观以及"语言是人类最后家园"的基本观点，尝试从日语语言中寻找日本人精神危机的根源。

第三章 文化安全视角下战后日本民族文化身份的构建：鲜有意识形态论争

众所周知，日本是一个善于汲取外来文化的国家，并且在吸收外来文化的时候秉承"拿来主义"，尽可能做到"惟妙惟肖"。日本古代向中国学习，近代转身向欧美学习，奉行"脱亚入欧"路线。尤其是"二战"结束以来，日本在社会生活的各个方面无不以美国为学习效仿的榜样。但是，日本发展到现在，其文化却呈现出既不同于中国也不同于欧美的"独特景观"，东西方两种文明在日本汇聚，使日本确立了独特的文化优势，形成了岛国特有的社会和文化脉系，在现代世界舞台上创造了许多奇迹。正如石田一良所说的那样，"换装偶人"不停换装。日本对传统文化的保护和对文化遗产的珍视是举世公认的。与此同时，日本在信息、电子、动漫等高新产业上也处于世界领先地位，文化产业高度发达。对于处在向现代化转型过程中的我国而言，日本民族在现代化建设中注重维护国家文化安全并以"文化力"影响别国的经验和做法或许有可鉴之处。日本是如何建立民族文化身份认同的？又是如何建立主流价值体系的？本章力图就此问题进行探讨。

第一节 战后民主改革与民族文化身份的构建

"二战"结束以后，日本面临着前所未有的民族危机：日本历史上第一次接受异族的占领，盟国驻日占领军总司令部（简称"盟总"或 GHQ）成为日本的"太上皇"。战后初期美国对日本法西斯主义的全面清算使日本人陷入深刻的思想危机中。如何重新凝聚日本民心，建立日本人的民族文化身份认同是摆在日本统治阶层面前的首要问题。同时美国人也在研究如何以最小的代价实现对日本的改造。著名人类学家本尼迪克特通过对日本的研究写出了传世名作《菊与刀》，为当时的美国提供了对日政策的依据。美国最终做出了保留天皇制的决定，后随着冷战的开始改变了对日占领政策，全方位扶植日本。

一、从《人间宣言》的发表与战后日本民族文化身份的重建到教育改革

自日本天皇制确立以来，虽然天皇的权力时大时小，有时甚至被架空（如幕府时期），但天皇始终是日本最高权力的一种象征，在日本人的心目中占据着重要的地位。日本战败后，如何处理天皇及天皇制度成为美国乃至全世界关注的焦点。最后美国出于军事需要以及自身利益的考量，选择了保留天皇制。1946 年 1 月 1 日，日本官报发布了"天皇诏书"，诏书的后半部分出现了被理解为天皇自己否定了天皇作为"现人神"① 的内容，狭义上把这份诏书称作《人间宣言》。"人间"在日语中是"人"的意思，"人间宣言"的字面意思就是宣布自己是"人"。"人间宣言"这个名称是当时的媒体及出版社附加上的，诏书中并没有"人间""宣言"字眼。《人间宣言》的发表是保留天皇制的第一步，它对于战后日本民族精神的重构有重大影响。它首先意味着大和民族在经历战败后，被迫接受现实、适应现实，从明治近代化的原点重新出发，自我遏制尚武之气，谋求国家的和平复兴。在战败投降、军国主义伦理秩序瓦解的情况下，《人间宣言》力图在天皇与国民之间构建新的契约和精神秩序架构。尤其是裕仁天皇自己站出来否定天皇的"现人神"地位，这为日本摆脱神权统治，建立现代政治提供了前提，也限制了后来军国主义余孽利用天皇权威、恢复极端国家主义的野心。当然，天皇发表《人间宣言》，脱去神权光环，也符合世界范围内国家从神权政治走向政教分离的基本趋势。这非但未削弱天皇在日本国民中的精神地位，反而使其找到了新的存在价值。

日本明治大学教授川岛高峰认为："在战前日本国家秩序理念中，天皇同时具有神性和父性。神性通过天皇的《人间宣言》被否定，这是几乎所有国民都欢迎的。天皇制从君臣之分向亲近民众的大众化转变，其中包含着国民把天皇视为民族家长、追求其父性的民族感情。"② 这说明，日本民族的金字塔式精神结构并未因《人间宣言》的发表而改变，处于金字塔顶端的昭和天皇虽然走下了神坛，却仍在日本国民中有很强的精神号召力。

在日本漫长的历史时期里，天皇一直都是一个遥远而悠然的存在。从

---

① 日语为"现人神（あらひとがみ，arahitogami）"，"现人神""凡人神"，本意是以"人"的形态出现在世上的神仙的称呼，后来成为"天皇"的称呼。

② 张小劲：《大国复兴之路》，人民出版社，2007 年，第 3 页。

最开始的"卑弥呼，事鬼神，能惑众"（《魏志·倭人传》），到战后又恢复"国家象征"的身份，是一种对文化传统的复归。日本人精神构造中的"甘え（あまえ，amae：撒娇）"和"縦（たて，tate：纵式）"，由于天皇的"复归"，又找到了精神原点，从而理顺了日本人的身份认同。"甘え（撒娇）"是一种依赖精神，最终指向的是对天皇的精神依恋；"縦（纵式）"是日本人际关系的实质，它的顶端也就是天皇。就这样，日本人又回归到了"生活中心的共同体主义"，国民的安全感倍增。天皇在日本国民心目中的地位，我们通过日本媒体公布的舆论调查结果可见一斑。如在《日本国宪法》公布实施前的 1946 年 5 月 27 日，日本《每日新闻》报社晨刊刊登了关于"象征天皇制"的舆论调查结果，有 85% 的民众支持保留象征天皇制[①]。1990 年的舆论调查中，回答"保持现在的象征天皇制就好"的民众为 73%[②]；2000 年表示支持象征天皇制的民众为八成[③]；2002 年的舆论调查中，回答"天皇就保持与现在相同的象征就好"的民众为 86%[④]。NHK 在 2009 年 10 月 30 日至 11 月 1 日进行的一项舆论调查显示，认为"天皇保持与现在相同的象征就好"的民众为 82%，认为"天皇制应废除"的占 8%，认为"应赋予天皇政治权限"的为 6%[⑤]。

《人间宣言》的发表使日本成功度过了战败导致的民族精神危机，其基本精神在随后颁布的《日本国宪法》中被体制化。日本政治在经历了近代天皇独揽精神物质的一元政治之后，似乎又恢复了拥有悠久历史的二元结构——天皇统帅精神，将军（内阁总理大臣）统治民众。战后日本政治也因此恢复了类似幕府时期的微妙平衡，保持了基本稳定，从而为经济复兴提供了有利条件。但是，《人间宣言》也存在很大缺陷，就是裕仁天皇自始至终没有对近代侵略国策表露反省之意，反而暗含肯定明治国策之心。明治国策的指导思想，如"脱亚入欧"理念，依然有极大的影响力。

---

① 参见『毎日新聞 1949：新憲法の政府草案を歓迎　改憲論争、50 年代に原形』，『毎日新聞』，2016 年 2 月 8 日，東京朝刊，URL：http：//mainichi. jp/articles/20160208/ddm/004/040/012000c，2016 年 2 月 18 日访问。

② 参见『読売新聞』，1990 年 1 月 6 日朝刊。

③ 参见『毎日新聞』，2000 年 9 月。

④ 参见『全国当面采访式舆论调查』，『朝日新聞』，2002 年 12 月 22 日。

⑤ 参见『NHK 平成の皇室観』，URL：http：//www. nhk. or. jp/bunken/summary/yoron/social/039. html，2016 年 2 月 18 日访问。

二、教育改革与"科技立国"

重视教育是日本的一贯做法，也是日本向外学习时进展顺利的一大法宝。早在唐朝，日本就派遣"遣唐使"，排除艰难险阻来到中国实地学习考察。"遣唐使"将中国的先进文化带回日本，也带回了精神种子——书籍。正是借助这些"典籍"，日本人创造了很多跟中国类似但又不相一致的文化。

在明治维新之前，日本虽然实行"锁国政策"，但是留有长崎对外开放。荷兰的文化就是通过长崎港口源源不断地流入日本，为日本明治维新做了思想和文化准备。

明治维新之后，日本一如既往地重视教育，普及"识字"和"算盘"，使日本的识字率空前提高。这不光为明治维新之后日本的发展提供了人才资源，也为战后日本重建提供了重要的人力资源。但是后来日本在国语政策中采取了限制汉字的做法，使得日本文化的传承与发展出现人为的障碍。

20 世纪 80 年代，日本相继提出"科技立国""文化立国"等口号。这都是因为日本政府看到了日本文化的影响力，继而向全球推广。无论是"科技立国"也好，"文化立国"也罢，最终是靠人才的培养，关键是要有创造出带有日本特色又具有世界影响力的文化产品的"人才"[①]。因此，历届日本政府都非常重视对教育的投入。

日本 20 世纪 80 年代的教育改革以面向 21 世纪为出发点，强调教育改革必须适应 21 世纪的变化，重新认识人类社会和人类文明的发展进程，并据此重新评估教育的应有状态和重新认识教育的使命与目标。因此，根据在 21 世纪把日本建设成为富有创造性的、充满活力的国家这个总目标，确定面向 21 世纪的教育目标是：①培养心胸宽广、体魄强健和富有创造力的人；②使人们具有自由、自律和为公共利益服务的精神；③使人们成为面向世界的日本人。教育改革遵循以下原则：

（1）重视个性的原则。这是 20 世纪 80 年代日本教育改革最重要的原则，强调在教育中注意尊重个性、尊重自由和培养学生自律与自我负责的精神。必须按照这个原则重新评价日本教育的制度、内容、方法和政策，

---

① 铃木绚子：《酷日本战略的概要和论点》（日文标题为『クールジャパン戦略の概要と論点』），国立国会图书馆编：『調査と情報— ISSUE BRIEF — NUMBER 804』，2013 年。

凡是与此原则相抵触的东西，必须加以革除。

（2）向终身学习体系过渡。临时教育审议会的第四次报告指出，为了主动适应社会变化，建立富有活力的社会，满足人们日益提高的学习要求，必须建立以向终身学习体系过渡为核心的新教育体系，进而实现终身学习的社会。

（3）国际化原则。日本在世界的各个领域都不能孤立存在，必须承担一定的义务和责任，并和各国保持相互依赖的关系。全体国民都需要具有国际视野、国际知识以及对各国历史、文化等进行深刻了解，从而活跃于国际社会。

（4）信息化原则。①必须大幅度扩大教育者和受教育者之间的双向信息交流，形成以信息网络为中心的新的学习空间；同时要求学生切实掌握包括"读写算"在内的基础知识和基本技能。②应该处理好教育和信息化的关系，把信息化的成果有效地运用于教育、科研和文化活动之中；而以学校为代表的各种教育机构，应该培养人们掌握实际应用信息的能力，应采取个别教学等各种灵活的教学形式，强化双向沟通，尤其要强化学习者的信息传递技能。

（5）多样化原则。要实行学校制度的多样化、类别化和开放化；要改革教育内容，纠正偏重智力的教育，重视创造力、思考力和判断力的培养，重视德育和体育；要扩大中学阶段的选修课；高等教育要实现学科和课程的多样化和内容的灵活化，取代现行的国立大学一次性统考制度，创设国、私立大学都可利用的共同考试。

通过教育改革，努力实现教育国际化，培养具有国际视野的、在国际社会中能够积极生存的、能够为人类共同的知识技术财富作出贡献的新的一代。这为"科技立国"的提出提供了深厚的人力资源。应该说，无论是教育目标还是教育改革的原则，出发点都是好的。但是，正如我们在后文所分析到的那样，日本政府从 20 世纪 80 年代开始实施的"有多利教育"①理念给日本教育、日本社会带来了诸多的危机，种下了诸多不安全因素。

---

① 日文表述为"ユトリ教育（ゆとりきょういく，yutori kyouiku）"，有的译作"宽松教育"，本书将其译为"有多利教育"。这个名称并非日本政府部门指定的正式名称，只是一种笼统的称呼。它是指日本 1980 年至 2010 年施行的、旨在创建让学生学有余力的学校的一种教育倾向。目的是减少作为重视知识型教育方针的填鸭式教育的学习课时及其内容，树立重在培养思考能力的重视经验型的教育方针，创建让学生学有余力、学有所思的学校。日本希望通过这种教育方针的实施，改善、发展教育，为日本社会发展带来更多的利益。1980 年度、1992 年度、2002 年度的学习指导要领都是基于这样的教育方针制定的。但是，关于"有多利教育"的范围并没有明确的说法。

三、"政治大国"的提出与"优秀民族文化"的宣扬

《人间宣言》的发表，重构了日本人的精神体系，实现了传统文化的保护和传承，留住了日本人的精神家园。日本人在战后一定意义上"成功地"维护了语言文字的安全、风俗习惯的安全和生活方式的安全。通过文化遗产的保护和地域特色的打造，日本人非常具体地建构起了地域和民族身份的认同。20世纪60年代日本经济高速成长，以东京奥运会的召开为标志，日本人的民族自信心和民族自豪感空前高涨。自20世纪80年代中后期以来，日本追求"政治大国"的梦想似乎没有停止过。随着世界第二经济强国地位的确立，使日本成为"普通国家""正常国家"的口号逐渐成为日本政治家追求的主要目标。如何在"普通国家"的目标下重构日本人的身份认同，成为日本最重要的文化利益。

《人间宣言》的发表、天皇制的保留，使日本留下了关于侵略战争责任认定不明的后患。日本成为经济大国之后，政治大国成为新的发展目标。如何对待战后的日本，如何突破关于日本的种种限制，尤其是宪法第九条的限制，成为日本很多政治家的一个心结。"二战"结束以来，日本人对自身国家形象的认识在一些政客看来是不正常的。他们认为"国际上认为理所当然的事情"日本也要"理所当然地"去做①。究其实质，其实是想让日本突破战后的种种限制，成为一个"普通国家"，使日本人在成为"普通国家"这一点上形成共识，以此为目标凝聚人心，使日本人的民族身份认同统一到成为"普通国家"这一点上。"塑造能够在国际范围内行使武力的一种新的国家形象，即成为普通国家是目前日本各界共同认可的国家利益所在。"②

关于日本的发展道路，日本历史上长期存在着"两条路线"之争：大日本主义与小日本主义、国际主义与亚洲主义及民生国家与普通国家③。21世纪初期，关于日本的发展道路，日本还存在着"战略论争"④。就日

---

① 小泽一郎：《日本改造计划》，讲谈社，1993年，第102－105页。
② 李建民：《冷战后日本的"普通国家化"与中日关系的发展》，中国社会科学出版社，2005年，第263页。
③ 彼得·J.卡赞斯坦著，李小华译：《文化规范与国家安全——战后日本警察与自卫队》，新华出版社，2002年，第7页。
④ 金熙德：《冷战后日本对外战略论争》，《世界经济与政治》2001年第11期，第61－65页。

本目前看来，中国学者姚文礼认为"普通国家论"战胜了"民生大国论"，"成为政治大国是日本几代人的政治追求，自明治维新以来这一理念从未泯灭过。从本质上讲，'吉田路线'与'政治大国'并不矛盾，区别只在于着力点的不同与时间顺序上的差异而已"①。日本的"普通国家化"正在成为一种现实，从日本国民对政府突破宪法第九条的限制，实现海外派兵等举措的冷静反应可以看出，日本国民已经接受日本"普通国家化"的现实，在成为"普通国家"上建构了新的身份认同。

早在20世纪80年代，日本首相中曾根康弘就提出"建立文化发达国家"的战略构想，努力使日本成为亚洲乃至世界的文化基地。一些日本学者甚至提出"文化立国"的主张。

第二节　经济发展与日本社会价值取向的变迁

"二战"结束后，日本在美国的主导下确立了资本主义的意识形态。尽管20世纪60年代受世界上民族主义运动的影响，日本掀起了"反安保"的民主运动，但是非资本主义意识形态从来没有在日本发挥过主导作用，战后日本在意识形态方面从来没有出现过大的波动和动摇。

一、20世纪50年代中后期到60年代："保革"对立语境下的意识形态之争

尽管日本自明治维新就确立了资本主义制度，但是当时的资本主义制度有着浓厚的封建残余，资本主义民主制度并没有真正确立起来。美国占领初期，首要任务是铲除日本的法西斯军国主义，在此基础上对日本的政治、经济、文化教育及社会结构进行民主化的改造，也就是非军事化和民主化。为达到以上目标，按照美国占领当局的指导思想，日本政府在国内各个领域进行了民主主义改革，建设所谓的"和平的和文化的国家"成为日本政府的执政方针。日本首相片山哲在第一次国会演说的结语中提到："为了摆脱危机，我们应当接受联合国的好意援助，重新成为国际社会的一员，推进民主的和平国家、文化国家的建设，相信能够实现生活的安定

---

① 姚文礼：《21世纪初期日本安全战略调整刍议》，《日本学刊》2003年第6期，第9页。

和民族文化的振兴。"①

　　1947 年 5 月 3 日生效的《日本国宪法》确立了资产阶级议会民主制，实现了三权分立。在新宪法体制下，日本有史以来第一次确立了真正意义上的资产阶级议会政治，为日本战后走向民主化提供了法制保证。在"五五体制"形成以后，日本着力培养民众爱好和平、民主、宪政等价值理念，使全国人民在意识形态上保持统一。

　　在"保革"对立的语境下，日本人关于意识形态之争更多的是体现在对和平宪法的看法以及对美国的态度方面。20 世纪 60 年代初期，"反安保"运动语境下的反美运动既是全球民族独立风潮大背景在日本的内化，也是日本人关于意识形态争论的一个缩影。

二、"西方一员"与中流意识立场的坚持

　　冷战的铁幕拉开以来，日本一直坚定地站在以美国为首的西方阵营里，正如外交上"日美基轴"所表现的那样，日本在意识形态上始终坚持与美国保持高度一致。冷战的结束宣告了以体制和意识形态画线的对阵格局的终结。然而，20 世纪 90 年代日本外交反而加重了意识形态色彩，其突出表现就是把"共同价值观"与政治大国战略相结合，希望以此消除美国对日本大国战略的猜忌和防范，并争取西方集团的支持。其中也含有以自由民主价值观来加重日本在世界上的影响力的盘算。时至今日，日本仍然强调"共同价值观"，甚至把"价值观"当作外交的招牌。安倍晋三第一次组阁（2006 年 9 月—2007 年 9 月）时就提出了"价值观外交"，第二次组阁（2012 年 12 月—2014 年 12 月）时再次高调将"共同价值观"和"基本价值观"推上外交舞台。日本把"价值观"理解为"民主主义、自由、人权、法制以及市场经济"，视它们为"基本价值"和"普遍价值"，在推进外交中高度重视这些普遍价值，开展价值观外交。这是一种冷战思维的外交，显然具有与美国的"人权外交"保持一致步调的意思。但是，日本所谓"价值观外交"中的"基本价值"更多的只是一种形式，没有太具体的内容。安倍用以区分国际阵营的"民主、自由、人权、法制"的"基本价值"在日本的内政外交中并未真正体现，如对美军基地所在的冲

---

　　① 参见『世界と日本』，日本政治・国際関係データベース東京大学東洋文化研究所，田中明彦研究室，URL：http：//worldjpn. grips. ac. jp/documents/texts/pm/1947070/. SWJ. html。

绳县①民众的呼声关心不够，对日本国内指出的政府可能违宪的举措独断专行，对历史问题不做正面反思等。"价值观外交"更多的是意识形态名义下的战略和利益导向而非价值导向。在与欧洲国家交往时，日本会积极提及"价值观"。面对印澳等国时，日本会把重点从"价值观"转向更直接的"战略关系"。而在对待"基本价值观"相异的国家时，日本会以是否有利来衡量，此时"基本价值观"要让位于利益诉求②。换言之，"基本价值观"对日本这个"换装偶人"来讲也只不过是一件"漂亮的外衣"而已，有用的时候就穿上，没用甚至有害的时候就脱下，这是"缺乏历史反思、缺乏价值底线的实用主义思维方式"③。日本这个"换装偶人"随心所欲地穿脱"基本价值观"这件外衣，有时候是为了表明"西方一员"的立场，但最终都是为日本实现"普通国家""正常国家"乃至"政治大国"的梦想铺路。

　　"二战"结束已经70多年了，在世界范围内意识形态的斗争和争论几经消长，然而日本却曾经有过自民党长达38年的单独执政历史。自民党甚至被称为"万年执政党"，社会党被称为"万年在野党"，走社会主义道路的可能性在日本几乎为零。最有讽刺意义的是，1993年自民党下台，日本政治力量几经分化组合，促成了社会党的执政。然而社会党的执政是以牺牲党的理念和路线为代价的，连党的名字也改成了"社民党"，和日本其他保守政党趋同。战后以来日本得以保护资本主义意识形态的统一，源于以下几个因素。

　　（1）美国的对日政策。占领初期，美国为了推行民主化政策，支持了包括日共在内的左派势力和民众运动，而左派也利用这一有利条件开展了气势磅礴的民众运动。但是，冷战开始后，美国改变对日政策的出发点，要将日本培养成"共产主义防波堤"，从而极力扶植日本的保守势力，打压社会主义思想及组织在日本的壮大。在战后最初的几年里，日本人对理想问题也作过认真的探讨，展开过究竟"走资本主义道路还是走社会主义道路"的路线斗争④。在美国主导的民主化改革中，日本爆发了一系列工人运动和劳资纠纷，成立了社会主义政党并取得了合法地位。但是随着美国对日占领政策的转变，吉田内阁开始压制左派势力和民众运动。日本工

---

　　①　"县"是日本的行政区划之一，与"都·道·府"属同一级别。"都·道·府·县"相当于我国的"省·直辖市·自治区"一级的行政区划。

　　②　邱静：《两次安倍内阁的"价值观外交"》，《外交评论》2014年第3期，第75页。

　　③　邱静：《两次安倍内阁的"价值观外交"》，《外交评论》2014年第3期，第81页。

　　④　李国庆：《日本社会》，高等教育出版社，2001年，第180页。

人和民众运动进入低潮①。随着"五五体制"的建立，自民党长期单独执政，走社会主义道路在日本更是不可能实现的。

按照《敛与狂：日本人看不见的日本》一书的分析，美国对日本是有警惕之心的。美国之于日本到底是"瓶塞"还是"孵化器"，在国际政治界是有争论的。按照美国人的想法，让日本长期处于一个"群龙无首"的态势最符合美国的利益。所以，在日本曾经出现过"十年十相"的政坛动荡，却丝毫不影响日本的稳定和秩序。这背后固然有日本强大的官僚系统在维护国家的正常运转，也离不开各派势力相互牵制达成的平衡。对桥本、小泉、小泽这样的"强人型"领袖，美国是不予极力支持的。

（2）自民党的长期单独执政。自民党长期单独执政，在"保革"对立中占据更多话语优势，更加便于掌控主流价值体系。"五五体制"确立以后，日本自民党确立了"经济立国"路线，把日本人的思想都集中在如何搞好经济发展上，通过一系列经济发展计划，大幅度提高了日本人的生活水平。意识形态的争论对日本人来说没有多大吸引力。

当然，自民党之所以能做到长期执政，与其"专心致志发展经济"的政策是有关系的。"埋头发展经济"，给国民巨大的实惠，国家经济实力得到空前的发展，这才是日本意识形态稳定的最根本的物质保证。

（3）国民的"中流意识"。"中流意识"就是认为自己的生活水平居于中等水准的意识。自20世纪70年代以后的历次调查结果表明，具有"中流意识"的人一直在80%～90%之间②。这反映了国民对大众消费生活的满足度和社会的相对安定。另外，日本国民由"中流意识"产生"求稳惧变心理"，缺乏远大理想，注重个人生活的质量，对政治漠不关心。具有"中流意识"的人虽然对社会也有某种程度的不满，但反映最强烈的是环境、福利、物价以及廉政等问题，而不是对现存制度的根本否定与仇恨。日本人也有很多不满，但只是不满而已。这跟日本人"沉静"的个性有很大关系。

（4）实用主义的民族特性。务实的价值观念，对于一个民族或个人来说，必然形成灵活的、多变的以及多重的处世态度和行为规范。历史上，日本曾经有过几次面临生死存亡的紧急关头，但是鲜有意识形态的争论，奉行"实用主义"。日本人总是以灵活适应、重在务实的态度来对待实际生活和感官享受。日本经济的高速增长，国民生活水平的迅速提高，事实上肯

---

① 吴廷璆：《日本史》，南开大学出版社，1994年，第861页。
② 高增杰：《日本的社会思潮与国民情绪》，北京大学出版社，2001年，第153页。

定了统治阶级制定的基本路线及《日美安全条约》所起的某种积极作用。

　　另外，按照陈舜臣的说法，日本在选择的时候更多的是从"结果"出发，避免了该结果出炉之前的"过程"之争。在美国这一"路标"的指引下，日本也没有必要搞意识形态的争论。

第四章　文化安全视角下日本传统文化保护的经验：人人参与

上一章我们讨论了日本鲜有意识形态之争的历史沿袭，明确了日本鲜有意识形态之争的原因及其对日本文化安全的影响。本章我们将探讨以下问题：日本是如何保护自己的传统文化并把它发扬光大进而影响别的国家的？日本是如何配合大国形象的建构提出日本梦的设想的？日本维护文化安全和通过文化拓展国家利益有哪些值得借鉴的经验和值得吸取的教训？

第一节　传统文化的继承与保护

传统文化对构筑日本人的民族文化身份认同、增强民族自信心和民族自豪感有着巨大的价值。日本相当重视传统文化的保护和传承，可以说传统文化是日本人共同的精神家园，保护和传承传统文化就是留住日本人共同的"根"。如前所述，维护文化安全一般包括四个方面：语言文字的安全、生活方式的安全、风俗习惯的安全及价值观念的安全。鉴于它们在文化安全中的重要作用和影响，我们将分开进行详细探讨。本章重点从"重视风俗习惯""保护文化遗产""打造地域特色"三个方面来考察日本是如何保护传统文化安全的。第五章重点分析文化安全视角下的日本核心价值观，第六章重点分析文化安全视角下的日本人的生活方式和精神状态，第七章重点分析文化安全视角下的日语语言。"语言"作为"人类最后的家园"[①]，"日语语言"作为"日本人最后的家园"，如果它出现了问题，将会给文化安全带来巨大的危机和不安全因素。因此，作为文化安全分析的重中之重，拙著拟重墨分析。

一、重视风俗习惯

日本对传统文化的重视首先表现在把有重要意义的民间节日列为国家

---

① 钱冠连：《语言——人类最后的家园》，商务印书馆，2005年，第27、105页。

法定节日，如春分、儿童节（5月5日）、秋分等；其次更多体现在日本百姓的民风民俗中，传统文化通过日本人日常的衣食住行等大众生活的各个层次和侧面表现出来。

日本人在生活中非常自然地将传统文化和外来文化结合在一起。和服作为日本民族的传统服装，是在中国唐代服装的基础上，经过1 000多年的演变形成的。时至今日，一些上年纪的有身份的女性在日常生活中还穿着和服。日本每年的"成人节"，少男少女们也穿着和服迎接"成人礼"。传统文化对他们来说不是遥不可及的历史，而是实实在在的生活中的一部分。日本食物分为"洋食"和"和食"，其中"和食"就是日本的传统饮食。住的方面，日本房间一般分为"洋式"和"和式"，"和式"房间里就有日本传统的榻榻米。而在现代日本人的生活中，受传统文化影响最常见的莫过于花道和茶道了。现在，茶道和花道已经融入了日本人的日常生活当中，成为修身养性、讲究礼仪、追求高雅、陶冶情操的民族习俗。

自古以来，日本在吸取外来文化的同时也保持着自己的传统生活方式，让"洋"与"和"和平共处。虽然在明治维新初期，有日本人提出要吃牛肉，全面改变日本人的生活习惯，甚至提出让日本女性和欧洲男人结婚来改变人种等极端的想法，但是在绝大多数时间里，日本人都非常自然地既接受外来生活方式，又顽强地保持传统的生活方式。需要指出的是，无论日本人采取何种生活方式，都是日本人自身主动选择的结果。在日本的历史上，从来没有外来民族将一种生活方式强加在日本人的头上。日本人是在一种相对自由的状态下保持着生活方式安全的。

另外，我们无法否认战后美国文化对日本的全面影响。当今社会，美国对日本输出的商品已不再是水果、牛肉、高尖端技术和高级车，而是极具影响力和渗透力的流行音乐、电影、电视节目、杂志及电子软件等。正是这种美国原产的文化，无孔不入地、切切实实地影响着日本人的生活方式。尤其是战后成为美国公立教育主导的、根源于20世纪中期美国教育者约翰·杜威（John Deway）的"有多利教育"思想，从1980年到2010年的30年间，在日本全面贯彻实施，对日本的学校教育，对日本学生的思想、精神状态带来了巨大的影响。日本年轻人青睐美国服饰，追捧美国电影，沉迷美国小说、杂志，盲目崇拜西方文化、模仿西方生活方式，从而导致精神颓废、沾染恶习的社会现象在蔓延，青少年犯罪率也逐年增加①。为抵制外来文化的消极影响，日本政府在现在的教育改革中强调要加强学

---

① 王沛芳：《日本对待传统文化与外来文化的历史经验》，《社会科学》1987年第4期，第28－32页。

校的道德教育内容，社会各界也在通过各种传统节庆和地区性"祭日"活动来传播本民族的优良传统与道德。日本重视风俗习惯除了上文提到的国家层面外，各个地方的风俗习惯更是名目繁多。不计其数的地方节日和活动，使日本人对传统文化产生真切的感受。普通国民对国家地域的感情不是空洞的，这些风俗习惯维系了日本人的历史连带感，强化了日本人的民族身份认同。

日本各地的很多节日，都以人人参与的大型庆典的方式出现。在传统文化方面，日本的节日不是体现在应节食品上，而是体现在全民参与的活动上。游戏是人类的本性，很多人在传统节日回到家乡，更多的是想念那个氛围，那种人人参与的热闹场面。通过参与，感同身受，更能加强对地域的认同和对节日文化内涵的体会。

二、保护文化遗产

（一）日本保护文化遗产历史的简要回顾

日本对文化遗产的保护始于19世纪的明治初年，直到江户幕府时代的传统文化遗产几乎都保护得完整无缺。明治维新以后，资本主义的发展使日本传统文化受到了剧烈冲击，但日本在发展经济的同时，没有忘记对传统文化的保护工作。明治四年（1871）5月，日本政府颁布了保护工艺美术品的《古器物保存法》，这是日本政府第一次以政府令的形式颁布文化遗产保护法。后来又陆续颁布了《古社寺保护法》（1897年）、《古迹名胜天然纪念物保护法》（1919年）、《国宝保存法》（1929年）和《重要美术品保存法》（1933年）等文化遗产保护法规①。第二次世界大战后，日本由侵略者变成战败国，其文化遗产在这一时期遭到严重破坏。1945年后，日本在废墟上重建国家。在复兴民族的最初阶段，政府广泛采纳了社会开明人士和学术界的强烈呼吁，实施了复兴日本民族文化的战略方针。

1949年1月26日，发生在奈良法隆寺金堂的火灾，将日本最古老的描绘在木构建筑上的壁画毁于一旦，这一事件唤起了日本人对文化遗产的保护意识，由此催生了日本在1950年颁布实施的《文化财保护法》。1954年，日本政府对其进行了大幅度修改，确立了重要无形"文化财"②的指

---

① 参见 http://www.chinanart.com/Article/xszx/jiaolu/200703/119.html，2016年3月30日访问。

② 文化财（ぶんかざい，bunkazai），"文物、文化遗产"之意。

定制度，增加了如《重要无形文化财指定基准》和《重要无形文化财保持者认定基准》等法规。目前这部保护法已经成为日本较完善的一部民族文化保护法典。《文化财保护法》明令规定由国家保护有形和无形的文化遗产并设立文化财产保护委员会，用于保护传统文化艺术。这些举措体现了日本对本民族传统文化的尊重和爱护。

（二）日本《文化财保护法》中的重要法规内容①

在日本《文化财保护法》中，明确将国家指定的文化财产划分为有形、无形、民俗、纪念物和传统建筑群落五大类。其具体所指如下：有形文化财产是指那些在日本历史上具有较高历史价值与艺术价值的建筑物、绘画、雕刻、工艺品、书法作品、典籍、古代文书、考古资料及具有较高价值的历史资料等有形文化载体。无形文化财产是指具有较高历史价值与艺术价值的传统戏剧、音乐、工艺技术及其他无形文化载体。民俗文化财产又分为有形和无形两种。其中，无形民俗文化财产是指与衣食住、信仰、岁时年节等有关的风俗习惯和民间传统表演艺术。而在无形民俗文化财产中被使用的种种物品，则被指定为有形民俗文化财产，如能体现出日本国民生活样式的服装、生活器具、生产工具、家具及民居等都可称为有形民俗文化财产。纪念物是指在历史及学术上具有较高认识价值的古墓、都市遗址、城堡遗址、老宅和在艺术或观赏上具有较高价值的庭院、桥梁、峡谷、海滨、山脉以及其他名胜古迹等，另外具有较高学术价值的动物、植物以及地质矿物也被列入纪念物范畴。也就是说，纪念物既包括文化遗产，也包括自然遗产。传统建筑物群是指那些具有较高价值的、与周边环境连为一体的以及可作为历史景观的传统建筑群落。在这部法律中确定的无形文化财产和无形民俗文化财产，在今天的联合国教科文组织的标准文件中，一律称之为"人类口头和非物质遗产"，与我国的民族、民间文化遗产的概念大致相同。

（三）日本文化遗产保护的重要举措

"推行保护，重在措施"，这是国际保护非物质遗产及无形文化财产的先进经验中的基本经验。日本在这方面的经验很突出，他们采取了科学的认定程序来认定"重要无形文化财"的项目。而"重要无形文化财保持

---

① 参见『新しい文化立国をめざして——文化振興のための当面の重点施策について（報告）』，URL：http：//www.jomongaku.net/horei/h–bunkarikkoku.html，2016年3月30日访问。

者"更是被通称为"人间国宝"①，既有"表演艺术"类，也有"工艺技术"类。表演艺术类如雅乐、能乐、文乐、歌舞伎、舞蹈等，工艺技术类如陶艺、织染、漆艺、金工、人偶、木竹工、和纸等。

在无形文化财产保护过程中，日本强调保护传统文化持有者的重要性，注重对"人"的关注。其中，最有特色的是"人间国宝"的认定。"人间国宝"是指被个别认定的重要无形文化财产的保持者。他们都是在工艺技术上或表演艺术上有"绝技""绝艺""绝活儿"的老艺人，其精湛技艺赢得日本政府的正式肯定，列为传承保护的对象，成为各相关方面的名人、名手。一旦认定后，国家就会拨出可观的专项资金，录制其技艺，保存其作品，资助其传习技艺、培养传人，改善其生活和从艺条件。

日本政府不但对"人间国宝"在经济上给予必要的补助，在税收等制度上也给予优惠，还给他们相当高的社会地位，以激励他们在工艺方面的创新和技艺方面的提高。由于"人间国宝"的作品有保留和升值价值，购买他们的作品就像购买古董，收藏价值非常高。正是这种尊崇和保护制度，使得日本传统的手工纸、手工伞、漆器、雕刻、陶瓷、织锦、和服和净琉璃等各种古老手工艺得以流传，并高水平地保留至今。"人间国宝"的认定举措，以及全国上下对待"人间国宝"的态度，无疑对日本"工匠精神"的传承与发扬有着不可估量的推动作用。此外，法律还明确规定，无形文化遗产持有者同时也应该是无形文化遗产的传承人。如果无形文化遗产的持有者将自己的技艺秘不传人，那么，无论他的技术有多高，都不会被政府指定为"人间国宝"或"重要无形文化财的保持者"。这一系列具有较强操作性措施的颁布，对无形文化遗产的保护起到了良好的促进作用。几十年来，文化激励机制的推行，已经使日本许多工艺技术、表演艺术等门类在强有力的保护措施下从濒危走向了重生，有的甚至走向新的繁荣。

在保护文化财产的过程中，国家（中央）除了给予必要的物质奖励和精神奖励外，还十分强调各级地方政府、民间组织甚至个人的参与，并明确规定出各方的权利与义务。比如，日本建立了覆盖全国的保护重要无形文化遗产的专业协会，从县市到町村，都设有相应级别的专业协会，凝聚了千万人的民俗文化艺术传人，从事传承活动。对于这种无形民俗文化遗

---

① 人间国宝（にんげんこくほう，ningen kokuhou），"人间国宝"。在日本，文部科学大臣根据《文化财保护法》第71条第2款之规定指定重要无形文化遗产。该文化遗产的著名传承者通过认定，可成为"重要无形文化遗产保持者"，通称"人间国宝"。但是，《文化财保护法》中并无"人间国宝"一词。

产的传承工作，除了国家（中央）给予必要的资助外，社会团体、地方政府也都给予一定程度的赞助。这种强调社会群体在保护文化遗产过程中的重要性的做法，提高了日本国民的全民保护意识，促进了文化遗产保护人才的培养。此外，日本对文化遗产并非仅停留在简单的"保护"上，还强调对文化遗产的活用，让文化遗产充分发挥出应有的作用。比如，日本十分珍视传统的手工业，在国内外不断举办工艺大展。在公开展示的过程中，最大限度地发挥这些文化遗产的认知作用和教育作用，使人们通过文化遗产的实际展示，加深对国家历史和文化的了解。

综上所述，日本保护文化遗产至少有以下三个特点：第一是从思想上高度重视，从中央到地方、从官方到民间，都认识到保护传统文化遗产的重要性。第二是这种重视并没有只停留在理念层面上，而是颁布了许多相关的法律、法规和政策，制定了操作性很强的制度措施，真正让文化遗产的保护工作落到实处。第三是日本还强调对文化遗产的活用，对文化遗产并非仅停留在简单的"保护"上，而是要充分发挥出文化遗产的作用。

三、打造地域特色

日本是一个地方高度自治的国家，在保护传统文化方面，各个地方自治体都非常注重发挥主观能动性，打造地域特色，强化居民的地域认同感。日本每个都道府县都有自己地方的花、树和特色产品。比如东京都中央区的人行道上，每隔一定距离就有一块特殊的地砖，上面有中央区的区树柳树和区花杜鹃花的图案，由此彰显自己的地域文化[①]；又如"熊本熊"和各个地区的"井盖艺术"等，都很具区域特色，对加强该地区的文化保护有相当积极的作用。

日本从 20 世纪 60 年代起呈现出"城市人口过密"而"农村人口过疏"、"城市产业过密"而"农村产业过疏"的发展态势，并且有日益严重的趋势。为了改变这种状况，日本自 20 世纪 80 年代前后起发起了"地区振兴"运动。地区振兴运动的策划者和实行者主要是民间团体、NPO、企业以及地方自治体，或者"产官民学"共同体等。其中，大分县的"一村一品"[②] 运动比较引人关注。

---

① 曲鸿亮、管宁：《传统与现代——日本的文化产业和传统文化保护》，《福建论坛·经济社会版》2003 年第 8 期，第 63 页。

② "一村一品"运动是 1980 年起在大分县的所有市町村实施的地区振兴运动。各个市町村各自培育自己的特色产品，由此促进地区的发展。

大分县开展的"一村一品"运动是日本农业产业化的成功模式。所谓"一村一品"，就是一个市或町或村的居民，充分利用本地资源优势，因地制宜，自力更生，建设家乡，发展本土经济的活动。"开展一村一品运动，就是使每个市町村都充分发挥自己的优势，开发具有地方特色的'精品'或'拳头产品'，打入国内外市场。""一村一品"的实质是搞活地区经济的一种手段，是一个地方的象征，它代表着一个地方的社会经济发展水平，也代表着这个地方在某一个地区乃至全国或全世界市场上享有的声誉，同时还反映着这个地方的精神风貌。

这样的例子说明日本已经深刻地认识到了文化的力量，非常重视将文化信息渗透到社会生活的方方面面，既使人们感受到城市的文化品位，突出当地文化特征，增强文化认同，又使文化和其他要素有机地结合起来。进入 21 世纪后，日本地区振兴运动呈现出新的特点，主要表现在：一是设置特区。2002 年随着行政改革的实施，日本制定了《结构改革特别区域法》，全国各地出现了各种各样的特别区域——"特区"，从而开展了以往由于法律限制而不能实施的各种项目和活动。这些项目和活动涉及方方面面，涵盖教育、物流、国际交流、农业、街区建设、城乡交流、社会福利、环保节能及医疗等各种项目和活动，范围广，种类多。二是区域商标名片化。2006 年 4 月日本《商标法》进行了修订，其中关于"区域团体商标"的规定变得宽松了。各地区纷纷把本地区以往的特色产品进行商标注册，使其化身为本地区的区域名片。如滋贺县的"近江牛肉"、兵库县的"神户牛肉"、群马县吾妻郡草津町的"草津温泉"、德岛县鸣门市的"鸣门金时番薯"等。这些商标受到法律的保护，已成为该地区的区域名片，对振兴区域发展起到了很好的推动作用。

日本文化有很多经典符号，比如茶道、和服和歌舞伎等。对这些经典符号已经有不少的研究成果，大家对它们都已经比较熟悉。另外，作为日本特色的标配，一般是"日本发髻、和服、木屐、和伞"。本章选取较少引起关注的日本"和伞"作为切入点，从另一个侧面来解析日本对传统文化的传承和发展。

第二节　日本的"伞文化"及"和伞"工艺传承中的传统文化保护

作为日常用品，在日本人的普通生活中几乎看不到和伞的身影了。但是在浮世绘中，在歌舞伎和其他各种表演艺术中，以及在各种祭礼中，但凡出现伞的身影，它必然是和伞，断然不会是洋伞。换言之，和伞已经不再是日用品，或者不可能成为日用品，已经变成了一种文化财产。和伞中自然存在着日本人的某种寄托，和伞文化成为日本文化的一个特色。在雨水频多的日本，伞自古以来就与日本人密切相关。对于日本人而言，伞到底是什么？和伞寄托了日本人什么样的情怀？

一、从贵族的"雅物"到庶民的用具

"伞"最初在日语中称"唐伞"①。关于这个名称的来源有两种说法。一说是在平安时期，遣唐使把伞从长安带到日本。从中世纪直至近代，日本人都将中国传来的物品雅称为唐物，因此和伞最初也被叫作"唐伞"。另一说是在日本第 29 代天皇——钦明天皇（539—571）时期，佛教经由百济正式传入日本，作为佛教辟邪驱魔象征的伞也随之传入日本。《日本书纪》上记载，公元 552 年百济国赠来了称之为"盖"②的物品。传到日本之初被称为"きぬがさ（kinugasa）"，用汉字表记为"絹笠"或"衣笠"。后来，在镰仓时期日本通过独自改良，创造出了开关式的和伞——"唐伞"。在日语中表示开关等机械装置的词是"からくり"，用汉字可以表记为"絡繰、唐繰、機巧、機関"，因此改良后带有开关的伞被称为"からくりがさ（karakurigasa）"，日语汉字表记为"唐繰傘"，最后缩略为"唐傘（からかさ）"。对于"唐伞（唐傘）"的传入时期与名称来源虽有不同说法，但有两点是确定的：一是最初传到日本是源于佛教，目的是用以驱魔辟邪，多作为佛教仪式的道具出现；二是和伞是日本改良的产物，已经成为日本独特的东西。所以伞在日本人的意识里已经是"和制品"，这一点在日语语言表达上也有体现。除了"開傘（かいさん，kaisan：开伞，打开伞）"等表示动作，带有抽象意义，因此用音读之外，其他与伞有关的词如"唐傘（からかさ，karakasa：唐伞）""日傘（ひがさ，higasa：日伞，遮阳伞）""雨傘（あまがさ，amagasa：雨伞）""洋傘（ようがさ，yougasa：洋伞，西洋伞）""こうもり傘（こうもりがさ，koumorigasa：蝙蝠伞，洋伞的别称），基本上都是用日语原有的训读发音。

古时候的伞，只有位高权重者才有机会使用。换言之，伞最初是为了守护重要人物而诞生的。虽然从它的实际作用上讲，伞具有遮阳挡雨、保护自己免遭危险袭扰的功能，但是伞原先最基本的作用是驱魔辟邪，使人免遭危险，是一种精神用途的产物。贵族们在赏梅时执伞护身，在平安时

---

① 日语为"唐傘"，读作"からかさ，karakasa"。

② 日语为"蓋"，读作"きぬがさ，kinugasa"，"华盖"之意。

代更是成为特有的风雅生活场景，而庶民是没有资格撑伞的。但是到了江户时代，随着城市化进程的发展和庶民文化的兴盛，和伞逐渐成为时尚的道具而被广泛普及，浮世绘"美人画"中就经常可以看到执伞美人的柔美身姿。随后的发展中，结合传统表演艺术的歌舞伎、日本舞蹈及茶道等，相互借鉴融合，"伞文化"得到了进一步的发展。

二、从庶民的用具到文化的符号

如前所述，油纸制的和伞在诞生之时主要用作佛教仪式中的法器。这一时期的伞柄及伞骨以黑色为主，伞面颜色以红色和白色为主，图案主要是日本传统的太阳神文化，被称为"和伞"。江户时代，和伞开始在民间普及。不仅广泛用作雨具，还融入日本民间文化与日常生活的各个方面，不仅成为艺伎表演的标志性配饰，也是传统的和伞舞蹈、茶道表演等必不可少的道具。

以 1853 年的黑船事件为契机，洋伞开始进入日本。据说因为当地人看到洋人打的洋伞开起来像蝙蝠一样，因此把他们打的伞就比喻为"蝙蝠伞"①。洋伞与和伞最大的区别在于伞布部分使用的材质不同。洋伞使用的是化学纤维或绢等材料，和伞主要使用纸质材料（如油纸）以及竹子。与和伞相比，洋伞的防水性更好，于是在日本迅速普及起来，毕竟日本是一个多雨地区。现在日本流通的基本上都是洋伞。和伞虽然能经受雨水击打，但是耐久性差些，比洋伞弱不少。而且，和伞被雨水淋湿了之后阴干也需要功夫。因为是和纸，所以必须是阴干，如果阳光直射下晒干的话和纸就会硬化、劣化而容易破损。据说江户时代的人不知道怎么"料理"和伞，出售和伞的商人还特地附上了使用说明书。与洋伞相比，和伞是费功夫的、不太方便的和不太实用的物品。但是，向来注重实用的日本人，并没有完全抛弃和伞，而是让和伞化身为一种代表日本人文化底色特征的"趣味品"。在表现日本文化特色的场面中，日本人使用的依然是和伞。经历了漫长的发展之后，和伞已经变成了代表日本文化的物品，"和伞文化"中包含了日本人的精神和趣味。现在除歌舞伎、日本舞蹈及茶道中是作为必需的道具使用外，和伞只是在一些旅游观光地及和风旅馆作为装饰。即便如此，时至今日，日本也还有业者专门从事和伞的生产及其技艺的传承，如岐阜、京都、金泽、淀江和松山等都有专门的和伞生产业者和传承

---

① 日语为"蝙蝠伞"，读作"こうもりがさ"，koumorigasa。

者①，足见日本人对日本传统特色的爱惜和保护。

三、"伞文化"下的"伞下空间"

提及日本的"伞文化"，第一个关键词就是"驱魔"。如前所述，伞虽然有遮风避雨、遮阳防尘的实际作用，但是伞最初出现时是一种驱魔辟邪的物品，是为了保护人免遭邪魔恶灵侵袭和危险打击的精神性产物。尤其是日本人在改良伞之后，更是把伞的驱魔辟邪功能大大地强化了一番。和伞中最为人熟知的是"蛇の目伞（じゃのめがさ，jyanomegasa：蛇眼伞）"即"蛇眼伞"。"蛇眼"原本是日本家徽的一种，因为形状长得像蛇眼，故名"蛇眼"。在日本战国时代，人们崇拜"蛇"，认为"蛇"是"神的使者"和"驱魔者"，拥有超自然的威力。蛇以及与之相关的物件都被视为具有驱魔辟邪，守护人身的护身符。在和伞上附上蛇眼，是对和伞驱魔辟邪作用的极大强化。由此，日本人在各种表演形式和节日祭祀中用和伞作为道具也就不足为奇了。像"舞姬"② 如此美丽的少女，恶魔自然是虎视眈眈的，因此，打上一把辟邪驱魔能力强大的和伞是理所当然的，久而久之便成了一种象征。

日本有一首童谣叫"下雨歌"③，发表于大正十四年即 1925 年，直到 1970 年仍被刊登于日本的教科书上。其中有一句歌词是"雨 雨 ふれふれ 母さんが 蛇の目でお迎え 嬉しいな"，意思是"雨，下呀，下呀，妈妈打着蛇眼伞来接我了，我好开心啊"。歌词中的"蛇の目"就是蛇眼伞的意思。大概可以理解为这样一种感情的抒发：雨不停地下啊，真是好讨厌。不过，看到妈妈打着蛇眼伞来接我的时候，想到马上就可以回家了，心情也变好了。此时，伞下的空间对日本人来讲是一个美丽的、安全的空间。

"伞文化"的第二个关键词是"祈愿"。这与驱魔辟邪是一脉相承的。既然伞能够把恶魔赶走，把恶魔抵挡在外，使伞下的人免遭危险，这对于伞下的人当然是一件好事。以前日本很多地方有这样的习俗，在女儿出嫁时把伞当作出嫁的道具之一。如今在福井一带依然保留着这样的习俗。当父母把女儿嫁出去的时候，难免有些担心，女儿不在自己身边了，自己不能再守护女儿了，总希望有一样东西能代替自己守护女儿。和伞作为婚嫁道具恰好寄托了父母的这种祈愿和情感。由于和伞具有无比强大的驱魔威

---

① 参见 http：//www. voicer. me/archives/8707，2016 年 3 月 30 日访问。

② 日语为"舞姬（まいひめ，maihime）"，意思为"舞姬"，即演艺表演的舞女。

③ 日语为"雨降り（あめふり，amefuri）"。

力，因此作为婚嫁道具的和伞，自然地就寄托了父母的"请帮我庇护我的女儿"的心愿。此时，伞下的空间就是温馨的、幸福的空间。

日本人似乎把伞下的空间看作移动的私人空间。日语中有一个词叫"相合伞"①，指的是"两人同打一把伞"。能进入自己私人空间的一般是"自家人"②；如果不是自家人，那里面也包含了希望"共伞"，表明某种共同体的意识。因此，"共伞（相合伞）"逐渐成为"恋爱、恋人"的象征。另外，既然是移动的空间，在移动的过程中免不了要接触到他人的空间。当发现长柄伞比起折叠伞，能更好地避免把雨水溅到别人身上时，日本人果断选择了长柄伞，把"不易存放"的麻烦留给自己，把"不容易把雨水溅到别人身上"的方便留给对方。这是市民文化培育的结果。当发现撑着雨伞不容易发现对面来车或来人，容易碰到时，日本人又发明了塑料制透明伞。宁可把自己的私密空间暴露出来，也不要因为视线受阻而触碰到他人，给他人带来麻烦。因此，雨天的日本，见得更多的是透明的长柄塑料伞。

日本服饰史学家中野香织曾经指出："塑料伞的出现是一件革命性的事情。"日本民俗学家神崎宣武也曾经说过："人们对待伞的态度发生巨大变化是在塑料伞出现之后。"为何如此呢？

虽然洋伞进入日本人生活后，和伞作为日用品基本上很少出现，但是此时的洋伞也依然被视为家财之一，因此对待洋伞的态度与之前的和伞并没太大的不同。从和纸到绢布，从竹条架到金属架，只不过是材质发生变化而已，本质上并没有多大变化。以前人们会在和伞的伞柄上刻上名字，也曾经在洋伞卡扣部分的布料上绣上自己的名字。也就是说，把伞当作自己的所有物予以珍视这一点上，洋伞也好，和伞也罢，都是一样的。因此，在日本人看来，日常生活中没有必要也无法区分到底是洋伞还是和伞，通称为"伞"就好。然而，透明塑料伞的普及，给日本的伞文化带来了较大的影响。透明塑料伞已经不再被视为家财了，而是用过就扔掉的东西，没有人会在塑料伞上刻上自己的名字。从某种意义上讲，塑料伞里所包含的文化表征与传统的伞文化不一样，它只是异化的遮雨工具罢了。在塑料伞的语境里，更重要的是经济合理性，而不是人文文化性了，这与经济高速增长期中洗衣机的普及给人们带来了简便性和高效性是一样的语境。在这样的语境下，人们的生活价值观发生了很大的变化。传统的伞文化由于塑料伞的普及，在美国等西方自由文化的传染下和"有多利教育"

---

① 相合伞（あいあいがさ，aiaigasa）。
② 日语表述为"'内'の'人'"。

的影响下，逐渐演变成一种更接近欧美自由式的、重视"简便高效"的市民文化。当然，由于日本文化的底色还在，日本和伞文化的影响力还在，这种市民文化并没有严重泛滥。虽然人们对待塑料伞的态度和处置方法变了，但是对"伞下空间"的认识和追求没有变化，尤其是对待"和伞文化"的态度没有改变。因而才有了日本国内从政府到民间，从团体到个人，对保护和伞文化的热情和举措。这一点从和伞技艺的传承、保护与发展可见一斑。

四、和伞技艺的传承和发展

江户时代后期创业至今的"日吉屋"，是京都仅存的一间制作"京和伞"的百年老铺，代代传承近千年的传统技艺，到今天仍然为"表千家"和"里千家"（日本茶道中的两个流派）继续制作茶道中常用的"野点伞"和祗园舞伎爱用的"蛇目伞"。作为第五代传人的西堀耕太郎，出生于和歌山县新宫市，从加拿大留学归国后曾在市政府从事翻译工作，婚后被妻子娘家"日吉屋"制作京和伞的魅力所感染，走上了传统手工匠人[①]的道路。西堀耕太郎以"传统是革新的延续"为信条，积极继承京和伞传统技艺的同时，利用和伞的技术与构造原理，独辟蹊径地与设计师合作，共同开发出新的照明器具。他们利用和伞的几何构造竹骨特征开发出了和式照明器具"古都里"灯，获得了日本"Good Design"设计奖。合闭如同和伞般的设计成为传统技艺与现代设计的完美融合，迸发出无穷魅力。在此基础上，他们进一步突破旧有模式，拓展传统材料的使用，采用轻制金属与 ABS 树脂，开发出了名为"mono"的现代和式灯具，不仅再次获得"Good Design"大奖，而且受到了德国 IF 工业设计奖的青睐。"mono"一词取自意大利语，意为"动"。灯的外框可随手动金属环的升降，或合或闭，形同自江户时代以来代代相传的和伞。时代的变迁带来生活样式的改变，不变的是匠人们对和伞的那份执着与传承的情怀。日吉屋因应时代的发展开设体验工房，以便让更多人参观并通过切身体验对制伞有深入认识和了解，从而投身于这项事业。

此外，位于金泽千日町的"松田和伞店"有着更为传奇的故事。掌门松田弘 1924 年出生于石川县金泽市，12 岁起跟随伞匠的父亲学习制伞技艺。他历经各个职种的修行，成为目前金泽唯一的制伞匠人，亦是唯一一

---

① 日语中称为"職人（しょくにん，shokunin）"，直译为"职人"，可译为"匠人""职业工匠"等。

位可以独立完成全套工艺的工匠。金泽雨雪丰沛的气候造就了高超的制伞传统技艺。松田和伞使用最结实的桑制和纸，装饰纹样百态千姿、色彩艳丽。入行七十六载有余的松田弘承认"和伞有着诸多的不合理之处"，但是在他看来，"正因为如此才有和伞优美的姿态"，制作和伞成了他最愉快的事情。经他手工制作的伞不仅经久耐用，而且会令执伞者的身姿更显优美，可见匠人制伞技艺之高超。正是这种匠人的精神，让松田他们不仅百折不挠地追求制伞技艺的提高，更孜孜不倦地推动着和伞文化的传承。

  汉日对比研究学界有这样一个观点，"日本人是匠人气质，中国人是商人性格"①，"匠人"式的日本人倾向于"目标志向型"，商人式的中国人倾向于"地位志向型"。所谓"目标志向"是指最终目的是完成某一项任务或实现某一个目标；"地位志向"是指最终目的是要使自己的身份达到某一个地位。在"目标志向型"的日本人看来，"人"只要掌握与自然和谐共处的某种技能就好，不必胜天，只要与自然和谐共处。"目标志向型"的"匠人"不会人为地嫌弃手工艺，而是追求工匠技艺的精益求精。和伞匠人身上所体现的正是这样一种精神。匠人的执着追求与传承、政府的重视与推动、全民的积极参与，都给日本传统文化的保护与发展注入了相应的动力。

---

  ① 此处"匠人"为日语"職人"的汉译。引自唐辛子：《日本式中毒》，广东人民出版社，2016年，第15页。

第五章　文化安全视角下的日本核心价值观：基本稳定但潜伏危机

日本历史上曾经极其开放并大规模地对外学习，但是国内并没有出现意识形态的震荡和混乱，这一点在前文已有论述。本章我们从文化安全的另一个维度——价值观念的安全出发，重点分析日本保持核心价值观稳定的"秘诀"。

历史的发展表明，日本受中国儒家文化影响较深。战后，日本经历了GHQ 监管下的民主改造，在努力保持和继承儒家传统文化的基础上，吸收西方的民主、宪政、自由等价值观，同时融合本民族特有的国家观、等级秩序观和神道教文化，试图构建日本自身的核心价值观。它包括：重义、重秩序、知礼、爱国以及追求自由、民主等①。在日本的核心价值体系中，从文化的视角来看，最能体现其核心的关键词有二：一是忠诚意识，一是集团意识。从人性层面来讲，就是忠诚二字。在日本没有绝对的道德准则，只有相对的道德准则，一切要视场合而定。日本也没有类似"末日审判"那样的哲学产物，只有基于现世的"生活中心主义"。日本人对真善美圣的评价标准源于他们所属的共同体在各个时期的生活风貌，非源于生活外部的永久普遍的"真理"（石田一良，1989：277）。这与后文详述的"世间体"世界观高度一致。

从社会层面来讲，日本人核心价值观的一个特点在于按照利益来调节正义。日本是一个将多数人利益视为正义的国家。从国家层面来讲，日本人的民族认同感和国家意识很强，这也是单一民族的优势所在。"历史上极少记载有日本人背叛民族与外国势力勾结来对付祖国人民的事例。"② 从政治层面来讲，日本人理解的民主是一种由于集团内部高层的凝聚力和协调一致所构成的共同的思想情感。

日本整合核心价值体系的途径和方法都是国家主导，如遣隋使以及遣唐使、明治维新之后的欧美考察使节团等，从官方到民间，由表及里，由浅入深，从模仿复制开始，先吸收后改造，消化融合，综合创新。

---

① 曾凡星：《韩国、日本与新加坡构建社会核心价值观途径研究》，《上海党史与党建》2012 年第 3 期，第 60 页。

② 王志强：《如此日本人》，中央编译出版社，2006 年，第 18 页。

第一节　隋唐时期日本对中国的"自主"学习

公元 7 世纪初，日本大和朝廷开始向中国派遣使节，小野妹子①、犬上御田锹②都曾经作为遣隋使被派到中国来学习。公元 630 年，日本派出了首批"遣唐使"。直到公元 894 年，日本总共派出了十几批遣唐使。他们不远万里，漂洋过海，学习中国的文物制度、衣冠礼仪，全面影响了日本上层社会。但是日本社会的底色依然保持着"氏族共同体"架构，从中国传来的文物制度只是像叠加于身上的衣服一样有选择地利用而已。日本文化史学家石田一良对此做出了如下的描述：

这个新时代的国家，它所呈现的情景是：从表面来看是律令国家，从里面来看则是小氏族国家。此后的日本政治、经济和意识形态，未曾离开过这个二重构造的新旧、上下两层的矛盾冲突及相互影响。这样的国家可称作"氏制律令国家"，我认为它和明治维新以后的家制立宪国家③共同地构成了作为日本文化史特征的文化二重构造④（石田一良，1989：39）。

日本上层社会主动地吸取中国文化的养分，宫廷贵族将下半身置于固有的氏姓社会的深渊，即地方的根据地祭祀氏社中，上半身则活动于律令制官僚机构即中央的帝都崇拜官寺中（石田一良，1989：248）。即使在律令制度的框架中，他们的世袭特权基本上仍能照旧保持。所以，氏姓制的阶级结构并不一定从根本上有所改变（家永三郎，1992：37）。

日本社会之所以能呈现这样游刃有余的景观，主要原因在于日本是通过"书籍"来学习中国文化的。就像日本史学家井上清所述，"对于外国文化，并不是由人民群众通过整个生活、既用头脑又通过行动来进行学习，而是由知道分子通过书本来学习的。"⑤ 随着 IT 技术尤其是互联网的发展，地球村日渐成型，日本吸收外国文化的方式和途径应该会有新的变化。这应该是今后关注的一个方向。

---

① 小野妹子（おののいもこ，ononoimoko），生卒年不详。日本最初的遣隋大使，曾于公元 607、608 年两次出使隋朝时期的中国。

② 犬上御田锹（いぬかみのみたすき，inukami nomitasuki），生卒年不详。公元 614 年作为遣隋使来到中国，公元 630 年作为第一回遣唐使再次来到中国。

③ 在石田一良看来，明治以后的"家制立宪国家"是在德川封建制的血缘和地缘共同体上，堆叠了欧洲传来的民主主义的政治体制和资本主义而形成的经济机构。

④ 原中文版译文较生硬，参照日文原文略有改动。

⑤ 井上清著，天津市历史研究所译校：《日本历史·引言》，天津人民出版社，1974 年，第 3 页。

　　这种学习方式和态度有三个好处。首先学习的是"结果"，省去了很多"结果"出现之前纠结和选择的"过程"。日本华裔学者陈舜臣曾经指出："结论"往往是挥汗挥泪地苦干，抑或是费了许多唇舌激烈争辩才得出的。但是，当日本人正要努力寻求某个结论的那一瞬间，记载着这些"结论"的中国典籍，刚好骤然出现在他们面前。于是，他们几乎是不费功夫地"拿来"了[①]。从中国大陆传到日本的，仅仅是"结果"，而"过程"则被省去了。在从中国的典籍中得到这"结果"之前，日本人不知道整个过程如何实施才好，不知道结果会是怎样的，因而苦恼不已的事应该不少。此后，不管在历史上遇到什么样的转折期，日本人在心里说："不要紧，不管发生什么事情，赶快跑到图书馆去查阅一下就行了。"（陈舜臣，1990：57）

　　日本人在图书馆里找出相应的书籍来，就开始和它对话了。我说的对话的对象不是人，指的就是这个意思。对象是书，是省略了过程的结论，即理念（陈舜臣，1990：57）。

　　这种学习方式和态度的第二个好处是学习者拥有相当大的自主权和便利。如外来文化只限于装饰寺院或宫廷的表面，并未触及改变统治阶级意识和生活的深层。例如，在宫廷建筑中，像大极殿那种举行公共仪式的建筑物，是大陆式的宫殿。但是，根据以后平安京的皇宫——现在的京都御所前身——推测，作为天皇日常居住处的皇宫，却是屋顶铺丝柏皮、用白木建造的纯日本式建筑（家永三郎，1992：55）。出现这种状况的原因何在？是日本人主动选择的结果还是因为技术层面的原因？如果说是技术层面的原因显然是难以服众的。日本既然能建造富丽堂皇的寺院，那么以同样的技术建造皇宫并非难事，但是日本人没有这样做。这到底是一种保持文化内核的表现抑或是一种民族自尊心的表现，虽然还有待研究验证，但是至少可以说明这是日本人主动选择的结果。日本人这种主动选择的结果还体现在对当时中国饮食文化的"放弃吸收"上。正如家永三郎（1992：55）所指出的那样，"还不可忽视的是：中国的文化一点也没有渗透到饮食生活中"。更能说明问题的是，日本古代效仿唐朝典章制度，却放弃了重要的科举制和宦官制；效仿宋明时的社会礼仪，却不学缠足。原因是这些不符合日本的政治、社会需要和文化条件。这些都是日本对外学习时始终掌握主动权的表现。

---

　　① 原中文版译文较生硬，参照日文原文略有改动。

不光在隋唐时期的日本是这样，在更早前的大和朝廷①，日本也流露出这种对中国文明主动选择的倾向。石田一良认为，"大和朝廷既然借助水稻农耕而创造出庞大的剩余生产以致能够建造巨大的前方后圆古坟，并且多次派遣使节到后汉和魏国去，如果有意想引进北方中国的文明的话，并不是办不到的。"（石田一良，1989：368）

对日本上层社会游刃有余，以较小的代价获得中国文化滋养的历程，陈舜臣感叹道："日本长期庇护在中国这棵大树之下，当这棵大树的树叶被完全打落以后，西欧这棵新的大树，立即把它的葱郁的树枝，伸展到日本的上方。日本不是一个无以类比的幸运国家吗？"（陈舜臣，1990：57）

这种学习方式和态度的第三个好处就是效果非常显著。陈舜臣讲道：日本不管什么事物，只要懂得是有用的，就迅速地而且积极地把它引进。日本在进入明治时期以后，文明开化的速度之快，绝不是偶然的。他们那种不管什么都拿来为我所用的狂热态度，是早有先例的（陈舜臣，1990：41）。

通过以上考察，我们可以得出结论：日本在吸收中国文明时，一直保持着相当大的主动权。而且由于直接学习的是"结果"，省去了探索过程的艰辛。另外，由于日本社会的"底色"依然存在，"氏族共同体"的根基依然存在，在日本虽然呈现了二重构造的政治景观，但基于生活中心主义的核心价值观依然是稳定的。

第二节　明治维新时期日本对欧美的"不彻底"学习

明治维新时期，日本对欧美实施全方位的学习和开放，力图"脱亚入欧"。但是，日本的这种学习是不彻底的。日本将"家"制度和民主制度有机链接，"上半身"站在民主的序列里，"下半身"依然留在"家"制度里。

与律令政治一样，明治新政府建立了二重构造的国家体制。它将封建遗制中由"家"到"村"的共同体保存下来，积极地把它植入新国家的基础里，然后再加上民主主义政治的组织以及资本主义经济的机构，由此培养出贯通这个构造上下的家制国家主义性格的"人"。从这个二重构造的上部产生了个人主义性质和社会主义性质的"人"，而代表着家制主义性

---

① 公元4—7世纪，以大和以及河内两个豪族为中心形成联合政权。4世纪左右登陆朝鲜，起用了不少具有各种技术的外来人。从地理位置上，有观点认为是位于今奈良县地区。

质的人便是"家"中的"户主"①（石田一良，1989：299）。日本的集团主义主要来源于两种意识：一种是"家"意识，另外一种是"村落共同体"意识②。"家"和"村"的稳定保证集团主义的稳定。

《明治宪法》财产篇是以法国式的天赋人权论为基调的，个人主义的色彩极为浓厚。该篇规定，不管其国别、性别乃至身份，个人在法律上完全平等，而平等的"人"站在权利义务的水平关系上去构成物权、债权关系。然而，身份篇却和财产篇的性质完全不同，把人当作户主（限于日本人）与家属，甚至父与子、夫与妻的关系来把握，将他们放在支配和服从的上下关系之中。户主权以至于亲（父母）权、夫权等身份上的各种权利并不是人的天赋人权，可以说是受国家所分封的权利（石田一良，1989：222）。

依照《明治宪法》的规定，日本人悉数隶属于"家"，被编入家的身份上的秩序里。因此，财产篇的规定是在身份篇所规定的"人"以及人际关系之上才能实施（石田一良，1989：223）。

二重构造的国家暂且叫"家制（立宪君主）国家"。这种家制国家主义的人（一直到"二战"战败为止）是构成日本人的核心类型的人。这种日本人的代表性人物是"户主"，他们的下半身陷入了"家"生活的深渊，上半身呈现在市民社会中。他们的双手挥舞于民主主义和资本主义的虚空里，脚下忠实地踩在家制国家的实质里③（石田一良，1989：224）。

明治政府除了通过法律层面的规定实现了所谓"民主制度"和日本社会"底色"的嫁接外，还通过《民法》《教育敕语》《国定修身教科书》的制定以及国家神道的确立等，强化国民的服从意识。借助法律、教育和宗教，三位一体地统一了国家意识形态，这也为日本后来偏离正常国家的走向，滑入军国主义埋下了祸根。

这种影响甚至波及当代。由于自明治政府以来对天皇制所采取的种种保护措施，在日本人的思想意识中，天皇的宗教和精神权威已经根深蒂固，天皇对国民的政治心理和政治行为的影响是不可替代的。"二战"结束以来，以"加强天皇的地位和权威"为核心思想的右翼思潮不断蔓延，

---

① 原中文版译文较生硬，参照日文原文略有改动。

② 参见中根千枝：《纵式社会的人际关系》，讲谈社现代新书，1967年，第32页，转引自王俊英：《日本人的行为方式与文化性格特征》，《太原师范学院学报（社会科学版）》2010年第5期，第23页。

③ 参见中根千枝：《纵式社会的人际关系》，讲谈社现代新书，1967年，第32页，转引自王俊英：《日本人的行为方式与文化性格特征》，《太原师范学院学报（社会科学版）》2010年第5期，第23页。

并已经开始危及日本文化的正常发展。近年来，篡改历史教科书问题已成为日本右翼思潮的具体表现之一。"如右翼思潮占据了日本社会文化的统治地位，日本将可能再次走上穷兵黩武的道路"（程工，2014：69）。当然，至于这种思想成为主角的推动力是什么，可能性有多大，都需要有进一步的考察、论证。这不是本书要讨论的重点，暂且留作今后课题。

第三节 "二战"结束后日本对美国的"非自主"学习

"二战"结束后，日本全面倒向了美国，在这一时期展开了对美国的全面学习。不过，这一学习与隋唐时期日本对中国的学习，以及明治维新时期日本对欧美的学习有着本质的不同。它是日本战后在 GHQ 的全面监管下开展的，是非主动的。但是日本对美国的学习几乎是全方位的，既有经济改革，也有政治改革，还有教育改革等。

战后，在 GHQ 指导下日本经济改革主要体现在农地改革和解散财阀上。农地改革废除了日本军国主义赖以生存的重要经济基础——寄生地主制。解散财阀，目的在于从"心理上和制度上"破坏日本的军事力量。政治改革包括诸多方面，如解散军队，改组政府，逮捕和审判战犯，革除军队领导人公职，取消思想警察机构，废除《治安维持法》，确保公民的政治、思想和宗教信仰自由，释放政治犯，禁止军国主义、超国家主义的教育等。政治改革的结果，最终归结在制定体现资产阶级民主原则的宪法上，即 1947 年 5 月《日本国宪法》的颁布实施。而对日本的教育民主改革是战后美国对日本实施全面改造的一个重要方面，是剔除日本军国主义和极端民族主义因素，把日本改造为西方式民主国家的重要途径。战后日本的教育改革涉及面很广，不仅对教育管理体制和课程体系进行改革，而且对体育和宗教教育进行大规模的改造。本质上讲，美国对日本民主教育改革的实质是在日本复制美国的教育体系，积极传播美国式的民主观念和生活方式，将日本美国化①。

通过向美国"学习和开放"，日本实施了一系列的民主改革，但它依然保持着"象征天皇制"，国家政权的展开模式并没有被美国同化。日本和美国通过《日美安保条约》建立起事实同盟的关系，将防卫交给美国，专心致志地发展经济，一度被美国人称为"免费乘车"。通过改革，尤其

---

① 白玉平、张杨：《战后美国对日本教育的改革新探（1945—1950）》，《中南大学学报（社会科学版）》2013 年第 6 期，第 241 – 247 页。

是教育制度的自由主义化改革，美国的流行文化和生活方式给日本人带来了很大的影响，但是日本人依然保持着自己的政治运作模式。比如，自民党长期执政，并没有像美国那样两党轮流执政。

那么，日本保持核心价值观稳定到底有哪些秘诀呢？

第四节　日本保持核心价值观稳定的"秘诀"

从思想层面来看，"神道思想"是日本最一以贯之的宗教思想。当外来思想传入日本时，最先和"神道思想"接触、融合。"神道思想"是底色，是换穿衣服的"偶人"。象征天皇制的保留，使日本"神道思想"这个底色受冲击的程度大大减弱。

从文化层面来看，日本文化是"生活中心主义"和"共同体主义"，没有超越的哲学存在，没有对"来世"的向往，都是基于"现世生活"的安排。在日本人看来，他们生活在与自己息息相关的"世间体"领域里，与他们相去甚远的"世界体"领域同他们没有太大的关联；他们关心的是"世间体"领域的事物，对"世界体"领域的事物几乎是漠不关心的[①]。

从身份认同层面来看，日本文化是典型的他者观照下的身份认同。只有在跟外来文化的对照下，日本人才确立自己的身份认同。"外来的陌生人"是亲切友好、勇猛有力的象征。

从文化传播层面看，日本历次对外学习和开放都是借由"书籍之路"实施的。他们吸取外来文化的"种子"，令它们在日本开花结果，实现文化再生，优化组合。隋唐时期的大量汉籍，兰学兴盛带来的译著以及中国鸦片战争后大量书籍"墙内开花墙外香"等，都是日本吸收外来文化的重要途径。而且，日本对外学习的时候，注重的是典籍的引进，思想内涵的传承和嫁接，而不是生搬硬套，这是非常重要的。日本思想界"和魂汉才"和"和魂洋才"的精彩论述就是极好的概括。

一方面，日本以血统主义来维护权威；另一方面，日本以实用主义精神来确定执行者。"这种关系被结构化了，最后甚至发展到天皇与摄政关白、天皇与幕府这样的关系。一方是象征性的，另一方是挥扇的；一方是不会被驱逐的绝对权威者，另一方是有时或许因某事而丧失地位的人"（陈舜臣，1990：143）。

日本并不是没有发生过变革，但是，国家的机构和体制规定不会影响

---

① 请参阅本书第七章第六节中"日语的'二重语言世界观'——'世间体'和'世界体'"部分的论述。

到权威者。因此，没有发生推翻权威者的事件。没有推翻权威者，就很难出现超人的英雄，变革的规模也不大。依靠这种体制，就可以防止大破坏。所以，在中国已经亡佚的书，在日本可以找到，由正仓院御物保存下来（陈舜臣，1990：143）。

综合学者石田一良和陈舜臣的观点，可以说，日本这个换装偶人长期被庇护在中国这棵大树之下。当中国这棵大树的树叶被完全打落以后，这个偶人又转身来到了西欧这棵新的大树下；当这棵大树的树叶呈现衰落之势时，换装偶人又钻入了美国这棵大树下。这是日本人"与强者为伍"理念的体现。历史上的日本似乎不断地寻找着值得学习的、能够庇护自己的"大树"。这些大树，无论其形状还是功能都犹如一把"伞"一样，"庇护"着日本这个"换装偶人"。小到个人的"依赖"精神是对"保护伞"的向往，大到国家层面外交上"与强者为伍"更是一种免费"蹭车"的捷径。一把伞不够用了，马上投向另外一把伞。从这个意义上讲，日本文化或许更像是"善于就伞换装的偶人"。日本经历变革时会审时度势地选择学习的对象，根据需要直接引进学习对象的理念、做法和结果，省去了过程的争论。这就好比换装偶人在雨天中需要伞时找到了一把就手的伞，然后在伞下从容地换穿自己想要的衣服。至于这把伞是什么伞，怎么做成的姑且不论，可以遮雨实用就好。无论头顶是哪一把伞、哪一棵树，无论向谁学习，无论怎么学习，日本这个"换装偶人"始终能"就伞换装"，不改变其底色，不改变其根基，保持核心价值观的相对稳定。

当然，值得一提的是，总是置身于伞下荫蔽的"换装偶人"，难免过于关注"伞"和"伞下空间"，而对伞外的世界不太关注。这与日本人的二重语言世界观是一致的：他们对属于"世间体"领域的伞下空间的事物，无论大小，都高度关注；而对属于"世界体"领域的伞外的事物，无论大小，都不甚关心。这种二重语言世界观下形成的处世哲学，一方面使处在核心价值观位置的集团主义和忠诚意识较难被撼动，对核心价值观的稳定起到积极的作用；另一方面被视为日本人的处世态度和生存哲学的"现世主义"很容易受到"此时此地""此情此景"的影响。有朝一日，当"世界体"领域的事物变身为"世间体"领域的事物时，当遥远的或过去的事物突然离自己很近时，"只重视现世或现在"的日本人会怎样面对呢？当措手不及、难以适从时或许就出现这样的选项：要么逃离"现世"的"世间体"领域，蛰居一隅；要么变本加厉地追逐"现世"，随波逐流，丧失自我，抛弃本真的个性，效颦甚至"卖萌"……这些选项的背后，折射出这样的危机：活在"世间体"空间中的日本人因为二重世界观的冲突会一时成为精神上的流浪汉。

第六章　文化安全视角下日本人的
精神生活状态

现世主义既是日本人的处世态度，也是生存哲学。日本人的现世主义也可称为现实主义或"生活中心主义"。对于日本人来说，神虽然是神秘的，却不是与人隔绝的。神是具体的、能够为人们带来现实利益的一种可以信赖的存在。尤其是共同体的神，如"家共同体"的"祖先神"、"村落共同体"的"氏神"以及"国家共同体"的包括天皇在内的皇祖皇灵，这些神灵往往只被赋予保护共同体繁荣昌盛的职责和意义。因此，天皇只有保护日本这个共同体繁荣昌盛的职责和意义，天皇制只是日本集团主义的一个精神支柱罢了。但具体到每个个体，它并不会产生教化功能，不会对个体的处世哲学进行指导。天皇虽然是日本国的象征，但在日本内部，依然保持着氏族小团体的残留，各管一块小地方的"世间"才是日本人必须要面对的"生活中心主义"。天皇处在日本人的"世界体"世界观中，不在其"世间体"世界观中。然而，随着"有多利教育"的实施、个人主义的抬头以及对"世间体"的反叛，都给日本普通国民的生活方式带来了极大的冲击，尤其给日本年轻一代的精神生活带来了极大的震荡，甚至造成了部分日本人的精神放逐和动荡。

第一节　泡沫经济崩溃后社会生活多元化与
主流文化价值取向

"二战"结束以来，日本在意识形态的维护以及主流价值体系的构建方面都取得了一定的成功，但是在国民个人精神层面却出现了不少问题。流浪汉、蛰居和"援助交际"现象就是其中突出的例子。

一、战后日本普通国民价值观的变迁

经济发展与教育的普及和提高，促进了日本文化生活与社会意识的变化。从战后总趋势看，日本的社会文化生活日趋西化。从饮食习惯、家庭生活方式到思想观念、处世哲学，跟战前相比都发生了很大的变化。这当

然与战后美国的长期占领不无关系。但是，这种新的生活方式绝非美国的翻版，而是打上了日本传统文化的烙印，形成了鲜明的日本特色。日本人继承和发扬了本民族传统文化中的群体观念、修身律己以及一些良好的传统道德，建立了一套群体协调色彩较浓的经济运营机制和管理体制，培养出了既有较高文化水平，又有较好道德修养的人才。这样就使日本民族不仅具有较强的民族主义、爱国主义思想和群体观念，而且形成了崇敬长辈、注重人际和谐、遵守社会秩序以及讲礼貌、勤奋认真、勤俭节约等社会风尚。

但是，二十世纪七八十年代以后，富裕起来的日本人，其价值观乃至思想意识都发生了很大的变化。生活方式开始由"物质需求欲望型"向"自我实现的需求欲望型"转化。20 世纪 50 年代中期到 70 年代初，日本完成了第一次消费革命，"生理需求欲望"得到充分满足。20 世纪 70 年代的第二次消费革命，满足了"物质需求欲望"。20 世纪 80 年代开始的第三次消费革命，则旨在实现以追求个性和创造性为特征的"自我实现的需求欲望"[1]。在生活方式改变的同时，日本人的价值观也在逐渐变化。素有"拼命三郎"之称的日本"上班族"也不再那么拼命了，他们开始觉得"健康、家庭及人际关系"才是幸福的三大要素。1989 年日本国民生活白皮书指出："日本社会正由工作挂帅转入重视多元价值的时代。"东京电力公司的副总裁依田直微认为，员工"没有必要把自己的每一'盎司'能量都奉献给公司，比较重要的是如何发挥一个弹性的、正面的工作空间以激励员工士气"。当前，新一代人主要关心的是如何全面地享受生活。非经济性的价值观，诸如闲暇、审美等已逐渐在新一代人的观念中占据重要地位[2]。

二、以个人生活为中心——传统价值观面临挑战

正如上文指出的那样，日本人尤其是年轻人的价值观跟老一辈相比已经有了很大的变化，勤奋、以企业为家等观念受到了很大的挑战。尤其是"过劳死"现象促使日本人重新思考生命的意义，以个人生活为中心的思潮在社会上蔓延开来。

以个人为中心的思潮源于"中流意识"。"中流意识"的主要特征就是满足现状；而其无理想、无目标和只关心眼前物质利益与个人的侧面，诱

---

① 吴廷璆：《日本史》，南开大学出版社，1994 年，第 1160 页。

② 吴廷璆：《日本史》，南开大学出版社，1994 年，第 1188 页。

使人们只注意个人生活，远离政治和非自己身边的事物。经济社会的发展所带来的人际关系的冷淡，20 世纪 80 年代以来出现的严重政治腐败，以及 90 年代以来因经济社会不安所带来的影响，都离不开这种个人生活中心主义思潮蔓延的冲击。近年来，在一部分日本人特别是年轻人中没有理想和远大抱负、远离政治的倾向比较突出。这引起了许多日本人的关注，时常成为议论的话题。20 世纪 90 年代以来，日本青少年的社会问题日益突出，青少年的突发性犯罪事件使他们的行为成为全社会关注的对象。校园欺凌、援助交际、拒绝上学以及班级瘫痪等经常见诸报端。如不少青年携带手机招摇撞骗，许多女孩子为了大学期间能经常享受青山路的时髦而纷纷报考青山学院大学。更有甚者，不少女大学生甚至中学生为追求时髦和高消费而进行"援助交际"，以至于前些年的"女大学生亡国论"都稍嫌过时，一些人开始惊呼"女中学生亡国论"①。所有这些都一定程度上体现出当今日本人精神生活中动荡荒芜的一面。

产生这些社会问题的一个重要原因在于价值观念的多样化导致的家庭教育松懈。最初发生班级解体现象时的高中生的家长，正是当年参加 20 世纪 60 年代末期学生运动，反对官僚主义管理社会、追求自由的一代人。当他们成为家长后，更加尊重孩子的自主选择，而不像过去那样把"出人头地"作为对子女的期待，同时他们也放弃了对子女严格的家庭教育。

日本的现代化是重视物质文化生活层面而相对轻视精神文化生活层面发展的现代化，是经济、军事和政治、社会文化发展不平衡的现代化②。美国文化和价值观冲击着日本社会，欧美生活方式对日本的年轻一代产生了重大影响。战前日本没有或不受重视的"社会心理学""文化人类学""实用主义""个人主义"等相关研究也从美国传入日本。尤其是步入 20 世纪 90 年代后，伴随着日本经济萧条的出现，国民开始对民族文化产生怀疑，一时间"批判日本式经营方式，打破终身雇佣、年功序列制度，引进个人主义和个人责任观念；批判学历主义和划一性教育，倡导教育的个性化、自由化，实质是以美国式的市场原理和个人主义竞争原理来改造日本。这次美化主义风潮，形成了对传统文化的一次强有力冲击"③。

尽管日本人一直是以"和魂洋才"的态度和思维模式来接受和移植西

---

①　高增杰：《日本的社会思潮与国民情绪》，北京大学出版社，2001 年，第 65 页。

②　崔世广：《日本现代化过程中的文化变革与文化建设研究》，河北人民出版社，2009 年，第 253 页。

③　崔世广：《日本现代化过程中的文化变革与文化建设研究》，河北人民出版社，2009 年，第 261 页。

方文化的，但随着时代的进展，随着欧美文化影响的不断深入，"洋才"的含义、领域和范围在不断扩大，由技术逐渐扩大到制度，再到生活方式和价值观念，从而不断侵蚀"和魂"的固有领地。从近代以来的历史来看，这是一个不以人的意志为转移的不可逆转的过程①。然而，这个"不以人的意志为转移的不可逆转的过程"就真的没有一点人为的意志的作用吗？"洋才"能够频频得手仅仅是因为它自身力量的强大吗？难道没有"和魂"弱化的原因存在吗？这是先行的研究中没有涉及的。可以认为，从日语语言的发展历程，尤其是日本明治维新后的国语政策来看，这个过程中隐含了"人的意志"，也包含了"和魂"弱化的原因。我们将在第七章"文化安全视角下日语语言危机"展开具体论述。

三、人生意义的缺位——国民个人精神层面的荒芜现象

在日本有一个很发人深省的现象：一方面是政治家野心勃勃的"大国志向"，另一方面却是国民的"政治冷感"，很多人对政治"不感兴趣"。例如近年来日本政府一直大做"国际贡献"的宣传，但当政府从民间征召维和活动人员时，报名者寥寥无几，大多数人对此态度冷淡②。

人生的意义何在？人们越是脱离公共生活，越难以在工作中和生活中找到人生的意义，越容易陷入不安和孤独的境界，从而产生空虚感，形成了恶性循环。"制度赋予人们意义的能力在逐步丧失。于是人们开始向私人领域寻求意义，即向个人化方向发展。'所谓个人化，就是人们无法向国家、地域社会、职业以及制度化的宗教找到意义，于是出现了向家庭、亲友、各种运动组织或个人的兴趣和冥想等私人世界寻求意义的现象。'"③以1995年发生的奥姆真理教事件为标志的宗教混乱，反映出在现实中丧失了人生意义和工作意义的日本青年深层次的病态心理。这无疑也是日本社会病态的表现。如何解决这一难题，是日本社会面临的一大挑战。

有研究认为，20世纪70年代末，日本国民的精神世界开始发生质变。这种质变主要表现为新一代日本人的"奋斗目标之丧失""进取精神之泯灭"和以"勤劳节俭、认真努力、积极向上、吃苦耐劳、自我牺牲"等品

---

① 崔世广：《日本现代化过程中的文化变革与文化建设研究》，河北人民出版社，2009年，第263页。

② 崔世广：《日本现代化过程中的文化变革与文化建设研究》，河北人民出版社，2009年，第66页。

③ 李国庆：《日本社会》，高等教育出版社，2001年，第185页。

质为美德的"传统的日本精神之崩溃①"。

该研究还认为，日本在推进现代化的过程中，在大量吸收欧美文化的基础上，强调"忠实自我、体现特色"的个人主义已成为新一代日本人的主体社会意识。值得注意的是，作为近代意识象征的个人主义在日本恰恰繁衍于超现代的享乐型物质社会这一重要事实。正是这种精神与物质不吻合的畸形社会造就了一代丧失理想、抱负、追求、目标、使命感以及责任感的年轻人②。日本个人主义的发展已经造成了社会整体精神世界的迷失（程工，2014：68）。

日本国民的精神生活状态出现了问题，甚至出现了精神荒芜的现象，这是得到学界公认的基本事实。但是，将日本社会整体精神世界的迷失归咎于日本个人主义的发展，还值得商榷。

上述研究成果把日本个人主义和日本传统的集团主义对立起来了，无非是想表明，个人主义的发展动摇了集团主义的基础，触动了日本核心价值观，引发了日本整体国民精神世界的迷失。但是，日本式个人主义有其特殊之处，并非是与集团主义对立存在的。

文化人类学者别府春海（Harumi Befu）指出："许多人将日本文化定义为集团主义，将美国文化定义为个人主义，实际上从人类学的角度来看，这两者并构不成理论上的对比关系，它们一个是基于集团视角，一个是基于个人视角。"③事实上，美国也存在集团主义，日本也存在个人主义，将集团主义和个人主义完全对立起来是不科学的。日本学者滨口惠俊认为，将日本社会的构成原理归结为集团主义，并将集团和个人这两个不对等的概念作为对比的基础，是不合适的。山崎正和也指出过："日本人忠于的不是一般意义上的集团，而是自己从属的那个小圈子，即可以朝夕相处的工作集团。"由此可见，日本人忠于的是与自己利益息息相关的小圈子，而并非忠于所有的集团。集团主义的提法是相对于欧美人的个人主义而言的，但是各自的理论基石不同，并不意味着欧美个人主义否定欧美的集团主义，或者认为日本否定个人主义。集团主义是一种文化表层，是日本独特文化背景下孕育的带有一定强制力的社会性潜规则，但是并不否

---

① 刘晓峰等：《日本的危机》，人民出版社，2001年，第156页。转引自程工：《世界主要国家文化安全政策研究》，社会科学文献出版社，2014年，第71页。

② 刘晓峰等：《日本的危机》，人民出版社，2001年，第71、162页。

③ Harumi Befu：《作为意识形态的日本文化论》（日语原书名『イデオロギーとしての日本文化論』），思想科学社，1987年，第86、97页，转引自王永东：《日本集团主义的假象》，《学海》2014年第6期，第199页。

定个人主义①。无论是从作为社会科学通用工具的博弈论观点来看，还是从社会学观点来看，个人主义和集团主义的关系的核心都是"最优选择"问题。不同文化背景的人会根据其文化价值观进行理性选择，选取最优方案策略。理性的人会选择最高效、最便于实现其目标的模式。"利他"即"利己"，个人利益不应凌驾于集体利益之上，也不应该只追求个人利益。在表达自己观点或与别人进行交流的时候，日本人往往选择协调、合作而不是对立、冲突，选择沉默而不是坚持己见。而欧美人的选择则恰恰相反。由于各自的文化背景不同，两者采取了貌似对立的实现途径，实则殊途同归，两者的选择都是建立在理性的最优选择上。在最优选择的基础上，日本人建立起了表层的集团主义文化，欧美人则建立起了表层的个人主义，其区别在于是否突出自己的主张，但是最终目的都归结为将自己的意思准确地传递给对方，并最终实现自己的个人利益②。

一般认为，在日本的文化构建中，耻辱是行为的原动力，比罪恶感更难接受的是耻辱感。无论被批评还是被嘲笑，这种耻辱都是具有极强的强制力。不过，这种屈辱感的强弱并不取决于受辱的性质和程度，而是取决于当时有没有和自己有利害关系的其他人在场或者看到，取决于自己执行的是否是集体决定③，也就是自己的行为有没有偏离"世间体"。日本人是他律性的，靠外部伦理和行为规范维持秩序，靠"世间体"指导。他们在政治上依赖于以天皇为顶点的等级制度，在生活和工作中完全依赖于确定好的、适用于各种各样不同的人际关系类型即所谓的"场"的礼仪、敬语和规则等④，也就是依照后文所述的"世间体"，实施自己的行为。当日本人与"世间体"不在同一轨道上时，其行为就会"非同寻常"；或者昔日的"世间体"发生了变化时，日本人也会一时难以适从，从而产生选择困境，严重者会导致精神世界出现"非同寻常"。这种"非同寻常"往往是两个极端：一种是正常行为的极度弱化——几近颓废、无所作为；一种是正常行为的极端强化——几近疯狂、无所顾忌。极端弱化者如流浪汉现象及蛰居现象，极端强化者如援交现象。

综上所述，随着国家经济实力的增强，在美国生活方式的影响下，日本人的个人意识在逐步觉醒。但是觉醒后的个人主义脱离了传统束缚后，不愿意遵守"各安其分，各居其所"的秩序，表现出无所适从，从而产生

① 王永东：《日本集团主义的假象》，《学海》2014 年第 6 期，第 199 页。
② 王永东：《日本集团主义的假象》，《学海》2014 年第 6 期，第 200 页。
③ 王永东：《日本集团主义的假象》，《学海》2014 年第 6 期，第 200 页。
④ 王永东：《日本集团主义的假象》，《学海》2014 年第 6 期，第 200 页。

各种迷茫。日本式个人主义在脱离"世间体"后无法自我定位和自我负责，这才是造成年轻人整体精神世界迷失的根源。

第二节　流浪汉和"蛰居"现象

一、日本特色的自我放逐——流浪汉和"蛰居"

（一）流浪汉问题

流浪汉在日语中被称为"浮浪者（ふろうしゃ，furousha）""浮浪人（ふろうにん，furounin）""ルンペン（runpen）"，广义上还包括"无家可归者"①。日本的流浪汉早已有之。明治时期，政府就曾经把流浪汉当作社会问题严肃对待。进入大正、昭和时代后，由于资本主义经济危机以及战争的威胁等，流浪汉问题日趋严峻，政府不得不采取整顿及取缔行动。日本政府曾把流浪汉视为罪犯，依据相关法律，如战前的《警察犯处罚令》、战后的《轻犯罪法》等进行强力取缔。这属于流浪汉对策问题，暂时不在我们探讨分析的范围。我们注意到，这一时期流浪汉的出现是由于人们生活贫困所致，一个重要的标志是在相关文献的叙述中，很多时候对这些流浪汉使用的称谓是"乞食（こじき，kojiki：乞丐，乞食）""貧困者（ひんこんしゃ，hinkonsha：贫困者）""貧民（ひんみん，hinmin：贫民）""細民（さいみん，saimin：贫穷的人）"等（加美嘉史，2016：30－31）。

战后，日本经济取得了重大发展，跃居世界第二位。即使在泡沫经济破裂之后，日本经济也保持了较大的总量。加上日本政府施行了不少福利保障措施，以往的"乞丐"型、贫困型流浪汉的滋生土壤得到了极大的改善。但是，流浪汉在当今日本社会并没有绝迹，反而呈现出了新的特点。2002年，日本政府通过了104号法律——《关于援助流浪汉自立等的特别措施法》，2013年7月以厚生劳动省及国土交通省告示的形式公布了"关于援助流浪汉自立等的基本方针"，这说明流浪汉问题在日本已经成为一个社会问题，引起了日本上下的关注。2003年，日本厚生劳动省展开了首次流浪汉实情调查，在全国所有的市区町村，对以都市公园、河边、道路及车站场所等为日常生活据点的人员展开调查。主要方法是：①通过职员在街头巡回目视统计，首次调查的结果为25 296人；②当面对约2 000名流浪汉进行访谈调查。2004至2006年暂停三年后，于2007年起又恢复了

---

①　日语为"ホームレス（homuresu）"。

每年一次的流浪汉情况调查，但只采取职员街头巡回目视统计的方法。表 6-1是日本厚生劳动省最新的"关于流浪汉实际情况的全国性调查的结果"①。

表 6-1　日本全国流浪汉数量调查结果　　　（单位：人）

调查年份	男	女	不明	合计
2007 年	16 828	616	1 120	18 564
2008 年	14 707	531	780	16 018
2009 年	14 554	495	710	15 759
2010 年	12 253	384	487	13 124
2011 年	10 209	315	366	10 890
2012 年	8 933	304	339	9 576
2013 年	7 671	254	340	8 265
2014 年	6 929	266	313	7 508
2015 年	6 040	206	295	6 541

（数据出处：日本厚生劳动省，URL：http：//www. mhlw. go. jp/stf/houdou/ 0000083546. html，2016 年 3 月 22 日访问。）

这些都是日本厚生劳动省统计的数据。由于统计方法所限，流浪汉的数量恐怕不止这些，这只是那庞大的流浪汉人群的冰山一角。

众所周知，日本是个富裕国家，又有很好的社会福利保障制度。据日本社会保障规定，失业完全无收入者，每月可领到一定数额的失业补助金。丧失劳动能力及无人赡养的老人，除每月可领取补助以外，房租减收，用水、看病免费，市内交通费70 岁以上全免、以下减半，若有未成年的子女，还另外增加补助金。仅凭这几条，日本失业者就可以维持基本的生活，基本不可能"无家可归"。那么，这些流浪汉是怎么出现的呢？他们绝不是通常意义上的那种"乞丐"，而是日本社会现象的一种特殊反映。

———————————

①　自 2007 年起，日本厚生劳动省恢复对流浪汉的实际情况的全国性调查，调查方法主要采用由市区町村的职员日间街头巡回目视的形式，对于帐篷、纸箱内的情况未进行确认，且未对当事人进行口头询问。因此个别人员因穿着厚装等无法确认性别，且对于日间上班或者在网吧等室内场所过夜的流浪汉会有遗漏。

2003 年日本厚生省的调查中，对流浪汉之前的职业情况进行了调查。结果如表 6-2、表 6-3。

表 6-2　关于"流浪前从事的工作是什么"的调查情况

流浪前从事的职业	回答人数（人）	所占比率（%）
专业的技术工作业者	21	1.0
从事管理职业者	18	0.8
从事事务性工作者	24	1.1
从事销售业者	90	4.2
从事服务业者	187	8.6
保安	56	2.6
从事农林渔业者	12	0.6
从事运输、通信工作者	78	3.6
从事采掘工作者	0	0.0
从事生产、制造业者	221	10.2
印刷行业工作者	19	0.9
建设技能工作者	426	19.7
土木工的建设行业者	733	33.9
劳务搬运行业者	65	3.0
清扫、废品回收行业者	61	2.8
其他	91	4.2
有效回答数	2 102	97.2
无业	43	2.0
未回答数	18	0.8
合计	2 163	100.0

（数据出处：日本厚生劳动省主页，URL：http：//www.mhlw.go.jp/houdou/2003/03/h0326-5d3.html，2016 年 3 月 22 日访问。）

表6-3　关于"流浪前从事职业的职位是什么"的调查情况

职位	回答人数（人）	所占比率（%）
经营者、公司董事	46	2.1
自营、家族企业	83	3.8
正式员工	834	38.6
打零工	291	13.5
日工	757	35.0
其他	87	4.0
有效回答人数	2 098	97.0
未作答人数	19	0.9
不相符数	46	2.1
合计	2 163	100.0

（数据出处：日本厚生劳动省主页，URL：http：//www.mhlw.go.jp/houdou/2003/03/h0326-5d3.html，2016年3月22日访问。）

表6-4　关于"走上流浪（野宿）生活的原因是什么"的调查结果

原因	回答人数（人）	所占比率（%）
因破产、失业	708	19.2
因工作减少	768	20.8
因为生病、受伤、高龄等无法工作	406	11.0
因收入减少	354	9.6
因无法支付房贷	49	1.3
因无法支付房租	327	8.9
因无法支付旅店旅馆房费	177	4.8
因拆建等被从住宅撵走	22	0.6
因逃债而离家	92	2.5
因查扣等被迫离开	12	0.3
因出院后无去处	41	1.1
因家庭内部烦恼	160	4.3
因饮酒赌博	126	3.4
其他	416	11.3
无理由	32	0.9
有效回答件数	3 690	100.0
有效回答人数	2 155	99.6
未作答	8	0.4
合计	2 163	100.0

（数据出处：日本厚生劳动省主页，URL：http：//www.mhlw.go.jp/houdou/2003/03/h0326-5d3.html，2016年3月22日访问。）

从表6-1、表6-2和表6-3的调查结果，我们可以大概了解日本流浪汉的一些特征。他们的"出身"具有如下特点：第一，他们并非老弱病残人员。这些流浪汉绝大多数身体健康，没有身体残疾或生理缺陷（如果是残障人士，或者就更不用当流浪汉了，日本政府对于残障人士有特别的照顾政策）。在流浪汉中，男性占了95%以上，平均年龄为57.5岁（日本厚生劳动省2007年资料所统计），还属于劳动力的年龄范畴。第二，他们大多是有过工作经历甚至有过辉煌工作历史的人员。流浪汉的身世可谓一部日本当代的发展史。别小看这些无家可归、似乎低微的人们，他们之中或者有当年的老总，曾经有过显赫的身家；或者曾经出入高档的会场，有过不俗的学识，因为泡沫经济的破灭而导致公司破产，颠沛流离。当然最多的也是一些普通人，因为经济不景气的浪潮而失业或因年纪大、生病等原因丧失了职业，支付不起昂贵的房租或者欠下了高息的借款，不得不露宿街头。第三，他们并非都是真正"无家可归"的人。还有一些人，并非传统意义的流浪汉，准确地说应该是"野宿者"。实际上，他们有家庭，但因为各种家庭问题而不愿意回家。和家里的气氛比起来，街头寒冷的空气似乎更适合他们。

概而言之，日本的流浪汉中，真正无家可归、迫于生活流浪的并不太多，倒是有很多有家不回的。那么，他们流浪的原因是什么呢？我们可以从表6-4窥见一斑。从表中反映的情况来看，似乎很多都是因为客观原因而走上流浪或野宿道路的。但是，所谓的"破产、失业""工作减少、收入减少""无法支付房租""被迫离开"等原因，只不过是一个契机，是促使他们下定决心走上流浪之路的促发器而已。毕竟破产或失业了，一般人都会想到东山再起，从头再来；工作减少了，收入减少了，钱不够支付了，一般人会想到寻找新的工作，增加收入；原先住房没法继续居住了，一般人会想到寻找新的住处。但是他们选择了流浪，所做的选择出乎常人意料，这很大程度上表明他们的内心世界有别于常人。而且流浪汉中有不少是白天上班，晚上流浪或野宿的。透过这些表象，我们可以发现流浪汉走上流浪道路的内在原因：

一是逃避现实生活。很多社会的失意者、心理的受挫者，通过当流浪汉来逃避现实的挫折或烦恼。有些流浪汉有心理障碍，面对个人、家庭以及社会的种种压力时没有承受的能力，以致企求在流浪中来"逃脱"；有些是对日本社会多年来追求高福利、高享受的一种异化与反叛，当个人的高欲望得不到满足时，往往走向了另一极端，想以无所求的心态来满足自己内心虚幻的欲望。

二是"自愿"流浪。大部分流浪汉是为了享受一种自由自在、不受约束的生活。日本常有一些慈善机构或社会团体，出于爱心关怀，特意把那些流浪汉请到宾馆，让他们理发、洗澡，招待食宿，劝说他们结束流浪，回归社会，而且政府也愿意给他们提供工作岗位。如上文提到的，2002 年日本政府通过了 104 号法律——《关于援助流浪汉自立等的特别措施法》，2013 年 7 月以厚生劳动省和国土交通省告示的形式公布了"关于援助流浪汉自立等的基本方针"等，帮助流浪汉回归正常生活，可是收效有限。多数人酒足饭饱之后，第二天又过起流浪生活。由此看来，这些流浪汉大多数并非因就业无门、生活无着而被迫流落街头，显然是"自愿"流浪。

不管是逃避现实也好，"自愿"流浪也好，归根结底都是一种自我放逐。这里面有什么深层次的原因吗？有记者讲述了一个真实的流浪汉的故事：有一位曾是医生的流浪汉，因为一次医疗事故失去了做医生的资格，由于无颜面对社会，也不愿给妻子儿女带来屈辱而选择流浪生活。他还说："那次事故使我感到非常羞耻，我只有以这种方式生存，内心才能求得安生。"按照日本的传统习性，过去这些工作中出了错的人，一般都会选择自杀来向社会谢罪，现在社会开明不提倡极端方式，或许因此他们才选择这种"人未死而心已死"的方式以表达忏悔。他们与懒汉没有关系，他们采取离家出走而将自己的一切归零的极端方式或许是用来惩罚自己，为自己的人生奋斗画上句号，以流浪生涯了此残生。因此，日本流浪汉现象不是贫穷的问题，而是涉及人生哲学及社会学的一个复杂的社会问题。

过去他们采取的是自杀决绝的方式，今天他们采取的是把自己归零而流浪。这种流浪只是行尸走肉，但跟自杀一样，实现的是一种扭曲的"境界"。中国有句老话："夫哀莫大于心死，而人死亦次之。"其实最糟糕的生活境遇不是贫困，也不是厄运，而是精神心境处于一种无知无觉的状态：感动过的一切不再感动，渴望过的一切不再渴望，荣辱廉耻一切都化为乌有。这就是日本流浪汉的真实写照。

日本流浪汉还有一个有趣的现象：他们只是上街流浪，绝不上门乞讨。这和他们流浪的原因如出一辙，都是源于"耻感文化"。第一，日本人具有极强的羞耻心，情愿饿死也不会乞求施舍；第二，不劳而获者在日本最被人瞧不起；第三，日本传统武士道文化中，有"人穷不能短志"的理念。自食其力，是做人的一份尊严。本尼迪克特说，西方是罪文化，日本是耻文化。西方的罪文化使人一生下来便有原罪，但只要不断忏悔，灵魂就能得到净化和升华，无须借自杀"赎罪"。而日本的"耻"文化与武士道精神同时成为一脉相承的，当一个人失败了，若执着地去追求生而畏惧死，那是最感耻辱的事情，也是让大家看不起的怯懦表现。

日本民族的这种耻文化，像一只看不见的手操纵着日本人的荣辱观。

这种耻文化，促使日本文化同时成为一种负责的文化：一个不负责任的人，是最感可耻的，是无脸苟活于世的。假如一个日本人做错了事，虽然没有人去责备他，但他内心却充满了耻感，他就必须通过某种方式来消除这种耻感。如果因自己失职或无能铸成大错，那只有自杀一条路可供选择。这种"耻"比"死"更让人难以承受。所以就形成了自我放逐式流浪汉的奇特现象：以对家庭和自己的极端不负责任来为自己的过失"负责任"。

（二）"蛰居"问题

日本内阁府 2010 年的调查显示，截至 2010 年，日本的蛰居者人数超过了 70 万。另据英国《每日都报》2015 年 7 月 8 日报，目前有 100 多万男性正"蛰居"① 在家中。蛰居是指像动物冬眠一样长期隐居在某个地方，不抛头露面，一般是动物的行为。而日本对此现象的定义是超过半年不接触社会，不上学、不上班，不与外人交往，生活自我封闭。

在蛰居的日本男性中，有的人白天睡觉，晚上上网或者看漫画，不与任何人谈话，成了名副其实的"宅男"。他们逃避社会，整天躲在房间里，有时甚至长达几年之久。蛰居者主要是年轻人，他们一般是遭遇现实的挫折才做出这样的选择。

在日本，蛰居被称为"ひきこもり（hikikomori）"，是日语"ひきこもる"的名词形式，其字面意思是闷居或闭居。在日常生活中，因出于潜心创作、备考或调整情绪、缓解疲劳等目的而闭居者并不少见，但这种空间上的闭居与蛰居存在本质上的差异。蛰居是一种丧失社会行为、自我封闭的消极生活状态。

随着日本对蛰居问题的认识和研究不断深入，蛰居概念的界定也渐趋完善。一般认为，日本青少年蛰居问题始于 20 世纪 90 年代。首次对蛰居概念进行明确界定的是著名临床精神科医生斋藤环。他认为蛰居不是由精神疾病障碍引发的，而是因校园欺凌、拒绝上学、就业或职场压力等社会性因素引发的问题，即"社会性蛰居"。斋藤环将"社会性蛰居"定义为：近 30 岁且没有精神疾病的年轻人，连续 6 个月以上躲在家里，不参加社会

---

① 日语中称为"引篭もり（ひきこもり，hikikomori）"，本意是长期闷在自己家里或自己房间里，不参加社会活动的状态。数据来源：潇湘晨报网，URL：http：www. xxcb. cn／event／guoji／2015－07－11／8998825. html，2016 年 3 月 22 日访问。

活动的状态①。

需要特别指出的是，人们往往容易把"蛰居"简单地理解为"宅"。事实上，"蛰居"的概念与"宅"是不相同的。"宅"一般分为两种，一种是一般大众所说的"宅"。这种"宅"包括日常所说的家里蹲、尼特（NEET）、懒汉、SOHO 族（家居办公者）以及居家男等，生活上给人的表象是较少出门，足不出户。还有一种是自称御宅族所说的"宅"，是"御宅"一词的略称，源于 ACG（动画、漫画和电子游戏的合称），现在多指思想理念层面。简单来说就是对某一领域极为喜爱，并因爱好而有深入研究，是否出门不是判断这一类"宅"的标尺。显然喜爱某一事物并有所研究的人不一定就少出门，例如"铁道宅"会经常出门，到处进行火车摄影。换言之，宅在家里不出门的人，可以是出于爱好或心理障碍等主观原因，也可以是出于工作需要等其他客观原因。而既非客观原因又非爱好等主观原因的"宅"通常是因为心理障碍，这一类的"宅"才是"蛰居"。

显然，蛰居与其他的"宅"，尤其是"御宅族"有本质的差别。"御宅族"专指那些热衷于 ACG 以致足不出户者，是"21 世纪日本映像资讯全面爆发促成的新类型人种"。"御宅族"与蛰居者的内心体验有很大的不同。

2010 年 7 月日本内阁府发布《关于年轻人意识调查（蛰居的实况调查）报告书》，对蛰居概念进行了广义和狭义的划分。狭义的蛰居者包括以下三种情况：①基本上待在自己房间；②从自己房间出来，但不外出；③平时在家，偶尔去便利店等场所。准蛰居者指平时在家，只有做自己感兴趣的事情时外出。狭义蛰居者和准蛰居者之和即为广义上的蛰居者②。

按照是否存在精神障碍，研究者把蛰居分为原发性和继发性两大类。原发性的蛰居症状是伴随着某些精神疾病同时出现的，其本身就是一个病征。可能并发蛰居症状的精神障碍有统合失调症、抑郁症、强迫症、饮食障碍以及适应障碍等。继发性蛰居也称"社会性蛰居"，往往由社会交往受挫引起。一般的蛰居主要指社会性蛰居。

研究者发现社会性蛰居有以下共同点：社会交往挫折体验、恐惧社会

① 斋藤环：《社会性蛰居——未结束的青春期》，东京 PHP 研究所，1998 年，第25 页。转引自师艳荣：《日本青少年蛰居的现状与对策》，《当代青年研究》2012 年第8 期，第43 页。

② 斋藤环：《社会性蛰居——未结束的青春期》，东京 PHP 研究所，1998 年，第25 页。转引自师艳荣：《日本青少年蛰居的现状与对策》，《当代青年研究》2012 年第8 期，第43 页。

交往、蛰居行为从局部到全面、行为退化至儿童期、日夜颠倒以及家庭暴力等。蛰居的年轻人大多聪明、敏感且自我认识深刻；他们对生活和工作的压力以及社会的弊端有着深刻认识，由于不希望像父辈一样成为牺牲品但又无法反抗，因而只能逃避现实，蛰居一隅①。

二、流浪汉和"蛰居"现象产生的原因——逃离"世间体"

通过上文的描述，我们可以发现：日本流浪汉和蛰居现象都是"自我放逐"的表现，跟其"自杀"文化是一脉相承的。现在的人不像以前的人那样决绝地放弃生命，于是就选择逃避，实质都是对"集团主义"的一种反叛。流浪汉是"外向"，"蛰居"是"内向"，都是日本特色的自我放逐。

我们都知道，日本人工作认真负责在全世界都是闻名的。如此负责任的日本人，却选择这样不负责任的生活方式来逃避现实，这其中的深层原因是什么？新井芳子（2005：510）指出，中国人的交际模式有三个特点：一是中国人不会采取给家里人、亲戚、同族人面子抹黑的行动；二是当家里人受到"世间"批评的时候，中国人首先会全力保护家里人，保住面子；三是中国人无论是文盲还是流浪汉，面子意识都不低。与中国人的交际模式相比，日本人的交际模式有如下两个特征：一是日本人不辩解也不解释，不会主张自己的权利和利益，由此保全自己的面子；二是日本人不管是武士还是市民，在保全面子时，无关乎身份地位，都会意识到自己所属的"世间"的存在。此外，当把相对于"世间"的自己的"门面""名誉"称作"世间体"时，中国人的"世间"为"自家人"社会，日本人的"世间"为"外家人"社会。

"世间"是什么？"世间体"是什么？日本人如何看待"世间"？

井上（1977）②指出，"世间"源于梵语"loka"，意思是"遭受破坏，予以否定的东西"。汉语词中的"世"表示世间，"间"表示空间，用

---

① 黄喜珊、刘鸣：《日本青少年的闷居现象：现状、危害、背景及应对》，《比较教育研究》2011年第5期，第85页。

② 井上忠司：『「世間体」の構造——社会心理史への試み』NHKブックス280，日本放送協会，1977年。转引自岛田泰子：『ありさまを表す一字漢語名詞の国語学的研究：「式」「体」の用法史記述の試み』，奈良女子大学博士学位論文，2000年，第96页。

"世间"表示变化的现世，如"世间无常"①"世间虚假"②，属佛教用语（新井芳子，2005：494），表示"不存在不变的、确切的东西"或"没有实体，空空的"之意。日本历史学家阿部谨也对"世间"问题研究颇多，他在著作《何谓"世间"》中指出，"我们（日本人）在生活中都时刻注意'世间'的目光"。"我们无法想象'世间'是由个人意志构筑的，或者根据个人的意志确定'世间'的样式。我们把世间看成是'解决问题的某种前提条件'。"（阿部谨也，1995：15）阿部谨也历来主张，在日本不存在像西欧那样的"社会"。

"世间体"是一种精神共同体，是日本人根据"世间"的目光来划分自己行动的规范意识。"世间体"令日本人持有"唯恐悖于伦理规范的忌惮之心"。无论"世间"也好，"世间体"也罢，虽然没有清晰的空间界限，虽然只是一种模糊、朦胧的外部气氛，但是这种外部气氛下，日本人会觉得时刻有一位"世间先生"以神一般的尺度度量着自己，一旦违反"世间体"，就会受到嘲笑、遭受耻辱。

日本"世间"领域里形成了各种显规则、潜规则，它们又共同形成了庞大而森严的"世间体"。当承受不了"世间体"的压力时，选择逃避、自我放逐是一种办法。与"流浪"和"蛰居"这两种自我放逐相比，日本还出现了"萌文化"。这三种现象其实有一个共同点，那就是"逃避"现实，前两者是对社会的反叛，后者是对成长的反叛，归根到底它们都是对"世间体"的反叛。一向以负责任著称的日本人因对"世间体"的反叛竟然表现出了如此"不负责任"的一面，值得深思。

日本文化能衍生出如此不负责任的自我放逐，原因是多方面的。除了传统主从关系的简单脆弱性这个因素之外，"世间体"的禁锢，过犹不及带来的逆反，找不到方向的迷茫也是很重要的因素。集团主义、等级制度的典型特征是"各安其分，各居其所"。当找不到自己的"分"和"所"的时候，就开始放弃。在其他民族看来"韧劲"的表现是能上能下，而日本人却没有回旋的余地。

战后日本经济快速发展，在 20 世纪 80 年代已经达到相当高度，但物质的丰裕并没有带来想象中的幸福感。人们开始怀疑科学和经济的发展是否与幸福有关。对于年轻一代来说，"世间体"为其设计好的人生套路，其从小被设计好的"好好学习——考进名牌大学——找到收入优厚的工作"这一人生奋斗轨迹因为家庭的物质充裕似乎变得意义不大。而对于有

---

① 日语为"世間無常"。

② 日语为"世間虚仮"。

理想、有追求的年轻人来说，科学技术发展到一定高度的事实也就意味着他们已经很难再有突破。在迷茫的形态之下，加上现代日本社会全方位接受西方文化的冲击，当代日本的年轻人可以说在个人理想和干劲等方面远远比不上他们的父辈。日本的物质丰富，社会秩序井然，人人彬彬有礼。然而，在富裕、秩序和礼貌下掩盖的却是孤独、压抑和人际关系的淡薄。这种社会发展带来的病态现象才是蛰居问题产生的深层原因。

三、日本解决"蛰居"问题的对策

当代日本社会应对"蛰居"的主要措施有：①2009 年日本颁布了《青少年培养支援推进法》，从法律层面保障这一问题的解决和落实。②设立各种援助机构，如精神保健福祉中心、保健中心或保健所、青少年相谈机构或教育中心、大学的心理教育咨询室和心理临床中心等。在 1991 年厚生省拨款 9 900 万日元用于"针对蛰居、拒绝上学儿童的福祉对策事业"之后，政府性援助组织开始接连出现。③成立各种民间组织，如 KHJ 全国蛰居父母协会①及其在各个地区的分会组织等。④学术界也提供理论研究支持。如社会学、心理学及精神医学的学者都关注这一问题，提供了很多专业性的理论指导和实践支持。

从上述日本对一些文化层面的问题采取的解决方法和理念，可以发现，日本没有动辄从文化安全的高度来看待问题，而是在问题萌芽的阶段就积极干预。换句话说，就是没有让问题变成"危机"。反思我们的网瘾问题、游戏机问题，甚至是阅读武侠小说问题，似乎还没有得到较好的控制。

蛰居是社会发展的产物，与家族文化有着密切的联系。在欧美等发达国家，孩子年满 18 岁就必须自立，缺乏适合蛰居问题的土壤。而在日本、韩国等东亚国家中，家族观念非常强，父母的包办使孩子失去了锻炼的机会，以至于很多孩子成年后也依靠父母生活。这种密着型亲子关系是蛰居问题日益严重的重要原因。从"父母包办"这个意义上讲，我国与日本有着相似的家族文化，应该引以为戒。

---

① 2014 年起改名为"KHJ 全国ひきこもり家族会連合会"，即"KHJ 全国蛰居者家庭联合会"。KHJ 是"Kazoku Hikikomori Japan"的缩写。

第三节　援助交际问题

如果说流浪汉和蛰居问题多见于日本男性，援助交际问题则出现于日本少女。

一、援助交际问题现状

"援助交际"，简称"援交"，源自日语，是指未满 18 岁的少女（以初中生和高中女生为主）为获得金钱或其他实物而进行的性越轨等行为。广义上的援助交际也指以临时的交往为代价获取对方金钱上的援助的行为，不一定伴有"性"的发生。日本学术界对"援助交际"也进行了相关的定义。如东京学艺大学福富护教授团队认为援助交际是"为了得到金钱和物质而进行的一系列性行动（包括陪伴喝茶、约会或性交等行为）"；日本社会学家圆田浩二认为，援助交际是"没有管理和强迫，某人以钱物作为补偿，与他人进行性交易（包括喝茶、约会、唱歌或性交等行为）为前提的交流"。此外，1999 年，日本文部科学省将援助交际界定为"通过陪伴对方在咖啡厅喝茶、吃饭或唱卡拉 OK 等，获得金钱或饮食、服饰等物质享受的行为，不一定伴有性行为。但是，在对方诱惑或胁迫下，很容易发生性交易，成为色情杂志模特或出演成人录像"①。虽然这些定义的侧重点和界定角度不尽相同，但可以明确的是，援助交际是一种交易行为，双方存在买卖关系。值得一提的是，援助交际与少女卖春是不能画等号的，这一点与我国关于援助交际的定义稍有不同②。

一般认为，援助交际可以从 20 世纪 80 年代初期的"情人契约"潮开始进行追踪。1982 年日本性风俗业中出现了名为"情人银行"的经营组织。在这个"银行"中，名义上是男女们缴纳高额费用寻找结婚对象，但实际上是进行钱色交易。1984 年，因涉嫌违反《防止卖淫法》被取缔，此类现象逐渐转为地下，名目也越来越多。其中有一种影响比较大的就是 20

---

① 师荣艳：《日本女中学生援助交际问题分析》，《青少年犯罪问题》2012 年第 3 期，第 18 – 22 页。

② 百度百科的定义："援助交际，简称援交，是一个源自日本的名词，最初指少女为获得金钱而答应与男士约会。然而，现今意义却成为学生卖春的代名词。"ht-tp：//baike. baidu. com/link？url = OgMBAUC9NunlzrIovoGQzWxLWNyzgHewFr_S0lSnVjYJjQocSwDrylqfd5187lNHC0w_tGseSmMTDn_0zYLPAq，2016 年 3 月 20 日访问。

世纪 80 年代初的 "テレクラ（terekura）①" 即 "电话约会俱乐部"。所谓 "电话约会俱乐部" 是指以电话为媒介与女性进行勾搭的店铺。一般的形式是男子在一个单间里，等待女性打来的电话，享受与女性之间的电话通话。这种电话约会俱乐部迅速在日本蔓延，因为电话双方都是匿名的，所以未成年人也可以利用，逐渐成为援交的温床。一些女中学生以打工名义，通过 "电话约会俱乐部" 等中介机构向中年男性提供性服务。日本经典电视剧《麻辣教师 GTO》② 里就有对电话约会俱乐部的描写。1994 年 9 月 20 日，日本《朝日新闻》刊登了题为 "留言电话，介绍卖淫" 的报道，这是援助交际问题首次见诸日本报端。从此，少女援助交际问题的报道激增，1996 年 "援助交际" 成为流行语的主角，这一问题很快成为社会问题。

在日本，未成年学生参与援助交际行为达到了令人吃惊的程度。据日本媒体报道，援助交际在女中学生中的比例高得令人吃惊，高二女生中 32.3% 有援助交际行为，高三女生更高达 44.7%③。援助交际是近年来日本社会屡禁不绝的社会问题。2015 年 10 月 26 日，联合国 "买卖儿童、儿童卖春、儿童色情" 特别报告人莫德·德·布尔—布基契奥（Maud de Boer‐Buquicchio）在东京 "日本记者俱乐部" 召开记者会时表示，"这一现象正在日本女学生中流行，约有 13% 涉及援交"。13% 是 "估算数字" 也好，"不实数字" 也罢，当今日本社会援交依然存在且程度不轻是个事实。东京涉谷区一角，甚至已蜕变为援助交际活动的 "专用" 场所。

为了净化未成年人的生活土壤，保护未成年人的权利，减小因援助交际带来的负面影响，日本主要以开展性教育、严密法律规定等措施，打击援助交际的行为④。日本近年加大了对援助交际的打击力度，如在 2003 年颁布《交友类网站限制法》、2009 年颁布《保证未成年人安全安心上网环境的整顿法》等法律法规，规定网站运营者有责任阻止 18 岁以下的未成年人访问登陆，禁止交友类网站发布 "希望援助交际" 类的信息⑤。但是，

---

① 源自英语 "telephone club"。

② 1998 年由日本关西电视台制作，日本富士电视台播放的日本电视剧。由藤泽亨的同名漫画改编。由赤羽博、中岛悟执导，反町隆史、松岛菜菜子等主演。

③ 师荣艳：《日本女中学生援助交际问题分析》，《青少年犯罪问题》2012 年第 3 期，第 20 页。

④ 田相夏：《日本如何应对少女 "援助交际"》，《法制日报》，2013 年 6 月 11 日，003 版。

⑤ 田相夏：《日本如何应对少女 "援助交际"》，《法制日报》，2013 年 6 月 11 日，003 版。

这些法律法规的收效并不理想。

二、援助交际问题的根源

关于日本引发援助交际问题的社会根源，应该说是很复杂的，这背后有道德失序、物质至上及性解放等因素。有研究认为日本援助交际问题的社会根源在于：①社会性道德滑坡；②社会规范意识缺失；③消费社会带来的物欲横流；④电子通讯产品的普及、交友网站等网络媒体的泛滥①。除此之外，日本对色情文化的宽容也是一个不可忽视的社会背景。

如前文提到的，2015 年 10 月 19 日至 26 日，联合国"买卖儿童、儿童卖春、儿童色情"特别报告人莫德·德·布尔—布基契奥在访问日本期间，评估了日本买卖和性剥削儿童的状况。离开日本之前，布尔在东京举行记者会，指出日本"（儿童）性剥削形式多"，比如"援助交际"。这种行为"正在日本女学生中流行，约有 13％涉及援交"。布尔还控诉日本社会包容默许色情产业继续在国家机器中运作。但是，布尔的言论并没有得到日本社会的认可。上至日本政府，下至日本网民都对布尔的言论表示不满。日本外务省认为，布尔的言论没有客观事实依据，使用了不可信的信息源。很多日本网民也纷纷表达不满，认为联合国应该管好自己的事情。面对日本社会的强烈反弹，联合国同构人权事务高级专员办事处回应，13％只是"概数"，布尔的本意是借此引起日本政府对该问题的足够重视。

日本对色情文化的宽容，由此可见一斑。"色情文化的泛滥表明现代日本人的性态度异常开放和宽容。"②《世界博览》2015 年 23 期有一篇题为《日本"援交文化"内幕》的文章，认为援助交际在日本仍然禁而不止的原因在于日本对色情业的宽容与对援助交际暧昧不清的态度。日本对色情业的宽容，以及对援助交际的暧昧不清的态度从何而来？这与历史上日本女性地位的变迁、日本封建制度中对性的宽容，以及"城下町"人们相对自由自在的生活有密切关系③。

---

① 师荣艳：《日本女中学生援助交际问题分析》，《青少年犯罪问题》2012 年第 3 期，第 21 - 22 页。

② 师荣艳：《日本女中学生援助交际问题分析》，《青少年犯罪问题》2012 年第 3 期，第 21 - 22 页。

③ 石田一良：『日本文化史——日本の心と形』，东海大学出版会，1989 年，第 165 - 169 页。

（一）女性地位崇高的时期

日本女性的经典形象是低眉顺目、温柔体贴。日本给人男尊女卑和女性地位很低的感觉。即使现在，日本女性结婚后都要放弃原来的姓氏，冠以夫姓。但是在很长一段历史时期，日本女性地位是不低的。

在弥生时代，日本岛出现了以巫女"卑弥呼"为中央统治的邪马台国。据载，卑弥呼"长年未嫁，事鬼神之道，能以妖惑众"。由此可见，弥生时代是以女性为核心的社会，女性的地位是相当高的。到了飞鸟时代（约6世纪），日本历史上出现了第一个女皇——推古天皇。她在位期间册立圣德太子为摄政王，引进中国文化，设立冠位十二阶，颁布十七条宪法等，确立了以天皇为中心的政治统治。第二位女性天皇持统天皇，她是天武天皇的皇后，在位期间继续天武天皇的政治思想，推动了大化改新的完成。直到奈良时代（710—794），日本共出现了6位8代女天皇。

表6-5 日本女性天皇列表

女性天皇名	即位世代	在位期间	备注
推古天皇	第33代	592–628	第29代钦明天皇皇女，第30代天皇的皇后
皇极天皇	第35代	642–645	第31代用明天皇皇孙高向王之妃，第34代舒明天皇之皇后
齐明天皇	第37代	655–661	皇极天皇复位
持统天皇	第41代	686–697	第38代天智天皇之皇女，第40代天武天皇之皇后
元明天皇	第43代	707–715	天智天皇皇女
元正天皇	第44代	715–724	元明天皇之母，终生独身
孝谦天皇	第46代	749–758	第45代圣武天皇之皇女，女性天皇中唯一一位以皇太子身份即位者，终生独身
称德天皇	第48代	764–770	孝谦天皇复位

日本古代女性在社会中地位极高，在文化方面也有相应的体现。平安时代（794—1185/1192），出现了大量的女性文学。贵族女性用万叶假名书写和歌、日记和物语等，其书法风格独特，被称为"女手（おんなで，onnade）"，即"女子书写的文字"。"女手"后来进化为日本的公用文

字——平假名。平安时期国风文化的一个最大特点就是贵族女性文学风行。《源氏物语》的作者紫式部便是一位女性；同时期的《枕草子》被誉为日本国学的杰作，其作者清少纳言也是一位女性。此外，《蜻蛉日记》《更级日记》等的作者都是女性。这些都说明女性在文化方面成绩不菲[①]。

古代日本女性地位极高的另一个表现是日本婚姻方式在很长一段时间内都是"招婿婚"[②]。招婿婚是日本古代的一种婚姻形式，从大和时代一直延续到平安时代。招婿婚的主要特点是夫妇分居，男女住在婚前各自的家里，男方晚上前往妻家，短则翌日清晨离开，长则在妻家逗留数日后回到自己家。第二个特点是子女随母亲生活，财产多由女儿继承，而男性则负责负担妻儿的生活费。招婿婚中女子是婚姻的主体，男性只是女方家的临时客人，没有子女抚养权利，也不享有子女的命名权。此外，招婿婚的离婚程序也相当简单，只要男性不再前往女方家则视为"离床""夜离"，或者女方把到家里来的男方遣回去。这样的离婚方式既无宣言也无通知，比较简单随便，因此一夫多妻或多夫多妻婚姻并不少见，但夫妻之间尚不存在支配与隶属关系。

古代日本女性地位很高的第三个表现是日本封建道德对性的规范比较少，家永三郎（1992：56）写道："正是这种关于性的无拘无束的明朗态度，最清楚地反映了未被伪善的性道德扭曲的古代日本人健康的一面。"

（二）日本女性地位下降时期

藤原氏由于成为天皇的外戚，开创了世袭摄政、关白权位的惯例，也形成了有势力的家族争相将女儿送进皇宫的风气。在云集于后宫的宫女们中，不断涌现出文化上具有卓越才能的人。这一结果就是提高了后宫在宫廷内的地位。家永三郎（1992：63）认为："这样，女性的社会地位与封建社会以后相比，有了极大的提高。但是与作为生产劳动主要承担者的古代妇女群众不同，贵族女性没有这种社会职能，除去作为男性的性爱对象之外，很少有存在的理由，这一点大大削弱了她们的立场。而且，丈夫可以随时中断去妻子家中而自由地另求新欢。所以分居的妻子比同居的妻子更为担心被遗弃，始终难免因丈夫爱情的去留而忽喜忽忧。""这种苦恼给

---

① 杨雯雯、汤美佳：《论日本女性地位从古代到近世的变化》，《安徽文学》2011年第12期，第284－285页。

② 汉语也有人将其称为"访妻婚"。日语为"招婿婚（しょうせいこん，shouse-ikon）"或"妻問婚（つまどいこん，tumadoikon）"，指丈夫方入赘至妻子方的婚姻形态，是母权较强的民族中常见的婚姻形态。

女性的心理投下了微妙的阴影。当她们从事文化创造的实践时，就有可能深深挖掘到心灵内层，并细致地刻画在其作品之中。而这正是使她们的作品在质量上具有深度的条件之一，这种质量上的深度足以弥补这一时代贵族文化外延上的局限而有余。”

在这个时期，夫妻之间逐渐形成了支配与隶属关系。虽然这一时期女性在文艺作品上有所建树，但是从此日本女性也开始失去了独立性，逐渐沦为男性的附庸。这一现象不仅局限于宫廷，在民间也广泛流传开来。随着封建社会的完成，在家庭生活中长期保持的原始社会的旧制——招婿婚也宣告结束（家永三郎，1992：107）。尤其是在武士那里，较早就实行了妻子在夫家同居，即嫁女婚。不能在战场上出力效劳的女性在分配领地时处于不利地位，这一情况再加上从分配继承到单独继承的过渡，终于确立了仅由男子垄断性地继承全部领地的单独继承制，女性陷入完全无权状态。这就是产生男尊女卑不平等关系的历史条件。

因嫁女婚而从一开始就与丈夫同居的武士的妻子，开始树立了牢固的贞操观念以及作为维护夫家的主妇的责任感。这可以说是在贵族女性那里见不到的一个进步，但也是仅对女性强加以贞节的单边义务关系的开端（家永三郎，1992：107）。

女性地位的下降，在服饰上也有所体现。女性穿的“和服”伴有长袖和长长的带子。在这种情况下，其不合理性采取了最极端的形式；再加上前述情况，这些与谈到前一时代时所指出的女性社会地位的低下也有关系。武士和上层商人中的女性，既无生产任务，又失去了自主活动的自由，沦落到只是男子性欲对象的地位。她们牺牲行动上的灵便，也得甘愿接受适宜于表现偶人式的不自然的服装，所谓表现了“真正的女性样子”的服装。如果以为在这种特殊社会条件下形成的“和服”的特点是日本自古以来服装的传统，那是非常错误的想法（家永三郎，1992：152）。

从上述分析可以看出，日本女性在很长的历史时间里是作为男性附庸出现的。女性千方百计“取悦”男性在日本并不是一件“可耻”的事情。另外，在日本封建意识里，对女性的贞操也相对宽容，没有像中国那样的“贞节”文化。再者，在日本江户时代，“城下町”的人们是过着一种自由自在的生活，基本上没有什么束缚。这些都是造成日本对色情业宽容及对援助交际暧昧不清的原因。

三、援助交际的本质

援助交际从发生的特点来看，具有暂时性、交易性和自主性等特征。

其一，援助交际双方不存在长久的契约关系，互不干涉隐私，只是一种暂时性的交际行为。其二，援助交际是双方各取所需的一种不涉及感情的交易行为，一方付出金钱和物质，一方付出"服务"。其三，援助交际是双方自主选择的交易活动，双方都不受第三方的控制和管理。从事援助交际的女性在援助交际对象和内容的选择上具有较强的自主性，是一种自愿行为。

另外，从援助交际的主体、动机、内容和对象上也可以看出它的复杂性。从主体上看，如今的援助交际从业者不仅包括女中学生、女高中生，还包括一般大学生以及白领女性、自由职业者、家庭主妇等各个阶层的女性，涵盖的范围非常广泛。从动机上看，绝大多数女性从事援助交际是为了获得金钱和物质，偶尔也存在为了满足生理上和精神上的享乐需求而参与援助交际的。从内容看，援助交际内容千差万别，既有喝茶、聊天、吃饭或唱卡拉 OK 等普通交际行为，也包括接吻、抚摸或性交等性行为。从对象看，援助交际的对象最初多为中年上班族，随着援助交际行为的寻常化，一些年轻男性也成为女学生的援助交际对象。

援助交际不同于以往的出卖身体的行为，是一个相当复杂的社会问题。援助交际现象发生的原因也是多方面的和复杂的。但是综合起来讲，援助交际产生的本质根源在于"失范"与"失控"。社会性道德的滑坡和社会规范意识的缺失，使人们失去了原有的规则限制，失去了原本应有的规范，属于"失范"；物欲的横流泛滥、IT 相关内容的泛滥、对色情业的宽容，则使人们缺乏或者超越了规则的监督、管理。这些规则也好，"范"也罢，在日本人的传统行为意识中是以"世间体"的形态出现的。可以说，因"失范""失控"而引发的援助交际行为，是偏离了"世间体"的一种极端行为。

"世间体"是如何影响日本人的行为规范的？它的发展、变动会给日本文化带来什么样的影响？我们将在第七章从日语语言的角度进一步深入分析。

第七章　文化安全视角下的日语语言危机

　　语言是文化的载体，也是民族性的浓缩体现。研究日本民族的文化特性，考察日语语言构成的多样性及其"纯度"，"差异性"无疑是一个重要的切入点（黎力，2013：24）。对日本文化安全的考察离不开对日语语言（包括文字）安全的考察。换言之，脱离对日语语言文字安全的考察，对日本文化安全的考察将是片面的。毕竟文化安全是不同文化接触而产生的，这种文化接触可以是同一国家中不同族群的文化接触，也可以是不同国家之间的文化接触。当不同文化接触时，相互之间必定产生影响，强势的一方会对弱势一方产生影响，弱势一方就会产生文化变化甚至变革。当这种文化变化或变革是被动进行时，就会产生文化安全问题。文化接触离不开语言接触，文化接触是从语言接触开始的。

　　在我们看来，文化安全问题最重要的表现就是语言安全问题。所谓语言安全问题，是指"一个国家在社会人群和民族间因语言地位、语言关系、语言观念、语言政策而发生的语言障碍和引发的社会矛盾，或造成社会、民族、宗教、教育等方面冲突的问题。语言安全问题涉及语言、语言使用、民族和谐及社会稳定等问题。就语言本身而言，除语言的语音、语法、语义和词汇外，还包括语言种类、语言地位、语言关系、语言功能、语言活力、语言声望、语言规范、语言使用、语言教育、语言保护以及语言权利等"（达巴特尔，2011：161）。因此，当从文化安全视角去考察日语语言安全问题时，至少应该从日语语言地位、语言关系、语言观念、语言政策等方面去考察日语是否存在安全问题。换言之，必须要考察日本国内，在日本人的语言生活中，日语语言地位、语言关系、语言观念是否有发生重大变化甚至变质的危险，日本的语言政策是否存在导致上述重大变化甚至变质发生之危险。

　　在全球化浪潮的席卷下，如何维护母语安全是摆在世界各国面前的一件大事。本章将详细解析日语在文化接触时的流变，以日语语言安全为客体来微观剖析日本语言政策的得失。由此我们也试图从语言安全角度来印证文化安全的潜在性和前瞻性。

　　日语语言文字的产生和词汇的丰富过程，展示的就是一部日本对外来文化吸收、改造的历史进程。它生动地展示了日本在维护文化安全方面的独到之处，也显示了政策偏差产生的一系列恶果。日语强化了日本人的身份认同，从深层影响了日本人的思维方式，使其在面临外来文化时，具有强大的生命力。但是，"限汉脱汉"政策和"有多利教育"理念的推行，给日本以汉字为载体的文化造成了极大的破坏，甚至波及两代人。由此可见文化安全的潜在性特点。

与此同时，日语也是日本向外拓展文化利益的一项重要工具。通过接纳外国留学生、推广对外日语教学，日本大力推进对外普及日语的力度，试图以此彰显日本文化的魅力，也取得了一些成效。

在展开论述和分析之前，先说明一下"日语"和"国语"的异同点。在日语中，"国语"主要包含三个意思，第一是指某一国家的正式语言和公用语。过去我们中国也有过"国语"一说，港澳台地区现在依然把中文称作"国语"。第二是指"日本语"，此时的含义与"日语""日本语"是一样的，指代的内容也是一样的。只是"国语"是相对于日本国内的阿依努族语的称呼方法，视点是对内的；"日本语""日语"则是相对于世界上其他国家语言的称呼方法，视点是对外的。第三是特指日本国内学校中的学科，国语科①。因此，"国语"和"日本语"没有本质的区别，只是视点有别罢了。本书基于与汉语、英语等语言的对比，一般使用"日语""日本语"的表达方法；当特指国内的"日语"或引用的文献中出现"国语"时，则使用"国语"一词。

第一节　日语的起源、发展及特点：源于汉语但非汉语

张福贵（2012：17）指出："中国传统文化具备同化弱势文化、排斥强势文化的强大功能和丰富经验，使文化创新和文化转型变得格外艰难与迟滞。"相反地，正如石田一良（1989）所主张的观点——日本文化是"换装偶人"——那样，从日本文化的特点及其发展轨迹来看，日本的传统文化具备"努力吸收强势文化、努力同化强势文化"的特点。这种努力吸收和同化，首先体现在日语语言文字的发展历程上。

日语作为日本民族语言是何时以何种形式出现的，至今仍有不少需要确认和论证的地方。关于日语语言的形成，学界一般认同这样的观点：日本列岛的先住民中至少有一支来自太平洋群岛，他们的语言构成了日本民族语言的基础。后来，北方游牧民族从亚洲大陆经由朝鲜半岛进入日本，

---

①　徐一平：《日本语言》，高等教育出版社，1999年，第7-8页。

与先住民融合居住。于是，游牧民族的阿尔泰语系语言与先住民的语言产生了语言接触和影响，形成了日本列岛语言的雏形。由此看出，日本民族语言从产生之时起就与外族语言的吸收与优化息息相关，并不是"纯种"的语言。虽然至今日语的谱系归属尚无最终公认的结论，但普遍认为它与阿尔泰语系的朝鲜语、土耳其语和蒙古语等有密切的亲缘关系（翟东娜，2006：183）。

关于日语语言文字，据文献记载，在我国汉字传入日本之前，日本是没有文字的。但作为一门语言（口头语言），"日语"早已存在，虽然当时还只是口头表达形式，没有可以记录的文字。据《史记》中《秦始皇本纪》和《淮南衡山列传》记载，早在始皇二十八年（公元前 219 年）和始皇三十七年（公元前 210 年），徐福两次东渡日本，传说最后到达日本现在的和歌山县新宫市。徐福东渡日本，带去了秦朝先进的物质文明，形成了弥生文化（韩玉德，2000：80；李广志，2014：85）。据日本《古事记》和《日本书纪》记载，应神天皇（270—310 年在位）十五年（公元 284 年），天皇派遣使团出使百济，征聘王仁。王仁于第二年即晋朝武帝太康六年（公元 285 年）携带《论语》十卷和《千字文》一卷抵达飞鸟朝廷，后成为皇太子业师。《论语》和《千字文》开始在日本传播（赵坚，2010：156；奥村和美，2015：142；李艳华，2015：126），对日语语言文字的形成起到了极大的促进作用。

历史考证表明，公元 3 至 4 世纪前后，汉字从中国和朝鲜半岛传到了日本。接触了汉字的日本人迫切希望利用汉字来书写日语。但是，由于原有的"日语"发音以及语言规则等与汉语大不相同，当时的日本一方面无法立即使用外来语言来代替他们自己的语言，另一方面又迫切需要文字来进行书写。于是，日本人就挖空心思地寻找既符合日语语言的特点又能借用汉字进行书写的方法（大森和夫，2014：172）。经过反复摸索和尝试，日本人首先创造出了音训兼借的"万叶假名"，在此基础上最终创造出了日语独特的文字——平假名和片假名，且逐渐形成了日语特有的文章书写方式，即汉字、假名混写体。汉字，既是日语文字的起源，也是日语文字组成的一个重要部分。平假名和片假名的创造和利用为日语在大量吸收非汉语词的外来词上提供了有利的条件。

在平假名和片假名出现之前，日本人先是使用"万叶假名（万葉仮名＝まんようがな，manyogana）"进行书写的。万叶假名是古代日本人在使用汉字来书写、表达自己的语言时，不考虑汉字的意义，而只借用汉字的音、训读法，即"一个汉字一个读音"的方法，进行书写的一种文字，如"名津蚊为（なつかし＝懐かしい＝なつかしい，natsukashi：怀念、想

念）""由岐（ゆき＝雪＝ゆき，yuki：雪）""安米（あめ＝雨＝あめ，ame：雨）"等。万叶假名实际上是汉字的假借用法，只表音，不表意，即将汉字转为音节文字，将汉字作为假名来使用。因此，会出现不同的人用不同的汉字来表示同一个发音的情形。如表示"あ（a）"这个发音的汉字，有的人使用"安"字，有的人使用"阿"字，还有的人使用"愛""悪"等字。这些汉字后来被整理形成了"日本式汉字"。这种文字最早出现在成书于 712 年的《古事记》、720 年的《日本书纪》以及 759 年的《万叶集》等上古文献中。尤其是《万叶集》中的使用最为普遍，最广为人知，故这种日本式汉字被命名为"万叶假名"，也称作"真仮名（まがな，magana：真假名）""真名仮名（まながな，managana：真名假名）""男仮名（おとこがな，otokogana）""借字"等。在现代日语中，有的地名、人名依然使用万叶假名，如"麻奈""亜纪"（女性名）分别读作"まな（mana）""あき（aki）"；一些难读的地名如"魚群"可读作"なぶら（nabura）"或"なぐれ（nagure）"等，它们都源于万叶假名。除此之外，在现代日语中已经较难见到万叶假名的踪影，取而代之的是作为纯音节文字的平假名和片假名。万叶假名的使用持续了较长一段时间，从 5 世纪到平假名产生的平安时代（794—1185/1192 年），用于记录和书写的都是万叶假名（大森和夫，2014：173）。

借助"日本式汉字"的万叶假名，古代日本人可以进行书写表达。但是由于所使用的汉字数量有限且汉字本身的笔画较多，产生了诸多不便。此外，他们在用毛笔书写时，渐渐习惯使用草书体进行书写。于是，在平安时代，基于汉字草书体的一种更为简便的书写文字——"仮名（かな，kana：假名）"得以出现。这种假名被称为"女手（おんなで，onnade：女子书写的文字）"，主要用于当时女子记写和歌、日记和私人书信等。当时贵族男女之间彼此赠答和歌、来往书信也使用平假名书写。但是"かな（kana）"不像汉字一样作为当时男子间使用的正式文字。室町时代（1336—1573 年）起将这种"かな（kana）"称为"平仮名（ひらがな，hirakana：平假名）"。

片假名的出现与平假名的出现有所不同，它的创制并非出于书写文章的需要，而是为了训读佛经，即用以注音等，因而从文字性质上说是一种辅助文字。考证资料表明，9 世纪初，僧侣们在学习汉文（佛典）时因应需要创造出了更便于记录的"片仮名（かたかな，katakana：片假名）"。僧侣们在听讲佛经时，为了便于记住汉字的读音、意义以及前后的修饰语法关系，需要一套适于笔记且简单的文字符号，以便于注音和释义。但当时并没有现成的文字符号，刚开始时使用万叶假名注音，但效果不太理想。在实践过程中，僧侣们逐渐想出截取汉字的一部分如偏旁部首等作为文字符号，用于经文行间注音或栏外释义，或注解语法关系。起初，这种文字符号并不统一，并夹杂有平假名，以后才逐步趋向统一，形成单一的片假名系统（顾海根，1998：60）。通过一个世纪左右的发展与完善，10世纪的时候片假名已经作为独立的文字开始得到应用。到了11世纪，现代日语片假名的字体已经基本固定下来了，僧侣们在书写文章及和歌时都广泛使用更为方便的片假名。日本历史上甚至出现过把平假名视为一种更难以学习、程度更高的文字系统因而进入小学学习时优先学习片假名的时代。到了1945年，日语文字的使用规则和方法发生了很大的变化，一般的文章中使用汉字和平假名成为通则，片假名只作为例外标记时使用。如在书写标记外来词、外国语、动植物名称及拟声拟态词等时多使用片假名（大森和夫，2014：174）。

除了汉字、平假名和片假名之外，现代日语使用的标记符号中还有一种文字，即"罗马字"。罗马字与平假名、片假名一样属于表音文字。它源于拉丁文字，一般指英文的26个字母。在使用计算机键盘输入日语时多使用罗马字，在英语中标记日本专有名词如人名、地名时也使用罗马字。罗马字大约产生于16世纪中叶的室町时代（1336—1573年）末期。当时，西方传教士在日本传教时，为了保证传教的顺利进行，需要学习日语，于是在日本出现了用罗马字拼写日语的情况。葡萄牙语式、荷兰语式、德语式、法语式等拼写法都曾出现过，甚至出版了用罗马字拼写的教义、辞典和语法著作等。比较出名的罗马字标记方式是1967年由美国传教士黑本（ヘボン、J. C Hepburn）出版的《和英语林集成》日英词典，它奠定了用英语方式拼写日语的基础，被通称为"黑本式（ヘボン式＝へぼんしき，hebonshiki）"罗马字拼写法（顾海根，1998：105–106）。

通过前文的描述可知，日语所使用的文字既有属于表意文字的汉字，又有属于音节文字的假名（含平假名、片假名），同时还存在罗马字书写法。日语文字标记系统的复杂程度由此可见一斑。如果把语体的差别考虑在内的话则会有更多的标记种类。日本语言学家桦岛忠夫①指出，日语中文字和标记的复杂性、多样性源于日本民族独特的文化观，即一方面，只要能吸收的都吸收进来，对由此引起的纷乱状态，则听其自然而不加以整理统一，保持其杂乱状态；另一方面，则考虑如何加以巧妙利用，以便使其有效地发挥各自的功能（顾海根，1998：111）。换言之，日语作为日本

---

① 桦岛忠夫，日语为"樺島忠夫（かばしまただお）"，1927年生，日本国语学家、大阪府立大学名誉教授。

民族语言，无论是口头语表述还是书面语表述，从产生之时起，就处处充满了对外来语言和文字的吸收、复制与利用，处处可见应时应景应需而作之物，不免让人对日语的存亡产生怀疑。然而，日语发展至今，并没有出现被其他语言同化的迹象，反而是日语不断地吸收汉语言文字和欧美语言文字的优点，不断地完善、强化其语言系统，成为"和魂汉才""和魂洋才"在日语语言中的具体表现。之所以能够做到这一点，重要原因之一在于日语善于在吸收其他语言的长处之时，能做到"万变不离其宗""千变万变其魂不变"的缘故。无论日语遇到何种外来语言的冲击，无论日语在其发展历程中经历何种飘摇，作为日语之"魂"的种种特质始终未脱离过日语母体。

需要特别指出的是，通过上文对日语平假名、片假名及罗马字历史的考察，我们可以发现，无论是脱胎于汉字的假名还是借用西洋文字的罗马字，都是日本人主动吸收创造的结果。在漫长的历史时期，从来没有一种外来势力将自己的语言文字强加在日本人身上。这也是日本文化在对外学习时能保持独立自主的一大因素。

一、日语"魂"之一：黏着语特质

根据语言学家的统计，现在全世界存在且正被使用的语言多达六七千种①。面对如此种类繁杂的语言，语言学家们尝试按照各语言语法表达形态的不同，对它们进行了大致的划分，其中始于洪堡特②的西方语言形态学的划分法比较引人关注。他们把世界上的语言划分为"屈折语""孤立语""黏着语"和"复综语"。

日语属于典型的黏着语。在作为构成句子的素材——单词的划分上，分为以名词、动词和形容词等实词为主的"詞（ことば，kotoba）"类，用以表示概念，以及以助词、助动词等虚词为主的"辞（じ，ji）"类，用以表示句子的语法关系。句子和语法关系的构建不是借助语序、词序的变化或者词形的变化，而是主要借助表示语法关系的助词、助动词等"辞"来完成，这是日语作为黏着语的一个重要特征，是日语的一个特性，是日语的灵魂之一。日语无论如何发展变化，即便受到来自亚洲大陆的汉语和来自欧美大陆的西洋语言的种种冲击，它的黏着语特质始终未发生过变化。

---

① 李宇明：《语言也是"硬实力"》，《华中师范大学学报（人文社会科学版）》2011年第5期，第68页。

② 洪堡特（WilheLM von Humboldt），1767—1835年，德国语言学家。

二、日语"魂"之二：自由灵活型 SOV 语序

通俗地讲，语序就是各级语言单位排列、组合的次序。日语的语序与汉语语序大不相同。由于它的黏着语特质，相对于汉语和英语等语言而言，日语句子的语序要自由很多。一般来讲，日语的语序虽然也具有一定的严格性，但更为显著的特点是自由、灵活。

概括而言，日语语序主要有以下三个特点：谓语置后、修饰语在被修饰语之前以及虚词①接在实词②之后（翟东娜，2006：6）。在遵守这三个基本原则的前提下，日语句子的语序可以说是不受限制和灵活自由的。因此，日语句子在形式上给人的感觉是语序自由、不受限制，实质上日语语序的变化、调整是严格遵守日语语序的"魂"，即日语语序特征的。

三、日语"魂"之三：文体必选

和汉语、英语相比，尤其是在话语交际中，日语的结句形式能体现出交际双方的亲疏关系。任何一个日语句子，通过句末的收尾形式，就可以大概判断交际双方处在什么样的人际关系，比较清晰地表达出是亲密还是疏远。换言之，在日语表达中，无论是口语表达还是书面表达，必定要选择一个适当的文体形式。这一点显然与汉语、英语等其他语言有本质的区别。

此外，日语中的敬语可以直接反映出交际双方乃至话题中人物之间的关系。即便话语中不提及主语，也能根据语境判断出人物的大概身份。正因为敬语有这样的功能和作用，才导致了日语语言中敬语的不可或缺性，以及日本人"彬彬有礼""注意细节"的特性。对于日语学习者来说，这样的区分是琐碎且繁杂的；但对于日语母语者来说，如此细化的区分并不显得啰唆，他们可以全凭语感直觉快速地理解。

必须指出的是，敬语体系一方面在日语中发挥着无可替代的作用，另一方面其复杂性也引来很多否定的声音。关于日语敬语的探讨和争论可以说由来已久，也可以说方兴未艾。但不管争论有多么的激烈，敬语在日语中的功能和作用没有被弱化，反而不断被强化和全民化了。作为皇室敬语代表的"れる・られる"的普及就是一个很好的说明。可以说，敬语在日语中的地位虽然面临过且正在面临着种种挑战甚至危机，但是其本质特

---

①　日语中称为"辞（じ，ji）"，也称作"付属語（ふぞくご，fuzokugo）"。

②　日语中称为"詞（じ，ji）"，也称作"自立語（じりつご，jiritsugo）"。

征、本质功能和本质地位却未曾被撼动过。以敬语的使用和结句时简体、敬体的必选为代表性特征，日语中的"文体必选"成为其重要标志和重要灵魂之一。

四、日语"魂"之四："语境依存型"

美国学者爱德华·霍尔（Edward Twitchell Hall Jr.，1914—2009 年）把语境分为高语境（high context，HC）与低语境（low context，LC）。在高语境的交际环境中，绝大部分交际信息要么通过社会文化语境和情景来传递，要么内化于交际者的思维记忆中，很少出现在显性的语码信息里。

由于日本的岛国特性，其独特的自然环境以及民族的单一性使得日本民族在审美意识、价值观以及世界观等社会文化信息方面有着高度的共同性。这种民族单一性所形成的高度共同性造就了日语语用上的"高语境"环境。而在这种高语境环境的影响和作用下，与英语、汉语等语言相比，日语的表达方式更具有非逻辑性、暗含性以及信息末端焦点化等特点。这些特点与非语言的社会文化语境因素密切关联，并导致了日语言外之意及余韵余情的普遍存在，如暧昧表达及委婉表达、省略表达等都是典型的表现形式。日本学者森本哲郎[1]指出：语言与民族是一脉相承的，语言的特质反映出民族的特质。日语的使用者——日本人属于单一民族的集团型社会，且所处岛国环境较为狭小和封闭，二者共同构成了日本民族的高度共同知识背景。这一共同知识背景形成了日语各种表达的最重要的言外语境。在这种言外语境的支持下，不言自明或少言自明式的"以心传心"表达模式，以及言而不明的"暧昧模糊"表达模式在日语中普遍存在。在这一方面，对日语独特表达方式具有相当大影响的和歌、俳句可以说是典型代表。

以上主要从句子层面阐释了几个代表日语本质特征的"魂"，当然还可以从其他角度去描述日语的"魂"，即日语区别于其他语言如汉语、英语等的"区别性特征"。如从词汇层面看，日语词汇体系中"和语词、汉字词、外来词、混合词"[2]并存的特点也称得上是日语的"灵魂"之一。"和语词"也称"和词"，指日语中固有的词汇；"汉字词"也称"汉词""汉语词"，指源于汉语但是已经在日语中扎根并固化到日语中的词语，已经不再被视为外来词；"外来词"也称"外来语词"，指源于英语等西方语言的片假名词语；"混合词"，指由"和语词、汉字词、外来语词"组合而

---

① 森本哲郎（もりもとてつろう），1925—2014 年，日本著名评论家。
② 在日语中相应地称为"和語、漢語、外来語、混種語"。

成的词语。关于"汉字词"和"外来词"，本章第三节将从文化安全的视角进行深入的分析。

日语的这些"魂"，一方面保证了日语的"纯洁性"，另一方面妨碍了日语的"传播性"。换言之，日语自身的这些特性，表现为极大的复杂性以及极大的不便性。这种复杂性和不便性使得日语教育的国际化推广遇到不少阻碍。

第二节　日语及其语言身份认同：共同体主义的认同

一、日语中的语言身份认同

大多数人会有这样的经历，当你离开家乡到异国他乡学习、工作或生活时，有一天突然听到熟悉的母族语时，会感到很欣喜，觉得很亲切。这其实是一种语言身份认同或者说语言心理认同的真实流露。据说 2006 年 3 月 23 日在布鲁塞尔召开的欧盟春季首脑会开幕式上，"不满法商界领袖讲英语，希拉克愤然离场捍卫法语"[①]。媒体把希拉克愤然离场的行为解读成是"语言爱国"行为。其实，希拉克的"语言爱国"行为源于语言与身份认同的关系。日本人对日语具有什么样的语言身份认同呢？

表示"身份认同"的词语"Identity"在引进日语时，是被当作心理学的术语使用的，被本土化为"アイデンティティー（aidentiti）"，曾经被翻译成和语词"自己同一性"，即"自己与他人的同一性、无差别性"。日本国立国语研究所在 2003 年 11 月发布的"第二次外来词替换方案"中提到，日本人对"アイデンティティー"这个词的认识度比较低，理解这个词的日本人不多。这说明欧美国家所提的"国家身份认同"这样的意识在日本平时并没有经常被提及。这与日本民族及其民族语言的特点不无关系。

英语中"Japanese"一词既可表示"日本人"，也可表示"日本语"；"Chinese"既可表示"中国人"，也可表示"汉语、中文"。从这个事实我们"可以理解为在英语中，将人进行分类的时候，一个集团使用什么样的语言跟他们的皮肤、眼睛的颜色一样重要。民族与语言这两个概念几乎无法分割，所以才能够用同一个词来表达"（中川正之，2014：31）。从这个角度出发，似乎在英语民族的眼里，"日本人：Japanese"和"日本语：Japanese"之间是画等号的，"中国人：Chinese"和"汉语、中文：Chinese"之间也是画等号的。然而我们知道，由于我们中华民族的结构特点，

---

① 详见 http：//news. sina. com. cn/w/2006 - 03 - 25/10208526616s. shtml，2016 年 4 月 3 日访问。

在我们的语言身份认同意识中，似乎很难对"汉语""中国人"的双向对等关系下一个肯定性的结论，即"说汉语的一定是中国人""中国人一定说汉语"。换言之，由于"中国人"并非单一民族语言国家，很自然地存在语言选择问题，不同的语言选择表示不同的语言身份认同。选择"汉语"为母族语的不一定是"中国人"，也有可能是新加坡人、马来西亚人等；"中国人"的母族语不一定就是"汉语"，可以是"藏语""壮语"或者"蒙古语"等。然而这种现象在"日本人"和"日语"之间似乎并不存在。

根据日本总务省统计局公布的数据，截至 2010 年 10 月 1 日，日本的人口是 128 057 352 人①。按照语言使用人口排序，日语居世界第六位，排在汉语、英语、俄语、印度语、西班牙语之后。日语在日本国内通用，占有绝对的优势地位。只要是日本人，就懂日语，在日常生活中就使用日语。可以毫无疑问地说，日本人的母语就是日语。而且，日语在其他国家或地区基本上不通用（少数学习日语的人除外），这似乎是理所当然的事。可以这样说，在日本，只要你会日语，任何时候任何场合交流都不会成为问题。正如英语单词"Japanese：日本人、日本语"所提示的那样，基本上可以说"日本人：Japanese"和"日本语：Japanese"之间是画等号的，母语为"日语"的一定是"日本人"，"日本人"的母语一定是"日语"。因此，跟其他多语言国家、地区相比，日本很少出现传统的母语问题，因为在传统的日本人身上并不存在因多种语言的存在而凸显的母语意识问题。

日语作为单一的民族语言，是日本文化的象征。日语作为日本人的语言身份象征，表现出了高度的同质性。这种同质性的一个典型表现形式就是日本人的"共同体主义"或"集团主义"。在日本人的语言意识中，这种共同体主义时刻贯穿其中，不仅表现在社团语言环境中，而且表现在个人交际环境中。在日语中以及在日本人的具体言语行为中，总能看到共同体主义的身影。

二、日语语言中的共同体主义表现

"共同体"这个词应该是源于日本翻译西方文献时的一个译词，是英语"community"、德语"Gemeinschaft"在日语中的译词。根据日语词典的

---

① 据日本总务省统计局，URL：http：//www. stat. go. jp/data/kokusei/2010/，2016年 2 月 21 日访问。

解释，"共同体（きょうどうたい，kyoudoutai）"是指基于血缘或者地缘而自然产生的封闭式的社会关系或者社会集团，如家族、村落等。共同体作为一个基本的社会学概念，尽管在我国也有学者倾向于把它视为一种"想象出来的安全感"或者"充满想象的精神家园"，但这个概念早期主要是指一种共同的生活。如今，共同体的概念得到了极大的扩展，并且在不同的语境和话语体系下对共同体的认识和理解往往难以达成一致，存在多种有争议的观点。一种较为普遍的观点，是认为共同目标、身份认同和归属感是共同体的基本特征，也是共同体赖以生成的基本要素。日语表达中体现出来的共同体意识，一般可以理解为语言表达中暗含着"我与你没有什么不同、我和你是一样的、我的想法和你的想法是一样的"这样的意识。在日语的各种表达中，无论是词汇层面还是语法层面，普遍存在表明日本人持有强烈共同体意识的语言现象。正是由于这种意识的存在以及对这种意识的认同，共同体的成员自觉遵守自己在共同体内部的序列位置并甘愿接受这种状态。这种共同体意识对日本文化的影响相当深远。日语语言中体现日本人的共同体主义或集团意识的语言现象不胜枚举。

三、KY：共同体主义的确认与"世间体"的反叛

"KY"原本是"空気を読む（kuki o yomu）"的罗马字拼写的头文字缩写，"K"表示"空気"，"Y"字面意思表示"阅读、读取"。"KY"这一缩写形式理论上既可以表示"空気を読む/読める"，此时字面意思为"阅读空气/能够阅读空气"；也可以表示"空気を読まない/読めない"，此时字面意思为"不阅读空气/不能阅读空气"。现在的"KY"指"空気が読めない"，即"不会把握现场气氛、没有眼色、不识相"等含义。"KY"一词于2007年入选"流行语大奖"，现如今已为广大日本人所接受。比如可以说"あの人はKYだよね（那家伙真不识相）"，或作为对没有眼色的人的提醒，可以对着他耳朵说"KY"，相当于"空気を読め"，意思是说"请注意阅读空气""请注意把握现场气氛""请识相点"等。据说日本现任首相安倍晋三在第一任的时候曾被称为"KY首相"，当时的内阁也被称为"KY内阁"。这是因为当时国民年金资料被误登，广大日本民众担心以后领不到养老金，要求政府拿出妥善解决的方案，而安倍晋三对此却避而不谈，反而对修宪与教育法的议题非常在意，大谈特谈。这显然与日本民众关注的议题南辕北辙，于是招来"KY首相"的非议。值得一提的是，中文的"不识相"属于个人行为，对"不识相"者的非议也是仁者见仁智者见智，很难上升到集团意识或共同体意识；与此相反，日语

中"KY"所表示的"不识相"可以是集团行为，对"KY"的攻击更是一边倒，不允许有异己存在。"KY"显著地包含了集团意识和共同体意识，表现的是对脱离共同体的行为的排斥与攻击。在日本，除非读懂"空气"，压抑个性，与周围附和雷同，不然会被孤立。个人摆脱共同体的约束而随意行动的话会被贴上标签，被共同体排除在外。

"KY"的流行源于日本特有的集团主义观念，即很在意周围，不明确发表自己的意见，重视与共同体趋同，行为、意识不脱离共同体的观念。"读空气"的最大目的就是维持共同体内部和平的秩序，是共同体成员生存和发展的基本条件；不会"读空气"，凸显个性，往往反被集团的"空气"所"窒息"。2011年日本"3·11"大地震后掀起一阵"自肃风"，人们为了支援灾区暂停娱乐活动，日常生活节俭自制，甚至有政治家呼吁"为了增强一体意识，赏樱花也应该自肃"。有些媒体就担负起监督职责，不停地指责有人不符合"自肃风"氛围，很多人不得已取消计划好的赏樱花等活动和仪式，窝在家里不出来。在"自肃风"面前，大多数日本人选择了追随共同体，随大流（贾朝勃，2012：40）。

前文提到过，无论是流浪汉问题还是蛰居者问题都是对共同体主义的一种反叛，是对日本苛刻的"世间体"的反叛。KY实质上也是日本年轻人在语言上对苛刻的"世间体"的反叛。

20世纪80年代起，如何逃离让人窒息的"世间"成为日本人，尤其是年轻人的重要主题。由于年青一代的抵抗，原有的"世间""世间体"似乎失去了它的威力，与之有某种关联的KY词语流行了起来。当今日本社会，老年人经常说"世间""世间体"，而年轻人经常挂在嘴边的是"KY"。无论是"世间体"还是"KY"，都是"日本式的窒息感"，有着共通之处。事实上，"○○な空气になっている（变成○○的空气/氛围）"不是最近才出现的，早在日本发动侵略战争期间就存在了，如"特攻するのが当然のような空气（让人觉得理所当然地要特攻的一种空气/氛围）"。在日本，"世间"的成立需要几个条件或者说几个原则①，但是日本式的共同体崩溃之后，结果那些条件不完备了，"世间"呈现出流动状态，这个流动的状态就是"空气"。当人们说"看准空气、读懂空气"的时候，或许就是在怀念失去的"世间"，冥冥中有某种意识，希望调整相互之间的利害关系，不引发任何麻烦。这是追求一种共同体幻想。在这种由"世间"流变所成的"空气"中，日本人该如何生存？选择无非就这几种，要么"读懂空气"，要么移居到另外的"世间"，要么移居到"世界（社

---

① 详细见本章第六节的分析。

会）"中①。有意思的是，虽然 KY 的表征是对"世间体"的一种反叛，但是本质上还是对共同体的确认，是对集团主义的遵从。可见集团主义意识在日本文化中是何等的根深蒂固，日本核心价值观的稳定并非无源之水、无本之木。

四、"卡哇伊"：共同体主义意识的泛化

再举一例——卡哇伊，"可愛い"。

日语中的"可愛い（かわいい，kawaii）/可爱，卡哇伊"一词，现在已经反输入汉语中来了，它的音译"卡哇伊"或"KAWAII"想必大部分读者都不陌生。"かわいい"是随着日本动漫、电子游戏和时尚文化的流行而走向中国甚至走向世界的。"かわいい"在日语中原本是用来表示小孩或小动物"可爱"，或者男性对女性表达爱意时说的赞美之词。日本传统的审美意识认为"凡是细小的东西都是可爱的"，这种审美意识如今在日本呈现泛滥之势。比如，在日本可以说"かわいい値段/可爱的价格""かわいい海辺の町/可爱的海边小镇""可かわいいケーキ/可爱的蛋糕"等。日语中的"かわいい"比中文的"可爱"和英语的"cute""pretty"等的含义要广泛得多。日本人对"かわいい"的热衷几乎到了痴迷的程度，无论走到哪里，各种"かわいい"的元素无不冲击着他们的视觉听觉，各种时尚杂志、商铺标志、时尚女子的打扮都尽显"かわいい"文化之风范。甚至还有一档电视节目叫"東京かわいいTV"，专门以十几岁到二十几岁的女性为受众。日本年轻人中的"三語族"意为"三词一族，经常把三个词挂在嘴边的人"，流行的三个典型词除了"ホントーッ"（本当＝ほんとう，hontou：当真，真的），"ウッソー"（嘘＝うそ，uso：假的，骗人的）之外，最后一个就是"カワエーイ"（可愛い在口语中的语音变化形态）了。不仅年轻女性之间流行，日本成年人之间也开始流行说"かわいい"。日本的成年女性动不动就说"かわいい"，比如看动物类的电视节目，画面上出现某种特别可爱的动物，电视机前的大人，尤其是女性也会和孩子一样连连叫着"かわいい、かわいい"；公司女职员在公司同事间可以互相笑谈老总的眼镜或啤酒肚"かわいい"；日本的同龄少女或公司女员工见面后总是会你一句我一句地评论对方的衣服、头饰有多么的"かわいい"。如有人说"これ、かわいくない？（这个不卡哇伊吗？）"

---

① 鸿上尚史：『「空気」と「世間」』，講談社現代新書，2009 年，第 94、102、107 页。

时，在场的其他几个人基本都会点头附和说"かわいい！かわいい！"等。现如今，这种"かわいい"文化也影响到日本的男士，以前男人的正面形象多为"かっこいい（kakkoii：帅，酷）""セクシー（sekushii：性感，有男人味）"之类的，但是最近也出现"かわいい男（可爱的男人）"的说法。当今日本社会中，不管看到什么随口就会来一句"かわいい"，在场的人也基本不会否定，而会附和说"かわいい"，这样的例子实在是数不胜数。

但是，当被问到为什么"かわいい"或者具体是哪里或如何"かわいい"时，多数人会无言以对。要说起来，"かわいい"之所以流行，原因之一在于它很方便，能够含糊其辞地掩饰自己的价值判断，并让对方感到自己与其他人的看法或感受是一样的，从而得到支持。无论什么场合，随手拈来，不需要太多顾虑，不用担心由于言辞不当引起误解。如此评论最万无一失，互不伤害，圆满收场，正好符合了日本人重视与周围步调一致的共同体意识。如前所述，日本人很在意围绕在自己周围的"空气"，当一群女生中有人说"あれ、かわいいよね（很卡哇伊吧！）"时，她就营造出了一种现场的"空气""氛围"，其他人即使不一定有"かわいい"的感觉，也会受到当时"空气"的影响，应声附和。如此一来，通过"かわいい"一词的适时运用，表明"私もみんなの仲間です（我也是大家的一员）"，避免因意见分歧而使自己脱离共同体，造成被孤立。"かわいい"已经成为反映日本人共同体意识的日本式暧昧表达的典型词汇。

五、共同体主义在语法语用层面的体现

语言在发展过程中，受社会文化发展的影响最为明显的，或者说最容易受到社会文化现象影响的，就是词汇。日语中受到共同体意识影响的词汇有很多，即便在受到社会文化影响没那么显著或者说时效性没那么强的语法层面，体现日本人有强烈的共同体意识的现象也并不少见。

众所周知，任何一个句子都是由"客观事实的陈述"与"态度的表示"两部分组合而成的。在日语中，在"态度的表示"中，有很多表达如委婉表达和推测表达等很好地体现了日本人的共同体意识。如句末的语气助词"ね"，它的一个重要语法作用就是向对方"确认、求证"，以表示自己的想法和观点并不是脱离共同体的，而是与对方一致的。再比如表示推测表达的"ようだ（youda）""らしい（rashii）""みたいだ（mitaida）""模様だ（もようだ，moyouda）"等，以及委婉表达"ではないか/ではありませんか""～かと思います""～ように思います/思えます""～のほうが～""～的には～"等，至少在形式上都是不明确表示自己的观

点和主张，而是通过"好像是……""我觉得是不是……呢"等形式把自己的观点模糊化处理，留有一定的余地，以保留与共同体协调的空间，避免自己的观点过分突出而被异化。

从语用或者篇章范围来看，依然可以发现很多体现了日本人共同体意识的语言现象。在作为语用行为的称赞言语行为、拒绝言语行为和禁止言语行为等表达中，不少情况下仅仅借助字面形式很难理解为称赞或拒绝或禁止，如"考えさせていただきます（请允许我考虑考虑）""車庫の前につき、駐車をご遠慮願います（车库门前，请顾忌你的停车行为）""タバコを控えてください（请控制吸烟）"等。从表达本身来看，虽然"考えさせていただきます（请允许我考虑考虑）"有通过考虑一番后给予肯定回答的可能，但在日语中这个表达基本上就是一个拒绝的托词；虽然"車庫の前につき、駐車をご遠慮願います（车库门前，请顾忌你的停车行为）"字面上只是提醒司机要注意自己的停车行为，实际上这是一个"车库门前严禁停车"的禁止标语；虽然车厢里的"タバコを控えてください（请控制吸烟）"给人的感觉是"尽量控制不要吸烟"，但实质上就是禁烟车厢的"严禁吸烟"的标语。像这种不明确表态、含糊其辞的表达形式在日语里实在太多，有人认为是避免伤及对方面子的礼貌行为，有人认为是日本人在语言表达上将判断留给对方的投机言语行为。但不管是何种解释，都可以认为是日本人在语言表达上的一种"自保"性言语行为，是一种在言语上避免太过刺人，留有与共同体协调保持一致的余地，避免被共同体踢出"朋友圈"的理性行为。

综上所述，日本人有着强烈的共同体意识，而且这种共同体意识已经深深地扎根于日语语言中。正是由于这种强烈的共同体意识，日本人形成了其独特的日本文化，形成了其高语境的民族语言。日语成为日本人独特的语言身份认同，日语成为日本文化的典型象征。谈论日本文化的安全就不能不关注日语语言的安全问题。

另外，随着全球化进程的推进，地球村的形态日益凸显，作为岛国的日本也不能独善其身于全球化的漩涡之中。因此，全球化带来的以英语为主的外语教育的兴起，很自然地对日语带来了极大的冲击。日语的纯洁性问题屡屡被提起，日本人的母语意识问题也随着国际化的进程逐渐被提出。为此，出于保证日语的"纯洁性"等的需要，日本在日语的发展和变化上采取了一系列的语言安全策略。

第三节　日本的语言安全策略

一、关于语言接触

美国语言学家萨丕尔（E. Sapir）曾经说过，"语言就像文化一样，很少是自给自足的。交际的需要使说一种语言的人和说邻近语言的或文化上占优势的人发生直接或间接的接触"。不同群体、社会、民族和国家的接触对语言接触的产生和发展有很大影响。

语言接触（Language Contact）这一术语的定义虽然在语言学界尚未达成高度一致，但是这个概念已经被语言学界普遍接受。日本学者真田信治认为"不同语言之间的直接或间接的相互接触现象就叫做'语言接触'"；中国学者郭谷兮认为"语言接触是指操不同语言的人在口头上或书面上经常交往所引起的语言上的相互影响"；英国的《朗文词典》（*Longman Dictionary*）给出的定义是"语言接触指不同语言之间的接触现象，特别是当这种接触影响了其中至少一种语言时"（徐来娣，2007：12）。

语言为何会产生接触？一般认为，语言接触的触发因素是社会接触，而社会接触的主要形式有：①贸易往来；②文化往来；③移民杂居；④战争征服；⑤政治交往；⑥教育交流。其中媒体是很重要的一个媒介，翻译则是影响最为深刻的途径。译者在翻译过程中受到母语的干扰，总会在译语中带入本民族语言的影子，从而在语音、词义、语法、句式以及表达方式等方面留下源语的某些痕迹。读者也可能感受到这种翻译的影响并在日常交往中使用，以至于成为表达习惯。

从语言接触者意愿来讲，语言接触有主动接触类型和被动接触类型。主动接触类型是出于经济、文化等方面的需要而展开的自由的语言接触，是非强制性的；被动接触类型是非自由的、强制性的，一般发生在战争征服或移民杂居时期。从语言接触空间特征来讲，语言接触有自然语言接触和非自然语言接触。自然语言接触是在同一空间上的不同语言的相互接触；非自然语言接触指在不同的空间通过书面的传播或文献翻译发生的相互接触。从语言接触的信息载体来看，语言接触有口头接触和书面接触。口头接触是指以语音为信息载体而进行的语言接触，书面接触是指以文字为信息载体而进行的语言接触。日语的发展历史表明，日汉、日英等的书面语接触无论在数量规模、持续时间方面，抑或是影响的程度方面都远远超过了口头接触。

两种语言在相互接触过程中一般会同时存在几种接触类型。但不管是哪一种或哪几种接触类型，它们相互接触的结果都可能会造成接触语言之间的相互影响。当然，这种相互影响的结果是多样的、复杂的。

二、日语语言接触的特点："外才和魂"

与众多语言的发展变化一样，日语作为一门"杂种"① 语言，它的发展变化大致有两条主线：一条是它自身的发展演变轨迹，另一条是基于语言接触带来的发展变化轨迹。从日语语言及其文字的发展历史可以看出，语言接触对其发展变化的影响相当深刻且深远。但值得注意的是，直到今天，日语本身并没有发生质变，日语的各种"魂"并没有发生动摇。

被称为日本三大日语语法学家之一的山田孝雄是一位对日汉语言接触进行过较为系统研究的日本学者，他在论著《日语中的汉语词研究》中提到："（日本）国语通过输入并同化汉语词丰富了自身的词汇，而自身的本质却丝毫没有由此而改变。"该著作的结尾部分还提到"我国语包容了十分之四甚至可能是远超这个数字的汉语词，但我国语绝对没有因此而被半汉语化……当我想到这一点的时候，便不得不承认我国语具有无限的宽容性、同化力以及凛然的气质……"（黄文溥，2014：156）。山田孝雄的民族主义语言同化观具有显著政治色彩，不过他的研究结果从语言学的角度揭示了一个事实，日语在与外来语言的语言接触中，尽管受到了极大的影响和冲击，不管这种影响和冲击是主动的还是被动的，都没有改变日语语言的本质特征，日语的"特质""和魂"并没有丧失。虽然原因包括多方面，但是至少有一点很明确，"汉才和魂"也好，"洋才和魂"也罢，它们的形成离不开"日本整个民族善于在吸收他人优秀文化的同时，很好地保护自身的传统并使其稳步发展，保持'日本'特色"这一根本。这一做法在语言安全问题上主要体现为实施积极的语言安全策略，即在日语的发展过程以及与其他语言接触的过程中，采取措施防微杜渐，允许日语"量变"的同时避免其发生"质变"。鉴于在语言接触中，与语音和语法相比较而言，词汇更容易受到外来语言的影响和冲击，因此我们可以从"汉语同形词在日语中的本土化""外来词在日语中的本土化""日本的汉字改革"以及"日本的片假名文字"这四个方面进行深入观察。

---

① 日语为"雑種（ざっしゅ，zasshu），意为"混合种，混杂的种类"。可参考第二章第一节关于加藤周一提起的"杂种"一词的注解。

（一）"汉才和魂"——汉语日语化

1. 日本为何引进汉字和汉语

有统计表明，在现代日语的总词汇量中，与和语词、外来词相比，汉语词的数量最多而且比重最大，占到了半数以上。之所以如此，原因是多方面的，既有历史、社会方面的原因，也有语言方面的原因。不管是哪种原因，都与汉字、汉语的魅力征服了日本人这一点密不可分。汉字、汉语词的魅力至少包括以下四个因素：

第一，汉字作为象形文字和表意文字的结合体，内外都尽显唯美。从字体上讲，汉字具有形态之美、字体之美、结构之美以及笔画之美，其汉字书写上体现出来的紧凑洗练的美感是毋庸多言的。中国的书法艺术、日本的"書道（しょどう，shodo：书道，书法）"的产生和发展即是很好的例证。汉字还具有源于它的表意功能的"内在美"。如圣德太子将国家命名为"日本"主要是根据汉字的表意功能考虑的，"日"指太阳，"本"指根源、源头。"日本"意为"太阳之源头"，即太阳升起的地方。但是，同样是表示"日本"的"Japan"就很难产生这样的意义联想的美感。

第二，汉字具有生动直观的优势。由于作为象形文字和表意文字的固有特性，汉字一旦熟习了之后，不仅可以直观地反映内容，还能快速把握文字基本意义。日本道路公团①在选用道路标识的文字时曾经做过一个测试，让列车司机对"とうきょう""TOKYO""東京"三种不同文字的标识牌进行识别。结果对"とうきょう"的识别时间为 0.7 秒，"TOKYO"为 1.5 秒，"東京"为 0.06 秒。对同样内容进行识别解读，汉字具有压倒性的速度和优势（黎力，2013：29）。此外，日本语言学家通过对含义相同的常用汉字和假名，如"赤（あか，aka：红，红色）"和"あか（aka：红，红色）"进行对比性心理实验，也证明了日本人在大脑中形成汉字的反应要大大快于对假名的反应（柴崎秀子，2010：24）。汉字的形态和意义结合所带来的直观性冲击是生动形象的。如近代以来日本最具有号召力的知名口号——"大和魂（やまとだましい，yamatodamashii）""和魂洋才（わこんようさい，wakonyousai）""富国強兵（ふこくきょうへい，fukokukyouhei）"。汉字在视觉印象上的强烈冲击感是毋庸多言的，意义明确性和瞬时可解性大大强于假名和罗马字，优势一目了然。

---

① 日本道路公团（にほんどうろこうだん，nihon douro koudan：日本道路公团，Highway Public Corporation，简称 JH）是 1956 年 4 月成立的国企单位，主要负责收费道路的建设和管理。2005 年 10 月由于民营化而解散。

第三，汉字具有很强的构词能力。众所周知，汉字是表意文字，每个汉字都表示一定的意义，都可以成为汉语词的构词成分。首先，借助两个或更多的汉字的复合，可以造出很多新词，尤其是由两个汉字复合成一个"熟语"更为简洁方便。如："給食""広報""民宿""録画""声優"等。据统计，二字熟语在日语所有熟语中占了约七成。其次，当出现新生事物时，利用汉字可以造出一个相应的词语来记述。如"民間放送""国際連合""国民体育大会""社団法人経済団体連合会"。若觉得这样的汉语词过长，读不顺口写不顺手的话，还可以依据省略原则，将它们改写成缩略语，实现"优化组合"。如"民間放送"缩略为"民放"，"国際連合"缩略为"国連"，"国民体育大会"缩略为"国体"，"社団法人経済団体連合会"缩略为"経団連"等。

第四，汉语词具有简洁精炼的表意能力。在现代日语中，我们可以用简单的几个汉字来表达出复杂而丰富的内容，有不少汉语词是用和语词难以表达或无法表达的。如"鉄道""電話でんわ""飛行機""電気""芸術""経済"。通过追踪这些汉语词的词源，我们发现这些词语是日本在近代翻译作业中，利用汉字的构词能力创造或改造汉语词并用以翻译西方文献而产生的汉译词。这些汉译词经历了多方锤炼之后呈现出强大的生命力，延续至今。像"鉄道""電話""飛行機"等译词刚出现的时候，曾有人试图将它们转换成和语词，如把"鉄道"换成"くろがねの道（铁的道路）"，"電話"换成"針金のたより（电线的信息）"，"飛行機"换成"空飛ぶからくり（空中飞行装置）"，但最终未得到大众认可。一个重要的原因是换用和语词时，其词义不明确，而且音节过长，严重违背了语言的经济原则，也违背了作为理性人的语言使用者追求语言效用最大化的原则。此外，像"芸術""経済"等概念比较抽象的词，则很难找到与之对应的和语词。

汉语词很强的表意能力，大大地填补了和语词的表意空白，进一步丰富和完善了日语词汇的表意手段。日本人引进使用汉语词的主要目的首先是为了表达日语里没有的概念。从日语词汇的分布来看，和语词在鱼类、水稻、树木和风雨等方面的分布十分丰富，而在家畜、矿产物、星座和人体内部脏器的方面的分布较少；从表达的意义来看，和语词中表达抽象意义的名词也较少。汉语词的传入给日语增加了词汇，特别弥补了用和语词无法表达的抽象概念词汇的不足，如"忠、孝、節、義、礼、德、愛、気、恩、理、百、千、万"等（顾海根，1999：187）。

此外，对汉语词的吸收丰富了日语词汇表达结构的类型。众所周知，汉语是 SVO 式语言，一般是动词在前、宾语或补语在后的结构，其词序与 SOV 语序的日语不同。日本人在接受汉语词的过程中，自觉或不自觉地吸收了汉语语法的词序，如动宾结构的"飲酒""登山""乗車"等，补语在后的如"有能（能力がある：有能力）""降雨（雨が降る：下雨）"等。即便是创造反映近现代文明生活的词语，使用的也多是"発電""入学""駐車""駐軍"类的词序，而不使用"電発""学入""車駐""軍駐"类的词序。试分类如表 7-1。

表 7-1　使用汉语构词法创造的日语汉语词①

构词方式		词例	备注
修饰词 + 被修饰词	形容词 + 名词	人権、金庫、特権、哲学、表、美学、背景、化石、戦線、環境、芸術、医学、入場券、下水道	后来传入汉语，成为汉语中外来词
	副词 + 动词	互恵、独占、交流、高圧、特許、否定、肯定、表決、歓送、仲裁、妄想、見習、假釈、假死	
同义词复合		解放、供給、説明、方法、共同、主義、階級、公開、共和、希望、法律、活動、命令、知識、総合、説教、教授	
动词 + 宾语		断交、脱党、動員、失踪、休戦、作戦、投資、投機、抗議、規範、動議、処刑	

正如日本著名汉学家藤堂明保②所指出的那样，日本人的某些语言习

① 陈生保：《汉语中的日语》，转引自 http：//www. catv296. ne. jp/ ~ t - homma/dd120404. htm，2016 年 5 月 8 日访问。

② 藤堂明保（とうどうあきやす，Todoakiyasu），1915—1985 年。

惯的深层已经汉语化了。不过，日语毕竟不同于汉语，日本人毕竟是日本人，他们依然坚守日语词汇的根本，再长一点的词语就不沿用汉语词序的构词法了。如"禁止停车"日语中不会按照汉语词序说成"禁止駐車"，而会按照日语词序说成"駐車禁止"；"限制输入"不会按照汉语词序说成"制限輸入"，而会按照日语词序说成"輸入制限"。又如同样是表示"进入梅雨季节"的意思，但是"入梅（にゅうばい，nyubai）"是SVO汉语词序，当变成三个汉字组成的和语词"梅雨入り（つゆいり，tsuyuiri）"时，就变成了SOV。另外，日语中汉语词一般以名词形态出现，若用作动词、形容词或形容动词，需要在其后分别附加"する""い""だ""な""に"等和语成分，如"説明する""四角い""元気だ""特に""偉大な"等。还有，有些词还可直接用作副词，如"勿論""大体""元来""全然""一切"等。最后，汉语的传入，对日语的文体也产生了很大的影响。汉语词与和语词相比，具有词型短小、语言精确和表达精炼的特点，因此日本人经常将和语词转换成汉语词，如"帰りごと→返事""人を選ぶ→人選""火の事→火事""腹を立てる→立腹"等。

这些现象都是汉语词在日语中形态本土化的表现。此外，更值得注意的是，对于日语而言，汉语词原本也属于外来词的范畴。外来词进入一门语言时，如果该语言的原有词汇已经能够满足正常的交际，那么这个外来词为了获得其存在的价值，就必须填补该语言存在的语义和功能的空白。当然，汉语词刚进入日语时可能也产生了时尚效应，日本人尤其是贵族们通过使用当时的先进国家——中国的语言以炫耀自身的修养，并且这种炫耀之心至今仍有市场。但是时尚毕竟还是依存于内需的，没有内需的时尚是不会长久的。作为外来词的汉语词在日语里为了避免被淘汰的命运，唯有日语化，扎根于日语的内需才能让自身获得实质性的存在意义。细分化是其中一个重要方法，即外来词通过语义及其用法的"特定化"获得其存在价值。大多数汉语词就是因为具有日语和语词所没有的、表示抽象概念的功能才找到了出路，实现了功能本土化，获得了在日语中的意义，并通过语义和词法功能的特殊化存留至今，完全融入日语之中（中川正之，2014：65）。

2. 汉语词的日本化

汉语词大部分是一千多年前被吸收到日语中的。日本民族在吸收汉字、汉语词时有一个特征，即当时日本人吸收的汉语词大部分是书面语。前文提到，王勇于2003年发表的著作《中日之间的"书籍之路"》提出了这样一个观点：相比"海上丝绸之路"的提法，中日之间存在一条"书籍之路"。"丝绸之路"输出的是大米，大米吃完了也就完了；而"书籍之路"输出的是稻谷，稻谷到了日本又再生。日本人掌握了中国的"书籍"，吃透了中国的"书籍"，掌握了"渔"，所以在此基础上"再生"了形似中国却神异于中国的日本文化。日语的汉字、汉语词来源于古汉语。日本在引进汉语词时，借助书籍，几乎完全正确理解了当时的汉语。据学者考证，"大部分汉语词在进入日语后失去了其原有的很多基本用法"（中川正之，2014：73），因为这些汉字、汉语词被引进日语后，不可避免地长期受到日语的影响，实现了日语语言中的本土化。与来自欧美语言的外来词的日本化相比，汉字、汉语词的日本化显得更为彻底和全面。正如王勇（2003）所指出的那样，汉字、汉语词在日语中的本土化的过程就是它在日语中的"再生"过程，既有"创造"式的再生，也有"改造"式的再生。前者如假名的创造和日本"国字""和制汉语词"等的创造，后者如对汉字、汉语词的"国训"改造，以及对同形词在意义、功能等方面的改造等。通过"再生"，原本属于外来物的汉字、汉语词很好地融入了日语，获得日语的精华——"魂"，成了日语不可或缺的一部分。为了保持日语的"纯度"和"差异性"，日本人在如何利用汉字、汉语词上可谓用心良苦，从假名的创造到汉语词的构词、词义的运用与改造，随处可见日本人加工并加以有效利用，使汉字、汉语词融入日语的痕迹。

如前所述，日语中的汉语词在进入日语时，有不少在形式上尤其是词序上都保持了汉语中原有的形态和词序。如上述同形词类的汉语词，仅仅是在意义上进行适当的日语本土化，而没有更大的改造。但是，为何偏偏这一类词语在进入日语时，不是以同形词的方式本土化后保留下来呢？

稍加留意的话，可以发现这一类词属于"移动"类词汇。既然是移动的问题，就会涉及一个民族对空间的认知问题，在语言上很自然地就会涉及语言类型和语言视点的问题。日本学者池上嘉彦（1981）将日语的类型划分为"する（suru：他动）"型语言和"なる（naru：自动）"型语言。"する（suru：他动）"型语言的使用者一般认为人通过对对象做功来改变其形态和状态，认为动作的发生都是由动作主体引发的，并且在语言表达上喜欢采用与之相应的表达方式。与之相反，"なる（naru：自动）"型语言的使用者认为人类以外的物体也是有意识的，动作的发生自有其规律，不一定都存在动作主体，他们倾向于自然形成式的而非人力所为的表达方式。英语属于"する（suru：他动）"型语言，日语属于"なる（naru：自动）"型语言，汉语虽然偶尔具有"なる（naru：自动）"型语言的某些倾向，但更接近"する（suru：他动）"型语言。因此，汉语是倾向于突出动作主体类的语言，汉语母语者看到动词一般会联想到动作主体、动作过程和动作顺序等，一般汉语母语者很难想象出无动作主体的动作。这一点在移动类动词上表现得更为明显。按照汉语的思维习惯，交易是先有"买"而后才有"卖"，客人是先有"迎"而后才有"送"，钱款等是先有"借"而后才有"贷"，移动是先有"来"而后才有"去"。换言之，在汉语中，"买卖""迎送""借贷""来去"可以理解为是在时间轴上按照动作发生的先后顺序进行排列的。而日语则不然。日语是典型的"なる（naru：自动）"型语言，在移动类词语和表达中，日语喜欢先说"远处的、离去的事物"，这一点跟汉语形成反差。由于在吸收汉语词时日语坚持了"远者去者优先"的广视角，因此，"买卖""迎送""借贷""来去"在进入日语时，被依据该视点原则进行了日本化，出现了"壳買（ばいばい，baibai：买卖）""送迎（そうげい，sougei：迎送）""賃借（ちんしゃく，tinshaku：借贷）""去来（きょらい，kyorai：来去）"的词序反转现象，获得了存在的生命力。由此可见，日语在吸收汉语时，看似灵活自由，其实非常有主心骨，不偏离其主轴和根本。

移动类反转词，是为了保持日语视点统一而出现反转现象的。此外，还有诸如"祖先""儀礼""慣習""生誕""死生"之类的反转词，这些反转词存在的同时，并不排斥对应的同形汉语词"先祖""礼儀""習慣""誕生""生死"的存在。日本学者中川正之和定延利之考察后发现，同形汉语词"先祖""礼儀""習慣""誕生""生死"在日语中更多的是用于表示"具体的、感觉上的、个人的"意义，这种现象与日语在吸收汉语词时尽量利用或者强化汉语词的抽象意义功能的做法不相符。对于这一类词，日本人使用了这样的做法，在使用这些同形汉语词表示"具体的、感觉上的、个人的"意义的同时，通过词序反转，使用相应的反转词来表达"抽象的、伦理上的、集体的"意义，如"祖先""儀礼""慣習""生誕""死生"等反转词主要表示"抽象的、伦理上的、集体的"意义，实现汉语词在日语中的本土化，融入日语语言中且不仅不会破坏日语的"纯度""差异性"，还会增强日语的"魂"。这是日本人在语言上实现了"汉才和魂"。

3. 日本的汉字改革政策——强化日语"和魂"背后藏危机

如前文所述，汉字、汉语词在进入日语时会被本土化。随着日语语言的发展，汉字的存废问题几度成为日语语言史上的主角，曾经几乎引发日语革命性变化。因此，有必要了解日本人为了保持日语的"纯度""差异性"，对汉字施行了什么样的手术。

众所周知，古汉语的传入，对日语的文字、语音和词汇等领域都产生了巨大的积极影响。但是，汉语的传入对日语也产生了一定的消极影响。如汉语词的传入使日语出现了大量的同音词，给口头交际带来了一定的负面影响。汉语词的大量运用，在一定程度上也影响了和语词构词能力的发展（顾海根，1999：188）。其中尤其值得一提的是汉字的"繁杂性"。汉字的书写笔画有的过于烦琐，数量偏多，而且汉语词中同音词太多，如"貴校、奇行、気候、機構、起工、寄稿、寄航、紀行、寄港、帰港、帰航、貴公"等，它们的发音均为"きこう（kikou）"，虽然在书面语中可以借助汉字的表意功能及词语的结构来区别词义，具有一定优势，但是在口语中，如果脱离上下文将很难辨别出不同的词义，容易造成语言交际障碍。当然，针对汉语词的这种不足，日语使用者自有其解决办法，如口语中出现同音汉语词时改用和语词等（顾海根，1999：186）。此外，汉字的某些不足，也成了日本实施汉字改革的一个推力。

　　远在日本平安时期，日本就已经从我国学习和吸收了汉字。除了日本人后来自创的"国字"外，其他汉字（旧汉字）都是中日两国共用的。进入明治时代前后，西洋文化在日本的传播给日本各界以极大的冲击。在语言文字界，针对汉字笔画繁多难记难写等缺点，出现了要求改革汉字的种种主张，较典型的有"汉字假名化论""废除汉字论""汉字罗马拼音化论""限定汉字论""简化汉字论"等。我们暂且将这一类指导思想称为"脱汉限汉"思想。尤其是"废除汉字论"，日本国内从江户时代末期起就开始出现了。如有日本"邮政制度之父"之称的前岛密①曾于1866年向德川庆喜将军谏言，主张废除日语汉字。日本"近代教育之父"福泽谕吉②在明治五年（1872年）学制施行之际，主张逐步废除汉字，改用假名。这样的日语汉字危机可以说不止一次，但是与汉字在朝鲜语和越南语等非汉民族的汉字文化圈中事实消亡所不同的是，由于日语语言的特点以及汉字在日语中的重要作用及其强大的生命力，汉字并没有被废除，而是以更为实用的形式在日语中扎根了，并促进了日语的稳定和进化。因为日本人清楚地知道这样的事实：①汉字在日本已经有一千多年的历史，日本的很多文献都是用汉字载录的，废除汉字就等于割断了日本历史。②日语同音词太多。据统计，日语的同音词约占日语词汇的36.4%，如果废除汉字，许多日语词汇将会混淆不清。③汉语词汇占日语词汇的比例相当大。④日本国民自古以来就有崇尚汉字的正统意识。因此，废除汉字的论调遭到了日本社会各界的强烈反对。"废除汉字论""汉字假名化论""汉字罗马拼音化论"等要求废除汉字的主张理所当然地以失败告终。但是汉字的缺点如结构复杂、笔画繁多等却也推动了"限制汉字论""简化汉字论"的实行。

---

① 前岛密（まえじまひそか，Maejimahisoka），1835—1919年。

② 福沢諭吉（ふくざわゆきち，fukuzawayukichi），1835—1901年。

在日本，首先提出压缩、限制汉字数量主张的是福泽谕吉。他认为汉字应该压缩到两千到三千字。接着不少有识之士提出了相同的意见。这一派人的努力，推动了日本政府（文部省）对汉字的整理和简化工作。1921年日本文部省设立"临时国语调查会①"，提出了很多关于日本国语政策的制定指导，其中不少涉及汉字的改革包括对汉字的数量进行相应的规定，如《当用汉字表》《现代假名使用》《常用汉字表》《（改定）现代假名使用》等。

表7-2显示了日本政府发布的一系列汉字改革告示，显示了日语汉字改革的基本轨迹。

表7-2　日本汉字改革变迁②

发布告示时间	主要汉字相关政策
1919 年	提出《汉字整理案》共 2 600 个汉字
1923 年 5 月	临时国语调查会颁布汉字限制方案《常用汉字表》，共计 1 962 个汉字
1931 年 5 月	修正《常用汉字表》，改为 1 858 个汉字
1942 年 6 月	国语审议会对《标准汉字表》进行了咨询答复，以常用汉字、准常用汉字、特别汉字进行分类，共计 2 528 个汉字
1942 年 12 月	文部省颁布《标准汉字表》，共 2 669 个汉字，但受到各界的批评，因而放弃了 3 分类法，汉字字数增加
1946 年 11 月	颁布内阁告示，颁布《当用汉字表》，共计 1 850 个汉字
1948 年 2 月	发布《当用汉字别表》，教育汉字共计 881 个汉字；内阁告示，颁布《当用汉字音训表》
1949 年 4 月	发布内阁告示，颁布《当用汉字字体表》
1954 年 3 月	国语审议会发布《当用汉字补正资料》，换入 28 个汉字，报界从 4 月份实施

---

① 1934 年改组为"国语审议会"。2001 年因应日本中央省厅重组被废除，其工作内容基本上由文化审议会国语分科会负责实施。

② 『朝日新聞』，2010 年 12 月 1 日，全国版 27 版，转引自 http://home. j02. itscom. net/it - adr/Lawinformationpage1. html，2016 年 3 月 13 日访问。

（续上表）

发布告示时间	主要汉字相关政策
1954 年 11 月 25 日	内阁法制局通知，《改善法令用词之实施纲要》
1956 年 7 月 5 日	国语审议会发布《同音汉字改写案》
1968 年	教育汉字备注栏增加 115 个汉字，共计 996 个汉字
1973 年 6 月	内阁告示，改定《当用汉字音训表》
1974 年 5 月 29 日	法制审议会颁布《改正刑法草案》
1977 年	将教育汉字正式增加为 996 个汉字
1981 年 10 月 1 日	内阁法制局通知，对《改善法令用词之实施纲要》附件《法令用词改正要领》进行部分改正
1981 年 10 月	发布内阁告示，颁布《常用汉字表》，取代当用汉字
1989 年	将教育汉字扩大至 1 006 个汉字
2000 年 12 月	国语审议会对《表外汉字字体表》进行应询答复，规定表外汉字以康熙字典中的字体即正字体为准
2010 年 11 月 30 日	发布内阁告示，改定《常用汉字表》将常用汉字增至 2 131 个

在日本政府发布的一系列汉字改革告示中，有不少涉及了汉字的简体字。列举如表 7-3 所示。

表 7-3　日本汉字改革告示中涉及简体字的情况

时间	事件	简体字数量
1923 年	拟定《常用汉字表》共 1 962 字	其中简体字 154 个
1942 年	拟定《标准汉字表》2 528 字	其中简体字 142 个
1942 年 12 月	公布新的《标准汉字表》2 669 字	其中简体字 80 个
1946 年 11 月	公布《当用汉字表》1 850 字	其中简体字 131 个
1949 年 4 月	公布《当用汉字字体表》	其中简体字 774 个
1981 年 10 月	发布《常用汉字表》共 1 945 字，比 1946 年公布的《当用汉字表》多 95 个字	其中简体字 24 个

综上可以看出，日本的汉字改革是先限定使用汉字的数量，然后在这个基础上，再对汉字的字体进行核定。核定字体包括核定汉字的字形并核

定简体字。1949 年 4 月日本内阁接受了国语审议会的建议，公布了《当用汉字字体表》，从此简体字正式登上了汉字的"正字"舞台，人们对简体字有了新的认识。在日本人看来，汉字的许多缺点似乎都可以归结为一个"繁"字——数量繁多、笔画繁杂。因此，日本在限制使用汉字数量的同时，对汉字进行了相应的简化。

一般来讲，所谓汉字的"繁""简"，应该至少包括以下三个变量：一是某个历史时期社会用字的集合的大小及总数的多少；二是作为集合中的个体的独体字的笔画多少；三是构成独体字的部件总数及其笔画的多少。很显然，三个变量都为"多"者则相对"繁"，反之则相对"简"。或繁或简，与变量的大小、多少有直接关系。日本在简化汉字时使用的"简化笔画""简化写法"和"简化字数"等方法就是以上三个变量的实际运用。

日本的汉字和中国的汉字一样，长久以来有一个很大的缺点，就是同一个字其形体往往不同。这给汉字的学习者和应用者带来极大不便。因此，日本国语审议会在制定字体时，对汉字的写法和笔画进行了规范。规范后的汉字，笔画大多比旧汉字简省，只有极少数字反而有所增加，如"步"为了跟别的字一致被规范为"步"。

汉字之所以能在日语中发挥如此重要作用，根本原因之一在于日本人能够巧妙地结合日语语言的特点，充分利用了汉字的精髓作用，丰富并完善了自己的民族语言。日本对汉字进行改革，其思想根源在于"脱汉限汉"，背后是"脱亚入欧"的身影。虽然汉字的一系列改革看似贯彻了"汉才和魂"这一理念，强化了"和魂"，虽然日本人在简化汉字时基本秉持了一种尽量避免出现由于汉字的简化而导致的汉字文化积淀遭受破坏等问题。但是，由于汉字已经彻底融入日语，日语汉字已经不是中国汉字，它已经成为日本文化的传承介质。"脱汉限汉"实际上阻碍了日本文化的传承与发展。从文化安全的视角来看，日本以"脱离汉字、限制汉字"为宗旨的汉字政策及其指导下的汉字改革貌似强化了"和魂"，其实埋下了诸多不安全的动荡因素。从表象上的"汉字总量减少，总体削弱""错别字增多""假名汉字混居一词"等，到深层里的日本人精神世界，都有其负面影响的痕迹。

（二）"洋才和魂"——外来词在日语中的本土化

日语中的"外来語（がいらいご，gairaigo）"一词一般译为"外来语""外来词"。在中国，关于外来词，在不同时期不同学者使用的术语不尽相同。如吕叔湘在《中国文法要略（上卷）》（北京：商务印书馆，1954年）中称之为"外来语"，罗常培在《语言与文化》（北京：北京大学出版社，1950 年）中称之为"借字"，孙常叙（1957）称之为"外来语词"，周祖谟（2006）称之为"外来词"或"借词"，高名凯、刘正埮称之为"外来词"。在这些术语中，"外来词"被使用的频率比较高。本书沿用"外来词"这一术语。

据《日本经济新闻》2013 年 6 月 27 日的报道①，2013 年 6 月 25 日，日本岐阜县可儿市的一位 71 岁的老人高桥鹏二②向名古屋地方法院提起诉讼，要求日本 NHK 广播赔偿其精神损失费 141 万日元。高桥鹏二在其提交的诉状中表示，NHK 在电视节目中乱用过多的难懂的外来词如"コンシェルジュ（konsheruje，源自法语 concierge：看门人）""リスク（risuku，源自英语 risk：危机，风险）""ケア（kea，源自英语 care：照顾，关怀）""トラブル（toraburu，源自英语 trouble：麻烦，纠纷）"等，导致他无法理解电视节目的内容。诉状对 NHK 乱用外来词的做法提出了质疑，认为 NHK 作为一个国家机构参与的公共部门，拥有大量的听众和观众，影响力极大，过度使用外来词是对日语的轻视。起诉书认为 NHK 没有使用大部分听众和观众可以理解的语言来制作节目，侵犯了其受宪法保护的知情权以及追求幸福的权利。名古屋地方法院 2014 年 6 月 12 日做出判决③，驳回了高桥鹏二的诉讼请求。判决书指出，广播业者的编辑自由受到《放送法》保护，无证据判定 NHK 违背了相关规定；而且对广播用词是否抱有不愉快感大多是由听众和观众的主观因素引发的，如要求 NHK 在此方面给予关照，则妨碍编辑自由。对此判决，高桥鹏二在记者会上表示，"原本对判决就没抱太大希望，只是对判决书没有指出外来词乱用的问题感到遗憾"。对于高桥鹏二的主张，也有不少赞同的声音。如日本国立国语研究所的《"外来词"换说方案》的参与者、日本立教大学特聘教授岛饲玖美子认为，"新吸收的外来词呈现增加之势，我们在保留日语善于吸收各种文化这一优势的同时，应该选择各个年龄层的人都能够理解的词语并予以传承"，对高桥鹏二的诉求表示理解。

在日本比较有影响力的国语词典中，《广辞苑（第六版）》（岩波书店，2008）收录了超过 24 万词条，《大辞泉（第二版）》（小学馆，2012）收录了 257 000 词条，《大辞林（第三版）》（三省堂，2006）收录了

---

① http：//www.nikkei.com/article/DGXNASDG2601I_W3A620C1CC1000，2016 年 5 月 22 日访问。

② 岐阜县可儿市的民间团体"日本语守护会（日本語を大切にする会）"的发起人。

③ http：//www.christiantoday.co.jp/articles/13495/20140613/nhk－gaikokugo.htm，2016 年 5 月 22 日访问。

238 000词条。此外,《简明片假名词辞典（第四版）》（三省堂，2010）收录了56 300词条（含8 200个缩略语）。按照辞典收录词条数粗略计算一下，现代日语中片假名外来词占了将近五分之一。日语中外来词的增长趋势已是不争的事实。事实上，外来词在进入日语时，同样接受了一定程度的日语本土化。

1. 外来词在日语中本土化的路径

日语中的外来词，有广义和狭义之分。广义的外来词，是指从日语以外的语言引入日语的词语，包括从汉语吸收的汉语词汇等。狭义的外来词是指源于欧美语言的词汇，不包括源自汉语且已融入日语的词汇。以下的分析针对狭义的外来词而言。

为了保持日语的纯度和差异性，外来词在融入日语时基本上要经历一个本土化的过程，这个过程主要是按照日语的规则在语音、词形、词义以及语法等方面对源语进行调整和改造。本土化后的外来词在发音、词形和意义等方面与源语出现了较大的差别。

外来词在进入日语时首先要经历发音的日语化。

日语的元音音位数量不多，只有"あ、い、う、え、お"5个单元音。辅音音位存在清浊音的对立。历史上日语与汉语的词汇交流不仅产生了假名文字，还在语音系统中增加了长音、拨音和促音等特殊音节。除了拨音、促音之外，日语基本上属于"辅音＋元音"结构的开音节语言。细分如下：

元音：（a、i、u、e、o）

辅音＋元音：（k、s、t、n、h、m、r）＋（y、w）＋（a、i、u、e、o）

半元音＋元音：（ya、yu、yo、wa）

辅音＋半元音＋元音：（k、s、t、n、h、m、r）＋（a、i、u、e、o）

特殊音：拨音（ん）、促音（っ）

与日语大不相同的是，英语的音节大部分是由"辅音＋元音＋辅音"构成的。因此，外来词在进入日语的时候，首先在音节结构上必须发生变化。常用的发音本土化手段有加音法、拆音法和变音法等，不管是哪一种方法本质上都是在辅音的后面添加上元音进行本土化。如：

Class［klɑːs］ → クラス［kurasu］

Plant［plɑːnt］ → プラント［puranto］

Hotel［həʊtel］ → ホテル［hoteru］

System［sɪstəm］ → システム［sisutemu］

其次，有的外来词在进入日语时经历了词形的变化。日语外来词经过日语化调整、改造之后，增加了源语中所没有的形态复合功能。有的可以表现为与其他不同词类的复合，如"white wine→白ワイン（shirowain：白葡萄酒）"是"和语词＋外来词"的形式，"old people's home→老人ホーム（roujin homu：老人院，老人之家）"是"汉语词＋外来词"的形式，"butter→バタ臭い（batakusai：洋气、洋气十足）"是"外来词＋和语词"的形式，这样的组合在源语中几乎不存在。有的外来词可以表现为"和制英语"，成为日语特有的组合方式，如"サラリーマン（sarariman：工薪阶层，白领）"，在发音上表现为"salaried＋man"的形式，而英语中无此词。该词义的英语表达为"white-collar worker（白领工人）"。

再次，有的外来词在进入日语时经历了语法上的日语本土化。外来词在语法上的日语化主要表现为语法要素的省略以及词性的转换等。如"スモーカー・ハム（sumoka，smoked ham：熏香肠）"属于语法后缀"－ed"的省略；"ハッピー・エンド（happi endo，happy end：圆满结局）"属于语法后缀"－ing"的省略；"スリッパー（surippa，slippers：拖鞋）"属于语法后缀"－s"的省略；"キャンセル（kyaseru，cancel：取消）""サイン（sain，sign：签名）"等属于名词性转换；"アルバイトする（arubaitosuru：勤工俭学，打零工）""ダブる（daburu：重合，重叠；翻倍）""ナウる（nauru：追求时髦）""アナウンスする（anaunsusuru：广播）"属于添加日语形式动词"－する""－る"后实现动词性转换；"ナウい（naui：现在，时髦的）""カジュアルっぽい（kajuaruppoi：轻便的，便服似的）"属于添加形容词性词尾后实现形容词性转换；"ハンサムだ（hansamuda，帅，英俊）""スマートな子（sumatona ko：聪明的孩子）"属于形容动词性转换。这样的例子是不少。

最后，有的外来词在进入日语时在词义上接受了本土化。有的表现为词义的扩大，如"シーズ（shizu，seeds）"除了表示源语"seeds"的"种子"之意外，还可以表示企业开发提供的新技术等；"ワイシャツ（waishatsu）"源于英语"white shirt（白衬衣）"，但是其词义扩大为"衬衣"，变成了源语的上位词。有的表现为词义的缩小，如"access"原本具有"接近、进出方法、通道、参加、增加"等含义，进入日语后的外来词"アクセス（akusesu）"的意义缩小了，只表示"连接"之意。有的表现为词义的转移，如"cider"原本是"苹果酒"之意，进入日语后的外来词"サイダー（saida）"则转义为"汽水"之意，"crayon"原本是"铅笔"之意，进入日语后的外来词"クレヨン（kureyon）"则转义为"蜡笔"之意（王艳艳，2013：122－123）。

综上所述，无论日语中外来词数量达到何种程度，无论外来词进入日语时经历了怎样的本土化方式，它们都不会使日语的发音体系和语法结构发生变化，不会触及日语的特质。它们被日语同化和吸收，本质上已经属于日语词汇。不过，与前文提到汉语词的日语本土化的复杂过程相比，外来词的日语本土化相对比较简单，且仅限于表现形式本土化的词语比较多。正因为如此，现代日本人在寻求外来词来表达新概念和新事物时，更容易借助源于欧美语言的外来词，片假名外来词的日益增多也就不足为奇了。下面按照时间顺序追踪一下日语外来词的具体政策，了解日语在面对外来词的"来袭"时采取了什么样的政策以保持日语的纯度和差异性。

2. 明治前后日本的外来词政策——认同但禁止晦涩难懂词

16 世纪室町时代，葡萄牙人来到了日本，和日本开展了贸易。在通商贸易往来过程中产生的语言接触，给日语带来了一些表示西洋文化的事物、概念等的词汇。这一时期的外来词词汇主要集中在贸易、医学、宗教和天文等方面，如"煙草（タバコ，tabako：烟草、烟叶）""天婦羅（テンプラ，tenpura：炸虾食品，炸虾）""十字架（クルス，kurusu：十字架）""釦（ボタン：纽扣）"等。这些外来词当初被吸收到日语时，日本人为了在文字表记上保持日语的正统性，使用汉字进行了表记，以至于有的日本人也误认为这些词汇是汉语词汇，其实它们是如假包换的外来词。此后荷兰人在 1600 年，英国人在 1613 年也相继登陆日本列岛与日本展开通商，日语和荷兰语及英语的语言接触也促使了大量外来词的产生。17 世纪 30 年代末，德川幕府掌权后施行了锁国政策，江户幕府颁布了洋文禁用令。后来第八代将军德川吉宗掌权时（1716—1745 年）部分开禁，允许与荷兰进行通商往来，因此这个时期"兰学"比较盛行，相应地有不少荷兰语逐渐进入日语。江户时期前后进入日语的外来词大多源于葡萄牙语和荷兰语，主要集中在通商、宗教、衣食和自然科学等方面，如"カボチャ（kabotya：南瓜）""珈琲（コーヒー，kohi：咖啡）""麦酒（ビール，biru：啤酒）""歌留多（カルタ，karuta：纸牌，写有和歌的日本纸牌）""コンパス（konpasu：圆规）""ソーダ（soda：苏打）""ゴム（gomu：橡胶）""メス（mesu：手术刀）""レンズ（renzu：透镜）""アルコール（arukoru：酒精）"等。

到了 19 世纪中期至明治时代，美国、俄罗斯、法国及德国等国家陆续与日本缔结了通商条约，日本与外国的交往日益频繁，源自英语、德语、俄语、法语等的外来词大量进入日语。在这一时期吸收进日语的外来词有一个显著的特点，即日本人利用汉字的造词能力，创造出了大量的汉字标记型外来词，如"範疇（はんちゅう，hantyu：范畴）、浪漫主義（ろうまんしゅぎ，roumanshugi：浪漫主义）、自然（しぜん，shizen：自然）、説明（せつめい，setsumei：说明，介绍）、政府（せいふ，seifu：政府）、革命（かくめい，kakumei：革命）、文化（ぶんか，bunka：文化）、社会（しゃかい，shakai：社会）、飛行機（ひこうき，hikouki：飞机）、自動車（じどうしゃ，jidousha：汽车）、美術（びじゅつ，bijutsu：美术）、民主（みんしゅ，minshu：民主）、階級（かいきゅう，kaikyu：阶级）、法律（ほうりつ，houritsu：法律）、幹部（かんぶ，kanbu：干部）"。其中有的词是日本人首创的词，有的词是日本人借用古汉语词汇并赋予新的词义加以使用的。当然，其中也不乏一些无法找到相应的和语或汉语词汇进行表达而不得不采用片假名标记的音译外来词，如"プロレタリア（puroretaria：无产阶级）""ハムレット（hamuretto：哈姆雷特）"等。

在外来词进入日语之后，日本在语言政策的制定方面开始关注它们的使用、发展及其在日语中的本土化。从外来词的补充性功能出发，在汉字化的表达无法满足新生词汇时，日本人活用起了片假名标记方法。日本帝国教育会①国字改良部总会颁布了《汉字节减标准》，对比较难解、大众接受程度较低的汉字词改用片假名标记，如"百斯篤"改用"ベスト（besuto：马甲，背心）"标记。1926年，日本临时国语调查会②颁布了《当用汉字的废弃以及外国语的书写》令，对外来词的标记方法进行了统一规范，同时把已经日语汉字化但使用不便的外来词改用片假名标记，如"閃光"改成"スパーク（supaku）"，"間諜"改成"スパイ（supai）"等。如此一来，外来词进一步融入日本人的各个生活领域（李佳桐，2012：25）。或许是出于对日语兼容性的认可以及对日语纯正性、正统性的维护，对于日语中的外来词，日本政府一方面对于生活中常用的外来词所具有的简易性和补充性持认同和推广的态度，另一方面对纯粹为了标新立异的、晦涩难懂的外来词采取勒令修改的做法。

值得一提的是，日本通过兰学开始向欧洲学习，特别是在医学、天文学、历史学、地理学和航海术等领域。因此，这些领域里的译词不少。我们想强调的是，此时日本的兰学家们已经开始从另一个角度对中国文化的崇拜进行审视并展开批评了。由此，日本不再把儒学看作唯一绝对的文化价值，开始认识到儒学只不过是世界上存在的多样文化之一，进而促发了

---

① 1896年由当时的大日本教育会以及国家教育社合并而成，第二次世界大战前的教育团体国家机构，成员主要是教育者及教育相关人员。掌管教育相关事务，后改称"日本教育会"，1948年废除。

② 1921年设立，主要开展与国语相关的各项调查，接受文部大臣监督。先后颁布了《常用汉字表》《假名用法改定案》《字体整理案》等。1934年改组为"国语审议会"。

对儒学和中国传统文化的再认识（徐青，2014：421）。到明治维新之后，随着日本近代教育的形成与发展，这种认识成了"脱亚入欧"思想的动力之一。

3. "二战"前后日本外来词政策——视外来词为敌性词而禁用

到了昭和时代，外来词的发展呈现出低迷状态。尤其是第二次世界大战爆发之后，日本政府把外来词视为"敵性語（てきせいご，tekiseigo：敌性词）"——"敌对国或交战国使用的语言"，因而采取了限制外来词的政策，尤其是把敌对国"美国""英国"等使用的英语视为"轻佻"的语言禁止使用，或者直接废弃，或者使用替换的说法来表示外来词的意思，如"アクセル（akuseru：加速器、加速踏板）"替换成"噴射踏板（ふんしゃふみいた，hunshaita：喷射踏板）"，"エンジン（enjin：引擎，发动机）"替换成"発動機（はつどうき，hatsuki：发动机）"，"ピストル（pisutoru：手枪）"替换成"拳銃（けんじゅう，kenju）"，"ガソリン（gasorin：汽油）"替换成"航空用燃料（こうくうねんりょう，koukunen-ryo）"等。详情可参阅"'敌性词'改换用词例表"。从"敌性词"的语言政策可以看出，日本军国主义政府希望通过语言政策来人为地阻断日语和别国语言的接触，借此阻断日本民众对西方特别是美国文化的接受和了解，以利于军国主义分子更好地鼓动普通民众的仇美、仇外心理，便于其鼓动民众不断地跟随其非正义战争的步伐。

由于战争的特殊性和敌对性，禁止使用或限制使用交战国的语言或带有交战国语言色彩的词语表达的做法带有政治性和国家主义、民族主义色彩，是一种意图避免战败的手段。在美国和英国也出现过禁用德语的做法，美国在太平洋战争爆发后也在夏威夷禁用日语以及禁止日语广播等。但是，日本做得似乎更为彻底。从外来词本土化的角度看，把外来词视为"敌性词"，从政治的需要人为地限制外来词的使用或出于政治需要将外来词强行"日语化"，严重违背语言接触的发展规律，违背了外来词融入日语的过程、手段和结果。只能说从政治上对外来词的强行禁用或强行日语化是失败的。

（三）"美才和魂"——从"换装偶人"到"混装偶人"

早在明治时代美国文化已经对日本有初步的影响，但与西欧等相比要小得多。"二战"后，GHQ进驻并管理日本，按照美国的意志推行了一系列经济改革、政治改革和教育改革，日本大门打开，美国文化不断涌入。美国文化对日本的影响可谓是全方位的，不仅实用主义、民主主义、个人主义、经济模式、管理模式以及科学技术纷纷涌入日本，就连生活方式、文化娱乐也全方位影响日本。代表美国文化的英语词汇不断涌入日语。

1. "二战"后日本外来词政策——宽松政策，数量骤增

"二战"结束后，以美国为首的盟军在日本建立了接管总司令部，盟军最高司令官由美国麦克阿瑟将军担任，美国政府事实上对日本实行了"单独占领"。日本与美国的接触日益频繁，日本人对英语的接触不断增多。同时由于日本人对欧美文化的亲近心态，认为"只要是欧美的东西都是好的"的日本人大幅度增加。因此，源于英语的外来词也大幅度增加。此外，由于信息技术和互联网技术的发展，英语为主的外来词在日语中大幅度增长。外来词成为日本人日常生活中无法避开的词汇。此前采用汉字转译外来词的做法造成不少晦涩难懂的词语，一定程度上阻碍了外来词在大众中的使用和传播。为此，日本内阁法制局于1954年11月25日颁布了法制局总发第89号文『法令用語改善の実施要領』，即《改善法令用词之实施要领》的附件《法令用词改正要领》中，在"第3意义不通的难解词语"部分的"（C）以下词语改为易懂的外来词"中，列举了如下词语。

表7-4　难解词语换说词例

原词	改用外来词（括号内为汉语意思）
堰堤（えんてい）	ダム（堤坝）
汽鑵（きかん）	ボイラー（锅炉）
空気槽（くうきそう）	空気タンク（气罐）
骨牌（こっぱい）	かるた類（纸牌）
酒精（しゅせい）	アルコール（酒，酒精）
檣頭（しょうとう）	マストトップ（桅杆顶端）
船渠（せんきょ）	ドック（船坞）
端舟（たんしゅう）	ボート（船，小舟）
油槽（ゆそう）	油タンク（油罐）

随着日本与欧美国家尤其是与美国交流的日益频繁及深入，日语与欧美语言接触也日益活跃，外来词进入日语的速度达到了前所未有的态势。日本国立国语研究所于1956年实施了"90种杂志词汇调查"，1966年对日本的三大报刊——《朝日新闻》《每日新闻》《读卖新闻》进行了"新闻用词调查"，结果表明战后日语外来词的种类及其所占比例都有了大幅度的增加。1981年10月，日本政府修正了《法令用词改正要领》，依然将

部分难懂的和语词和汉语词改成易懂的外来词。文部省①也在 1981 年 12 月发布了《文部省用字用词例》，为文部省公文写作用字用词提供参考。其中也将少许汉语词改成片假名外来词，如"頁"改成"ページ（pei-ji）"，"打"改成"ダーズ（dazu）"，"米"改成"メートル（metoru）"等。对外来词依然采取比较宽松的语言政策，外来词扩大化趋势继续保持。日本著名的语言学家金田一春彦曾指出，"有人担心，随着源自英语的外来词的增加，我们的日语会不会被英语所替代。其实，这是没必要担心的"。

　　然而，由于外来词的大量使用，外来词在日本的日常生活和公共场合中频繁出现。有人指出，外来词逐步成为日本社会分化的一项标志。日本国立国语研究所以"外来词理解度"为题进行了多次的调查，结果表明话语者的学历、年龄和职业构成了影响外来词理解程度的主要原因，年长者和年幼者对某些外来词的理解程度较低，甚至有些外来词受职业的限制，年轻人也无法很好理解其含义。鉴于此，对外来词打破正统日语的使用地位，打乱日语词汇和个别语法规则的忧虑日益强烈。甚至有学者戏称日本变成了"经济的大国，语言的殖民地"（于钦德，1994；转自李佳桐，2012：26）。就连美国的 *New York Times* 也笑话"日本人最喜欢进口的商品不是美国的汽车，而是来自美国的英语"。日本国内不少学者开始呼吁政府出台限制外来词的措施，以克服逐步成为现实的语言危机（李佳桐，2012：26）。

　　鉴于此，日本政府出于保护其国家传统文化，防止传统语言因外来词的融入而削弱现象的发生，采取了一系列的防范措施。1989 年，日本厚生省创立了"用词合理化委员会"，规范公文文书中片假名的使用。1997 年发布了通告《关于厚生省文书写作中片假名词语的合理使用》，次年再次公布了《关于合理使用片假名词语之措施》，对外来词进行了如下的三大类划分。第一类为尽量回避使用的外来词，如"ニーズ（nizu：需要，需求）"（改用"需要"一词）、"フォローアップ（foroappu：跟进）"（改用"再点检＝さいてんけん"）、"ガイドライン（gaidorain：方针，指针）"（改用"指針＝ししん"）、"マニュアル（manyuaru：手册）"（改用"手引き＝てびき"）等；第二类为附加说明后可以使用的外来词，如"レセプト（reseputo：收据）"附加"診療報酬明細書"说明等；第三类为可以直接使用的外来词，如"カルテ（karute：病历）""パンフレット（pan-

---

　　① 曾是日本主管教育、文化、学术的行政机构，相当于我国的教育部。2001 年在日本的中央省厅整编改组中，与科学技术厅合并为"文部科学省"。

furetto：小册子）"等。之所以有关外来词使用的政策接二连三发布，是因为公共场合中外来词的使用问题已经日趋严重，造成的社会问题也越来越突出，影响到了国家官方信息的传达以及普通民众的日常交流。然而，语言政策的出台未必能够带来发布者想要的效果。尤其是语言的使用和发展有其自身的规律，以行政命令等方式有时候难以奏效。2004 年日本《厚生劳动省白皮书》指出，1998 年提出的合理使用外来词的措施并没有被各级公务员以及广大民众认可，收效有限。政令中要求避免使用的"ニーズ""ガイドライン"等词依旧被广泛直接使用，本该加注使用的"レセプト"等词也被广泛直接使用。这或许说明，外来词作为日语和欧美语言在语言接触过程中产生的词汇，有其自身的规律，有其符合社会语言需求的一面，日本厚生省的合理化政策看起来似乎不太合理。为此，日本政府对外来词的指导性语言政策在不断摸索中。

2. 21 世纪后日本外来词政策——强化公共场合使用指导

一般来讲，外来词、外国语在日语中至少承担以下四项功能。

第一，外来词对日语词汇的补充性功能。主要表现在两个方面，一是用外来词来表示日本以前未曾出现的新事物、新概念。如ラジオ（rajio：收音机）、キムチ（kimuchi：韩国泡菜）、アンコール［ankoru：（演唱等时的喝彩）再来一个］；二是用外来词来表示专业术语，如オゾン（ozon：臭氧）、インフレーション（infureshon：通货膨胀，通胀）。

第二，外来词对日语词汇增加的新颖性功能，即用外来词来表达"新鲜的时髦的"等特别语感。如把"職業婦人（しょくぎょうふじん，shokugyofujin：职业女性）"说成外来词"キャリアウーマン（kyaria uman：女白领）"，包含新鲜的时代感、时髦感。

第三，外来词对日语词汇经济性的强化功能。所谓经济性指的是语言的省力原则，或称经济原则，即以最小的代价换取最大的收益，也就是说以最小的代价如最短音节换取最大的词义表达或语用效果表达等。前文提到的"二战"中日本政府的"敌性词"策略，把本来表达经济省力的外来词换成了耗时复杂的日语式表达方法，违背了语言发展的规律，所以这些出于政治需要不顾语言自身规律而强制改造的词汇是没有生命力的。原本的外来词由于其经济性最终又回到日语这个整体中。

第四，外来词对日语兼容性的强化功能。不少外来词通过在日语中的本土化之后，已经带有日语的特点，已经融入日语整体中，最后扎根于日语之中，成为日语词汇的一个重要构成部分。

但是，进入 21 世纪以来，尤其是近些年来，随着日本与外国之间的各种交流的发展，很多领域里国际化的步伐日益明显，日语与别种语言间的语言接触日益频繁，日语中外来词、外国语的使用日益凸显并急剧增加。让人记不过来的外来词、外国语层出不穷，尤其是专业领域中使用的外来词、外国语不断地流入社会，进入普通人群的交际中。政府的白皮书、宣传文件等官方文书以及面向一般民众的报纸、广播等也频频出现全新的外来词，这成为一个引起大家关注的问题。此外，过于轻易地使用外来词、外国语相应地会带来轻视和语词、汉语词的问题，损害在漫长的语言历史中构建起来的日语之功和日语之美，传统日语的长处有被抛弃的危险。从社会交际功能和国际化背景下的日语的状态来看，外来词、外国语的增加所带来的问题至少有如下几个方面：第一，有可能阻碍基于日语的交流，妨碍社会信息的共享。会出现因为不理解外来词、外国语而无法吸收信息的人员乃至人群。第二，有可能带来不同年代人之间的交流障碍，尤其是老年人难以理解外来词、外国语的意思会产生诸多不便。第三，使日语的表达变得不清晰。外来词、外国语与属于表意文字的汉字有所不同，所表达的概念较难把握。而且，由于一些意思不清晰的词语的使用，整个表达很难成为清晰的、逻辑性强的言说。第四，会成为日本人学习外语的障碍。偏离源语意思的外来词和和制词语在外语中并不通用，而且日语式的发音在英语中也不通用。外来词的过度使用和传播会对日本人学习外语尤其是英语带来弊端，增加学习成本。

综合考虑以上几个方面来看，外来词、外国语有着其固有的功能和魅力，在各个领域中通行使用，发挥相应的作用。但是外来词的急剧增加以及外来词在一般社会生活中的滥用，有可能会阻碍社会交流，甚至会弱化日语的传达功能，损害日语的价值。换言之，外来词的滥用影响到了日语的某些基本功能，影响到了日语的"纯度"和"差异性"。因此，日本政府又相应地采取了一些语言政策，构建日语吸收外来词的防火墙，防止影响日语基本功能的、不符合日语特点的"毒性"外来词大举入侵日语，保证外来词本土化进程的有效性。对于外来词的大举入侵以及外来词的滥用现象，作为日本国语政策制定和审核机构的日本国语审议会的基本观点是：使基于日语的社会交流更加适合日本社会的实际，同时应使日语更能够适应国际化的进程，更加具备简洁准确的传达功能。从这个意义上说，不太顾及读者或听者的理解程度的外来词，以及使表达过分模糊的外来词等不宜使用。是否使用外来词一般来讲属于个人领域的问题，是话语者基于自己的判断的问题，而且灵活运用外来词的语感也不必一概加以否定。但是，作为政府机构部门以及报纸、广播等来讲，应该根据所传递的信息的广度及其必要性，乃至对人们语言生活的影响程度等对外来词、外国语的使用慎重地进行把握和考量，对于在一般民众的语言生活中尚未扎根的外来词尽量不轻易使用，对于每一个外来词在使用的时候应该认真判断。如有需要应添加相应的注释，以方便对方阅读理解。另一方面，作为读者或听者的一般民众，也应该对信息源的各家机构或者各个领域的专家积极地建言献策，要求他们在面向大众的发行物中使用外来词时给予充分的体谅和考虑。日本国语审议会指出，日语是为了所有使用者而存在的语言，所有使用者应该关心、关注日语的存在状态，共同创造出更合乎人意的日语。为此，日本国语审议会特别制定了面向普通大众的政府机构、报道机构等使用外来词时候的处理办法。

表7-5　政府机构、报道机构等外来词使用办法

分类	处理办法	词例
（一）在普通大众中已广泛使用、已经稳定的词语	直接使用	ストレス（压力） スポーツ（体育） ボランティア（志愿者） PTA（家委会，家长会）
（二）在普通大众中尚未广泛使用且转换为一般的日语更容易理解的词语	换词使用	アカウンタビリティー→説明責任（解释的责任）等 イノベーション→革新（革新）等 インセンティブ→誘因（诱因）、刺激（刺激）、報奨金（奖励金）等 スキーム→計画（计划）、図式（图式）等 プレゼンス→存在（存在）、出席（出席）等 ポテンシャル→潜在的な力（潜力）等
（三）在普通大众中尚未广泛使用且没有易懂的另外说法的词语	根据需要添加注释，以便理解	アイデンティティー（身份认同） アプリケーション（应用） デリバティブ（推导） ノーマライゼーション（标准化） ハードウェア（硬件）

　　属于上述（一）（二）（三）的词语中，使用罗马字的缩略语按照以下方法处理。

（接表 7 - 5）

使用罗马字头文字的缩略语	至少在首次出现时附上日语译文（根据需要添加注释或不省略）	ASEAN（东南亚各国联盟，东盟） GDP（国内生产总值） NPO（民间非营利组织） WTO（世界贸易组织，世贸）

　　针对"（二）换词使用"，日本国立国语研究所"外来词"委员会通过对外来词认知度等调查，对在高度公共性场合中使用的难懂的外来词提供了换说方案。第一次方案于 2003 年 4 月发布，第二次方案于 2003 年 11 月发布，第三次方案于 2004 年 10 月发布，第四次方案于 2006 年 3 月发布。2007 年 3 月，日本国立国语研究所的"国立国语研究所研究报告 126"发布了"支撑'外来词'换说提案的调查研究"的报告①。

　　日本国语审议会发布的意见中提到，对于外来词进入日语后带来的诸多问题，日语母语者的基本态度是：作为语言，很重要的一点是要使日语更加适于交际，使日语更富语言魅力更具使用价值，同时借助日语的有关功能实现人类文化的多样性的发展。审议会意见认为，要实现这一点，除了在语言的使用上负有重大的社会责任的官方机构以及媒体报道机构等之外，日常使用日语的所有人也要参与进来，大家共同努力，才能够实现上面的日语的功能。事实上，在如何吸收外来词，保持日语有别于其他语言的差异性特质方面，日本是官民并举、全民参与的。除了政府结构制定相关政策予以指导之外，日本民间也非常关注外来词对日语的影响，积极且善于调整吸收方式和速度，极力保持日语的"和魂"。

　　从结果上看，"二战"后日语的发展呈现出"美才和魂"的态势。但是，与之前"汉才和魂""洋才和魂"阶段所不同的是，这一阶段"和魂"对"美才"虽然也有积极主动吸收和消化的部分，但是鉴于历史原因，"美才"的渗透太过迅速、太过激烈，并且开始带有强迫性。此时"换装偶人"尚未做好换装准备，"换装"时机尚未成熟，也只好无奈急匆匆地披上了"美装"。这时候的"偶人"，与其说是"换装偶人"，不如说是"混装偶人"更为合适。加上"脱汉限汉"国语政策的推波助澜，业已与日本文化融为一体，深刻影响日本人精神生活的"汉才"遭到无情的"鄙视""抛弃"，流淌在"偶人"身上的"儒学血液"似乎对"美才"有

---

　　① 参见 http：//pj. ninjal. ac. jp/gairaigo/Report126/report126. html，2016 年 3 月 20 日访问。

过敏症，带来了种种不适应症，日本人的精神世界应该产生了不小的波澜。

三、日本的国语教育：脱"汉装"披"洋装"的歧途

(一) 日本国语教育核心思想的形成

19 世纪，日本中学的国语科教育尚未形成。但是，作为中等教育的"语言教育"或者"国语教育"的必要性已经引起人们的重视，江户时期的"寺子屋①（てらこや，terakoya：寺子屋）""私塾（しじゅく，shijuku：私塾）""藩校②（はんこう，hankou：藩校）"等都很自觉地开展了相关的教育活动。那样的教育本质上属于一种"自由教育"。在这一个时期里，就"国语"教育而言，日本普通民众很关心文字的读写学习，旧武士阶层、富裕层的商人和富农都很关心汉籍的读解③。明治维新后，日本于 1872 年公布实施"学制"，开始向近代教育制度靠近，实现教室内授课的学校制度逐步成立，教授通用教育内容。"国语"的概念和"国语科"的设置在摸索中前行。1894 年，日本国语学者上田万年从欧洲留学归来，在"国语与国家"演讲中指出，作为国语的日语与国家有密切关系，对国语没有被很好重视感到惋惜，慨叹要确保国家之独立，须保护好国家的国语。上田的演讲发言后来成为促进日本国民的国语和国家自觉性的指导精神。在这个潮流下，日本学校教育于 1900 年成立了"国语科"（徐青，2014：423）。随着国语观念的改变，近代日本甚至把"国语"视为关系国家存亡的大问题。1902 年，为了解决国语国字问题，文部省成立"国語调查委员会（こくごちょうさいいんかい，kokugochosaiinkai：国语调查委员会）"。直到 1913 年废止为止，国语调查委员会开展了一系列基础的、学术性的研究调查，这些研究调查成果构成了日本国语学的基础。1921 年，日本成立临时国语调查会，主要开展与国语相关的各项调查，接受文部大臣监督，先后颁布了《常用汉字表》《假名用法改定案》《字体整理案》

① 现代日语中也写作"寺小屋（てらこや，terakoya）"，它是江户时期商人子弟接受读写、算数、道德等教育的民间教育机构，也称作"手习塾（てならいじゅく，tenaraijuku）"，即"学习塾"。

② 江户时代各藩为了对藩士的子弟施行教育而开设的学校，也称"藩学""藩学校"。

③ 浜本纯逸：『本居宣長の国語教育——「もののあはれをしる」心を育てる』，溪水庄，2004 年，第 62 – 65 页。

等。1934 年改组为"国语审议会"。2001 年由于日本中央省厅重组被废除，其工作内容基本上由文化审议会国语分科会负责实施。从国语调查委员会成立至今的 100 多年里，日本的国语政策中始终贯穿了一个基本思想，那就是"废除、限制汉字"。即便是在 20 世纪 50 年代起产生的保守政党和革新政党之间的轰轰烈烈的"保革对立"语境中，无论是"保"派还是"革"派，都没有触及和动摇过这个基本思想。这一点从日本的汉字改革历程中就可以看出，前文"日本的汉字改革政策"中已有叙述，在此不再赘述。我们更关注的是，从文化安全视角出发，这种"废除、限制汉字"的思想是如何给日语乃至日本文化带来不稳定因素的。

国语科成立后，学校教育里实施的"国语教育"被细分为"国语科教育"。在"国语科教育"中，国语教学主要以培养学生的"听说读写"四项技能及语言感觉为主要目标，在历年的学习指导要领中都有关于"听说读写"的具体目标要求，并随年级的增长逐步增加对文学鉴赏能力的培养。中学以后，开始纳入古文及汉文，培养学生阅读理解古典文学的能力。日本的"国语科教育"至少呈现出以下四个特点（孙芳、马爱莲，2007：57－60）。

第一，以民族文化为核心，强调学生的民族认同感。日本国语教育学者认为，语言的获得就是认识的获得，获得了某一民族的语言能力就认识了该民族的历史和文化，同时也培养了该民族特有的心理和性格。日本政府充分认识到日语与国家、民族的关系，在国语教学大纲中开宗明义地强调要尊重民族文化的传承以及对国语的尊重，高度重视对民族文化和民族精神的认同。

第二，坚持语言教育的立场，重视学生语言运用能力的培养。日本坚持国语教育的目的在于语言教育，使学生能正确而有效地使用日语，培养学生的听说读写语文能力。各个阶段的教学大纲始终坚持语言教育立场。从"学习指导要领国语科编"到国语教材的内容的编制，都很好地落实了语言教育立场。

第三，以国际理解为背景，培养学生的国际视野。日本在实施国语教育中注重民族精神和民族文化特色的同时，并没有忽视国际理解教育和多元文化共存的实现。与大多数国家不同的是，日本不仅通过加强外语教学实施国际理解教育，而且在国语教育中也非常重视扩展学生的国际视野。这些在国语教学大纲、教材以及教学中都有充分体现。

第四，以个性教育为理念，促进学生的人格发展。日本战后第五次课程改革把指导思想确定为：培养面向 21 世纪国际社会的日本人。不仅重视作为国民所必需的基本内容，而且强化有利于个性发展的教育。这也是日本国语教育始终追求和坚持的方向。

　　然而，经历了长期的国语教育摸索与改革之后，人们发现日本国语教育的不足日益显现（陈城城，2012：3－4）：盲目"宽松"，忽略"充实"；重视实用文，但写作能力不强；重视语言活动，但国语基础不够扎实；重视个性发展，但教学效率不高等，不一而足。之所以产生这些不足，原因是多方面的，例如国语教育政策的执行力不足。事实上，抛开这些表象原因，纵观日本国语教育的发展，就会发现一个始终贯穿其中的日本人对日语语言的态度——"限制汉字"的指导思想成了隐藏其后的主因（黎力，2013：195，219，250）。

　　如前所述，日本国语概念的形成，国语教育政策的真正出现是在明治维新时期。从历史发展进程来看，当时世界上正值欧美列强发动殖民地战争的时期。受其冲击，日本学习的目光由中国所在的亚洲转向了欧洲。这一阶段，除了"富国强兵"指导思想之外，"脱亚入欧"也成为日本政府制定各项政策的重要指导思想之一。这样的指导思想不难导致日本对亚洲包括对中国的蔑视感的滋生。考察日本"国语政策"不难发现，明治维新时期日本国语政策的一个立足点是要削弱近千年来中国对日本的影响，尽快地摆脱清政府的阴影，构筑与西洋列强的平等关系，迅速进行现代化改革，成为能与西洋列强相抗衡的现代化国家。因此，在西洋文明的"一国、一民族、一语言"的重压之下，不得不进行语言的改革和统一。主要实施的政策有"汉字的限制废止""言文一致""统一表记"及"制定标准语"。其中，脱亚思想的最直接的体现就是在国语教育和政策上限制、废止汉字的"脱汉限汉"论（徐青，2014：422，424）。

（二）"脱汉限汉"带来的不安全因素

　　战后，废除汉字的论调在日本再次出现。被日本文坛尊为"小说之神"的作家志贺直哉认为日语妨碍了文化的进步，断言若当初改用英语做国语，或许日本文化比现在进步得多。1946 年，GHQ 要求日本"从根本上改革文字"，公布了"当前一般社会生活中使用的汉字"即"当用汉字"1 850 个，当年 11 月，日本政府推行了缩减汉字的"限汉"政策。1981 年，日本内阁在"当用汉字"的基础上颁布了常用汉字 1 945 个。2009 年 3 月，日本文化厅公布了将常用汉字增至 2 131 个的"新常用汉字表"试行方案，并于 2010 年实施。由于"限汉"政策的实施，汉字缺位的问题日益凸显[①]。

　　政府轻视语言文字的指导思想必然带来日本国民文化精神和求知欲的

---

① 李旭：《汉字与日本文化之渊源略考》，《电子科技大学学报（社科版）》2010年第 6 期，第 65－69 页。

削弱，过度简化的、低劣的以及不健全的语言文字教育使得青少年受教育者的思维得不到良好的锻炼，思考力的养成遭受阻滞，智力的应有发展也受到人为的阻碍。由于战后长时间对汉字的限制以及对汉字文化的轻视，尽管之后有一定的反思以及些许调整和修正，但其恶果已经酿成。日本自战后初期真正实行汉字限制政策以来，其负面效果逐渐显现，除接受学校教育的日本学生中普遍出现各种学习上的水准低劣、能力后进的问题，还造成日本年轻人不喜读书，缺乏向学精神，甚至"拒绝上学"，沉迷于动漫等浅层文化的现象，整体上导致战后日本社会中远离铅字的青年日益增多的现实问题。

据日本著名民间汉字教育家石井勋（いしいいさお，Ishii isao，1919—2004 年）博士的回忆，英国某著名教育学家于 60 年代曾指出，21 世纪是日本的时代，其理由是日本人勤学好读，"在英国阅读学术专门书籍的读者仅以千计，而在日本的读者却以万计，读者多达数万甚至数万十"。但是，该教育家也许没有料到，20 世纪 80 年代日本政府施行"有多利教育"之后，情况发生巨大变化。原本以小学生为对象的漫画杂志等，大学生和社会人员也争相购买和阅读。当然，漫画也能让人有所思考，但是与铅字印刷的学术书籍相比，它对思考能力养成的帮助是有限的。浏览漫画的大部分读者只是在消遣时间而已，鲜有深入思考。出现这种现象的原因之一，显然是由于当今大学生及民众的汉字能力下降，基本丧失了阅读学术专门书籍的能力所致。不愿阅读或无法阅读代表着前人智慧结晶的典籍，这意味着继承与创新间出现断层。大而言之，这甚至暗含着国家和民族走向衰落乃至灭亡的催化剂。从这个意义上说，日本推行"脱汉限汉"政策可以说为日本的发展植入了深层危机。

"脱汉限汉"的战后汉字改革与日本学生学习态度劣化也有着不可推卸的关联。日本国语学者、原国语审议会委员盐田良平（塩田良平＝しおだりょうへい，shioda ryouhei，1899—1971 年）指出："过去的青年学生也会写错别字，但一经指出，立感羞愧。如今的年轻人在这方面似乎不再有羞耻心。""战后当用汉字的强制推行，让人感到文字的改变很容易，间接地令社会大众对文字产生了蔑视感。""我认为当代年轻人的错别字问题源于战后国语政策的不当。"（黎力，2013：213）。

(三)"脱汉限汉""有多利教育"双重打击下的国语教育危机

经历了半个世纪以上断片的、跛脚的汉字教育后，导致了如今日本社会中的"少青中"三代人的文字能力普遍下滑，国民整体文化素质的下降，尤其是青少年的境况更令人忧心。当然，除了"脱汉限汉"政策的负面影响之外，客观地说，"有多利教育"的制定和推行也成为日本人文字能力下降的一个推手。"有多利教育"作为一种教育理念早在 70 年代就由"日本教職員組合"[①] 提出了。日本政府 20 世纪 80 年代开始部分试点，到了 90 年代末正式在小学、初中和高中全面推行。具体项目包括缩短上课时间、减少学习内容和降低学习难度，目的是"增强培养学生自主性、灵活性的教育，减少以学习成绩与分数为中心指标的填鸭式教育"。这种教育来源于 20 世纪中期美国教育者约翰·杜威（John Deway）的思想，是战后美国公立教育的主导。在 GHQ 指导下的日本教育改革，也深受这种教育思想的影响。只是由于东方文化中重视"传道授业"的传统在战后初期依然存在，对这种美式教育带来的危害起到了一定的抵制和缓冲作用。但是日本政府在 20 世纪 90 年代正式实施"有多利教育"后，"有多利教育"却变成了"有多累教育"，使得以后的二十年里日本学生的成绩大大下降。经合组织（OECD）分别于 2000 年、2003 年、2006 年、2009 年及 2012 年[②]开展了"国际学力调查（Program for Internaitional Student Assessment，简称 PISA）"，其中日本学生"阅读理解能力"的排名 2000 年为第 8 位，2003 年为第 14 位，2006 年为第 15 位，总体呈下降之势。2009 年上升到第 8 位，2012 年上升为第 4 位。虽然 OECD 的 PISA 调查结果不是学力水平的标准衡量尺度，但是在日本施行"有多利教育"的期间里，阅读理解能力呈下降趋势是个事实，这一点在日本国内也引起热议。2006 年排名再次下滑后，重审"有多利教育"的呼声不断出现，带来了一定的改善，2009 年回复到第 8 位排名。2010 年废除"有多利教育"之后，日本的排名上升至第 4 位，这很有说服力。

本质上讲，"脱汉限汉"政策与"有多利教育"的目标和性质是一致的。在 GHQ 的指导和要求下，日本战后初期限制汉字政策的出台和美式自由放任教育理念的传入几乎是同时发生的。原有的"脱汉限汉"指导思想为美式自由放任教育理念的进入预留了空间。"有多利教育"理念占了主导地位之后，也反过来进一步弱化了汉字教育，两者互相加剧，形成一定的恶性循环。"有多利教育"的一项实施内容就是削弱、减少汉字的学习，简化国语科的内容，这导致日本学生汉字能力急剧下降。如前所述，"汉字在日本已经有一千多年的历史，日本的很多文献都是用汉字载录的，

---

① 日本教職員組合（にほんきょうしょくいんくみあい，nihon kyoushokuin kumiai），日本教职员工会，简称日教组。

② 详情请参考『OECD 生徒の学習到達度調査（PISA）』，URL：http：// www. nier. go. jp/kokusai/pisa/，2016 年 3 月 22 日访问。

废除汉字等于割断了日本历史"，汉字阅读理解能力的下降，必定影响日本学生对日本历史和文化的全面理解。汉字乃国语之基础，汉字的弱化意味着日本学生乃至日本国民国语能力的退化和劣化。"有多利教育"和"脱汉限汉"缠绕在一起，打着"平易、灵活、开放性、尊重个性"等抽象模糊的旗号，实际上暗地里给日本教育带来了严重的破坏：在教育中可以避重就轻，回避有难度的、有挑战性的内容；拉低日本人特别是青少年的学习能力和学识水平，降低其学习上的好奇心和主动性，使其疏远知识，造成文化素质及学力的严重下降（黎力，2013：214）。

实施"脱汉限汉"教育政策和"有多利教育"的另一个严重后果是，日语的形态受到严重冲击，面临崩溃的危机。具体而言，由于上述汉字政策和教育政策的实施，日本学生乃至日本国民的书面语写作能力急剧下降，语言表达口语化的趋势凸显。传统的日语书面语被口语排挤，元气大伤。语言表达中区分书面语和口语，这不是日语独有的特征，汉语、英语等也都有书面语和口语的区分。但是与汉语和英语相比，日语的书面语和口语的区分更严谨、更成体系。书面语的主要代表就是大量的汉语词，口语则侧重于使用包括和语词及外来词在内的非汉语词。汉字能力的下降，势必导致传统书面语的使用频率降低，相应地就提高了口语化的和语词和外来词进入书面语系统的频率。从语言的形态和系统性上讲，这是对国语书面语表达的冲击与改变。至于是好是坏，未经考证之前，我们无法下定论。但是，自文字诞生于人类社会以来，无论哪一个国家、哪一个朝代，书面语和口语都是分开的，记载一国历史和文化的主角，始终是由书面语担纲的。书面语与口语相比具有高度的抽象性和概括性，人们可以通过书面语进行更深入的思考，从而认识自身生活并产生将其塑造成所需形态的文化积极性，这正是所有文化创造的原动力（黎力，2013：220）。另外，根据系统理论（Systems Theory），系统要素之间的相互作用是系统存在的内在依据，同时也是系统演化的根本动力。系统内相互作用中的各方力量总是处于此消彼长的变化之中的，它引发系统整体的变化。日语是由和语词、汉语词、外来语词①构成的语言体系，是书面语和口头语相辅相成的一个整体。限制了汉字，理论上给和语词和外来词带来了增量的机会，事实上造成了外来词在日语中的大量增加；限制汉字，等于限制了汉语词占绝大多数的书面语表达的使用和发展，理论上给口头语的发展腾出了空间，事实上带来了口头语的泛滥。因此，"脱汉限汉"政策和"有多利教

---

①　有一种观点认为，除了和语词、汉语词、外来词之外，还有混合词。两种观点之间并无大的不同。

育"政策的实施，使得口语的重要性压倒书面语，并使之成为战后学校教育的基本思路和必然结果。由此产生的风潮是学校教育中书面语格调逐渐口语化，格式庄重、格调高雅的书面语调和语体逐渐从日本学生乃至日本国民身上退化甚至消失，整体上使日语语言文字失去其本来的含义和底蕴，也丧失了其应有的矜持和节操，导致国语品味的下降甚至崩盘（黎力，2013：219）。一国之国语，其核心部分必须保持于书面语。战后日本语言生活中口语的蔓延，书面语的弱化和衰退，其始作俑者是明治时期以来主导的国语改革的意识形态。背后隐含着对书面语的轻视和对生活化口语的重视这一明治以来的国语改革运动的主导性观念，战后国语国字改革依据的表音主义也正是源于此①。（黎力，2013：220）

日本的"脱汉限汉"的国语教育政策，与"有多利教育"一起，强迫国语脱掉"汉字"正装披上任性洋装，脱掉高雅书面语装披上世俗口头语装，把石田一良所说的"换装偶人"驾到了"脱汉装披洋装""脱雅装披俗装"的边缘。是否换装？如何换装？这是一个需要平衡选择的问题，是一个让"换装偶人"纠结的难题。日本的国语教育政策似乎给日本文化挖了一个坑，里面危机四伏。

（四）"脱汉限汉"对日本社会文化的负面影响

"脱汉限汉"汉字政策对国语教育和日语发展的负面影响是清晰可见的。汉字缺位问题日益凸显，因此日本国内从政府机构到民间团体都陆续采取了一些补救措施，如政府层面相应增加人名用汉字数量、发布新的《常用汉字表》等。日本一些社会团体和媒体也针对汉字缺位现象采取了各种措施以期扩大汉字的影响力，如"汉字能力检定（简称'汉检'）""今年的汉字""四字成语自创大赛"等，促使"汉字热"的形成，在借此反映种种世相的同时，促使广大日本国民重新审视汉字，重温汉字魅力②。但是，"脱汉限汉"汉字政策对日本社会文化带来的影响是潜在性的，不易察觉。它会削弱日本人对民族文化的意识，损害日本人的传统价值观，渐进式地腐蚀日本国民的社会道德和人生观，

日本吸收和使用汉字的历史已经有一千多年，汉字及其代表的文化已经完全融入了日本文化本体，转化成了日本文化不可分离的一部分。这是

---

① 鈴木由次：『現代国語教育批判——「形」を喪った国語』，福田恒存编：『なぜ日本語を破壊するのか』，英潮社，1978 年，第 119 页。

② 李旭：《汉字与日本文化之渊源略考》，《电子科技大学学报（社科版）》2010年第 6 期，第 65－69 页。

一个基本事实。战后出于意识形态等原因，在 GHQ 的催化下，延续至今的限制和弱化汉字的政策再次登上历史舞台；在偏见和固执的阻碍下，汉字所承载的日本传统文化正遭受前所未有的断层危机。在"脱汉限汉"政策以及受其支配的学校教育下成长起来的日本人，不得不面临一个危机：在经过几代人的汉字断层教育之后，本民族文化根基有可能会丧失（黎力，2013：230）。由于汉字能力和词汇量维持在较低水平，尤其是对汉字所代表的传统东方文明及其价值的削弱和否定，年青一代将远离古典。这意味着以汉字传承了上千年的日本民族的传统文化将与年青一代渐行渐远，很自然地就会造成传统文化在传承上遭遇断绝的危机。如今的日本社会，大正时代的文学家如芥川龙之介的作品已被视为古典，不加大量注释现在的学生就无法阅读。五十年前的作家的文学作品竟然需要附加大量注释才能阅读，可见国语教育是多么的失败，"脱汉限汉"政策的恶果是多么的严重。更为重要的是，"脱汉限汉"国语政策的长期实施，使得日本人当中，父辈、子女辈以及乃至孙辈与日本古典文化的距离越拉越大。这一现象不能不令人关注。原耶鲁大学日本文学教授、美国加拿大大学联合日本研究中心主任巴特勒（Kenneth D. Butler）在其《古典文学鉴赏推荐》一文中这样写道："全世界所有的现代化国家中，唯有日本一国维持了长达 1 400 年的连绵不断的文化。这一悠久的文化传统不仅对日本自身，而且对整个世界都是非常重要的瑰宝。日本有责任更好地守护这些传统。""在日本的古典文学中，拥有数不尽的美丽的日语表达和引出读者感情的美好内容。这些优秀的作品是日本伟大的传统财产，在学校教育中应当好好地传授。"① 对逐步丧失本民族古典文化的当今日本的忧虑可见一斑（黎力，2013：231）。

此外，"有多利教育"的实施，导致教育过度自由化，使学生本位化问题显现。显然这样的教育与汉字教育的草率化以及对以汉字为载体的传统文化及道德教育的忽视是脱离不了干系的。它们互为因果，互相表里，互为作用。在这样教育环境下，学生、家长甚至社会对学校的传统权威不再尊重，相当一部分教师在"民主化""个性化"等理念大棒的指挥下，过度迎合学生，而真正有益有效的道德教育却得不到重视和实施。以往师生之间正常的"传道授业解惑"关系难以为继，学校厌学之风日渐明显，认真学习被看作是故意"较真"，反成被嘲笑的对象；甚至被排挤在班级团体之外，成为欺凌的对象。学校环境下的价值观出现扭曲。特别是自 20 世纪 90 年代以来，校园暴力、校园欺凌、学生逃学以及自杀等严重问题屡

---

① 日本《读卖新闻》，1999 年 9 月 10 日夕刊。转引自黎力（2013）第 231 页。

屡发生，并有愈演愈烈之势。其背后的深层次文化原因，就是年轻人价值观的变化。由于美式自由主义、享乐主义和极端个人主义的冲击，加上国语教育的失衡，原有的日本特色价值观念变得脆弱不堪，原有的尊师重道、奋斗进取的传统价值观扭曲变形。传统品德的失落，加上媒体的渲染，日本原有的"世间体"面临崩溃瓦解危机，由此带来的恶劣效应自然地也反映到青少年的语言使用上面。年轻人不再拥有对语言的虔敬感情，端正的用语成为轻蔑和耻笑的对象，青少年用语过度口语化，缺少了基于书面语的思想升华，越发带有故意散漫化、轻浮化的倾向。久而久之，无形当中影响到价值观的取向。

"脱汉限汉"国语教育政策的实施，导致年轻人的词汇量严重不足，以至于无法阅读和欣赏严肃文学作品。漫画成为多数青少年课余阅读的主要内容，甚至是唯一内容。这种状况反过来又加深、固化了有异于传统底色的、颓废的价值观，无形中构成一种恶性循环。它的恶果是显而易见的：年轻人汉字能力低下，书写汉字不严谨，逐渐疏远对汉字所承载的传统道德观；学生们语言变得贫乏、肤浅和混乱，与他人沟通的能力也大为下降，心灵荒芜化（黎力，2013：221）①，传统价值观动摇。这无形中为战后美式自由主义和个人主义的来袭腾出了心灵的空间。加上"有多利教育"政策的实施和GHQ的压力，以实用主义、金钱至上、轻人格磨炼、重玩乐放纵为特点的思潮迅速占领了年轻人的心灵阵地，原有的"世间体"濒临瓦解边缘，日本式的道德感、羞耻感和责任感逐渐丧失。由校园内到校园外，最后蔓延到全社会，逃学，不愿意长大，为了享受而自愿去从事援助交际，甘当流浪汉，宁做蛰居族。日本文部省及总务厅的外缘团体——"财团法人日本青少年研究所"对上述青少年问题展开了一系列社会调查，从调查结果可以管窥当今日本年轻人的现状（黎力，2013：221–225）。

（1）在对学习、上进心、求知欲以及人生的理想、抱负方面，根据该研究所2005年发表的对美中日韩四国高中生的调查结果，日本高中生对学习和成绩的关心在四国中排名最低，平均值只有23.4%，可见其学习欲望之弱。对希望"考入理想的大学"一项，中美韩三国的比例达80%，而日本的学生选择这项的却不到30%，日本学生厌学、不学习的现状不容忽视。对于所关心的事物这一项的回答，日本的高中生选择"时尚、购物、其他流行事物"的有40.2%，选择"漫画、电视剧、电影、音乐等大众文化"的有62.1%，选择"手机和手机短信"的有50.3%，均高于其他三国的高中生的数字。

---

① 斎藤孝：『読書のチカラ』，大和書房，2011年，第112页。

（2）在希望达到的教育程度方面，表7－6是2002年一项对比日美中三国高中生的调查结果（黎力，2013：222）①。

表7－6　希望达到的受教育程度对比（％）

希望达到的受教育程度	日本	美国	中国
高中毕业	18.2	9.9	0.6
职业高中毕业	25.3	4.0	1.5
大学专科毕业	6.7	9.3	3.4
大学本科毕业	36.4	28.8	22.5
硕士研究生毕业	2.7	21.2	32.3
博士研究生毕业	1.4	12.8	28.0
未考虑过	8.5	11.5	9.7
未作答	0.9	2.4	2.0

从表7－6可以看出，在受教育程度意愿方面，日本高中生中选择"职业高中"的比例较高，远高于美国和中国学生的比例。这一点反映日本产业经济结构和就业方面的国情特点，可以理解。然而日本高中生选择攻读硕士和博士研究生的比例则大大低于美中两国的高中生，分别只有中国高中生的十分之一和二十分之一左右。虽然从表中不能看出中国学生选择比例如此高的原因，但是抛开三国在经济社会发展水平及学历与就业关系特征上的差异，足以说明日本学生追求更高学习目标或有志于从事学术研究的比例相对美、中尤其是中国学生而言确实少得多，这点着实让人难以理解。

（3）关于将来的人生道路、人生理想与目标方面，2007年的一项四国高中生调查中，有一项关于对"出人头地"这个传统价值观的看法的比较数据（黎力，2013：223）②。

---

① 《关于日美中三国高中生未来意识的调查报告》，财团法人日本青少年研究所，2002年5月。

② 《关于美中日韩四国高中生的愿望和意向的调查报告》，财团法人日本青少年研究所，2007年4月。

表7-7　对于"出人头地"的希望程度调查结果（％）

对于"出人头地"的希望度	日本	美国	中国	韩国
强烈希望	8.0	22.3	34.4	22.9
比较希望	36.1	43.8	51.4	49.4
不怎么希望	42.7	14.6	9.8	25.4
完全不希望	10.2	3.5	0.9	2.1
未作答	2.9	15.8	3.4	0.2

　　由表7-7可以看出，希望出人头地的日本高中生人数远远比其他三国尤其是中国的高中生要少得多，相反，不希望出人头地的高中生比例却远超其他三国尤其是中国高中生的比例，其中回答完全不希望出人头地的比例高出中国学生达到十倍以上。"不希望"出人头地的学生比例超过一半的只有日本。在其他三国中，对于出人头地的希望度美国相对较低，中韩两国都很高。而完全不具备这种意识的中国学生比例最低，仅有不到1%的中国高中生回答说不想要出人头地。中韩日三国自古以来均受重视"安身立命""出人头地"的儒家文化的极大影响，相对保留这种传统价值观的中韩而言，战后的日本社会受到西方消极颓废文化的影响最大，奋斗进取的精神则变得十分稀薄。这也是日本丢失了以汉字为载体的传统文化和价值观，使其得不到继承和发扬的必然结果，而这一点在年青一代身上表现得尤其明显（黎力，2013：223）。

表7-8　关于身心健康的调查结果（％）

调查项目	日本	美国	中国
觉得自己是有价值的人	7.5	57.2	42.2
对自己的评价是肯定性的	6.2	41.2	38.0
对自己觉得满意	3.9	41.6	21.9
认为自己优秀	4.3	58.3	25.7
对学校生活觉得满意	32	74	注①
对社会整体觉得满意	9	72	
认可"21世纪的社会是充满希望的社会"这一说法	34	86	

---

①　以下三项未在中国实施调查，缺乏数据。

　　基于表 7-8 的结果，财团法人日本青少年研究所的总体结论是多数日本学生心理不健康，倾向于感觉自己"心情忧郁"，认为自己"没有价值"。另外，上述调查结果也反映出了日本青少年对现状和未来最不抱有希望的普遍性悲观情绪以及无信心的惨淡景况。当然，本次调查的时间是在 21 世纪之初，跟当时的客观背景不无关系。同样的调查项目如果放在今天进行，结果也许会有不同。但是同一时期的横向比较依然能够说明日本社会尤其是年轻人身上存在的问题。美国正处在 IT 和金融泡沫的顶峰，表面上经济极其繁荣，人们自信满满。中国也面临诸多困难，但是表现出来的也是积极向上的社会氛围。日本虽然经历了泡沫经济之后，深受民众失业、企业倒闭等问题的困扰，但是在经济困难前面的表现着实出乎人意料之外。不可否认的是，日本年轻人的心理问题、价值观和人生观问题跟战后 60 多年来的教育中的副作用，尤其是"脱汉限汉"政策及"有多利教育"的负面效应是有直接关联的，这种关联的因果效应不是一朝一夕所能消除。

　　对于日本年轻人在学习方面以及人生观、世界观方面的信仰缺失，进取精神退化问题，日本青少年问题研究所所长千保石评论说："从'认真'和'坚持'到'追求即刻满足感'的变化，大大动摇了日本的学校文化。其中最大的变化，是大人们对孩子失去了信心，无法再讲'认真'的大道理了。此外，教师也失去了信心。"（黎力，2013：225）[1] 这样的说法只说出了事实，但对于事实背后的起因没有明确。实际上，上述一系列问题的出现和蔓延都与对汉字及其承载的传统文化的轻蔑乃至否定的态度息息相关。纵观自古以来汉字承载的传统文化和理念，无论是"仁义礼智信"，还是"修身、齐家、治国"，无不具有格调高雅的性质，比起以消费主义、享乐主义为特征的现代社会价值观来，不知道要"高大上"多少倍。而这些"高大上"构成了日本传统"世间体"的方方面面。由于在教育中轻视汉字教育，等同于轻视汉字及其承载的道德文化，久而久之，日本年青一代在现实社会中对美式自由主义、个人主义及享乐主义自然就降低了免疫力。"二战"后汉字教育受到削弱，遭到忽视、打压和奚落，而且与其密不可分的道德情操教育、固有的传统文化和价值观的教育和传承出现缺位，此时乘虚而入的必定是某种外来的价值观，美式价值观的长驱直入已成事实。当今日本社会，现在的"大人们"正是 20 世纪 50 到 70 年代"脱汉限汉"国语教育政策的接受者，是在美式学校教育下长大的人们，

---

　　① 千保石著，何培忠译：《"认真"的崩溃——新日本人论》，商务印书馆，1999年，第 226 页。

他们自身也缺乏内在的、坚定的道德罗盘针。大人们和孩子们一样，同样都是这个传统价值观遭破坏、外来有害价值观涌入的直接受害者，这些作为家长的"大人们"自己本身都无法在道德领域做到身体力行，岂能要求他们对自己的孩子发挥强有力的表率和教育作用呢？

"脱汉限汉"国语教育政策的危害深远，尤其在"有多利教育"的推波助澜下，祸害的不只是一两代人。它给日本文化安全人为地埋下了一个炸弹。日本国内看到这个危机的人不是没有，日本国内重提汉字教育的重要性的人不是没有，呼吁重视汉字教育的人不是没有。但是由于思想深处对汉字的错误认识，对中国乃至东方的排斥，"脱汉限汉"难说不会被强化。如何取舍，这是考验"换装偶人"智慧的问题。现如今的"混装偶人"问题多多，如何华丽转身，巧妙"换装"是一个不容回避的问题。"和魂美才"会不会演变成"美魂美才"，值得日本深思。

第四节　日本的日本语教育与推广之变迁
——成效显著，暗藏危机

如本章开头部分所阐明的，在日语中，"国语"与"日本语"没有本质的不同，只是"国语"是面向日本国内的用语，"日本语"则面向国外，侧重于与其他国家语言的对比。因此，国语教育就是日本国内实施的对日本语母语者的日语教育。与国语教育不同，所谓"日本语教育"是指将日语作为外语或者第二语言而开展的语言教育，它的对象是非日本语母语者。二者简单区分如下。

表 7-9　日本语教育与国语教育的区分

	日本的日本语教育	日本的国语教育
日语的定位	将日语视为世界上的一门语言	将日语视为日本国内使用的语言
学习对象	主要面向日语为外语或第二语言的人	主要面向日语母语者，学龄期的日本人为主
实施目的	帮助学习者展开日本语教育，使其作为外语或第二语言的日语达到一定水平	能很好使用作为母语的日语，并提高思考能力
采用语法	主要依据日本语教育语法体系	依据学校语法体系
教师要求	无须执业许可	在公立学校执教需要具备教员执业许可证

　　一般认为，推动语言传播的根本性措施至少有如下两条：一是专门的语言推广机构，二是专门的资金。日本在语言推广和普及方面一直采取这样的措施。日本的经济实力在经历了高速发展后在很长时期里一直位居世界第二，而且日本历届内阁政府都在日语的推广上注入了大量的人力物力，后来更是把推广日本语作为国策之一。所有这些都成为日本语教育、日本语推广的有力保证（张西平等，2006：42）。本节将对日本的日本语教育推广政策做一个历时性的描述，同时挖掘日本语教育、日本语推广政策中隐含的不安全因素。

一、"二战"前及战时日本的日本语教育政策——殖民教育与移民教育

　　日本的国语教育、国语改革自明治维新起一直没有停止过，以非日语母语者为对象的日本语教育也很早就开始了。但是由于政治及殖民统治等原因，早期的日本语教育被视为日本殖民扩张的一种工具。尤其在1895年甲午战争至1945年第二次世界大战期间，日本语更是赤裸裸地成了帝国主义战争以及殖民统治的附庸工具。当时的日本政府曾经将日本语定位为大东亚通用语言，强迫殖民地人民学习日本语，摒弃自己的母语。如1939年6月，当时的日本"对华中央机构"——兴亚院①就编制了《普及日本语方策要领》，对在中国东北等占领区普及日本语教育的方针要领等进行了详细的规定，把通过日本语教育把握"兴亚"精髓作为"在政治、经济、文化所有领域完成兴亚大业"的紧急且恒久的事业。它企图通过强化占领区的日本语教育达到改变占领区人民对语言的身份认同，促使占领区人民产生日语语言身份认同，进而实现对日本民族的认同，最终起到奴化占领区人民的目的。因此，日本在占领区推行的日本语教育政策，绝不仅仅是一种纯粹的语言政策，而是融入了其称霸亚洲的政治企图和构想。

　　从教育手段上说，"二战"前的日本语教育政策的实施，首先主要是在殖民地区域内开设学校、派遣教师以及设立推广机构等"现地教学"，其次还有移民区域的日本语教育。如日本出于扩张目的挑起了1894至1895年的中日甲午战争，打败了当时腐败无能的清政府，占领并最后割据了中国台湾。此后日本在台湾强行实施日本语教育推广政策，直至"二战"结束。据调查，1943年台湾有62%的人能在一定程度上讲日语。此

---

　　①　兴亚院（こうあいん，kouain），1938年12月由第一次近卫文磨内阁设置的机构，统一指挥侵华战争时占领区的政务、开发等工作。

外，为了配合日本的侵略扩张，自 1900 年起，日本先后在它所占领的朝鲜、中国的东北和广东、太平洋岛屿和南亚等亚洲许多地区推行日本语教育（苏金智，1993：30），对殖民地人民进行洗脑以便奴化。此时的日本语教育是为了使日本语成为亚洲通用语并成为侵略工具而开展的。在这一期间里，主要有如下机构负责日本语教育的推广和实施。

1918 年成立的"日中协会"，负责中国留学生的工作。

1931 年开设的"日本文化协会"，在致力于日本语教育的同时，也开展文化交流；1972 年该协会并入"日本国际交流基金"①。

1935 年始创的"国际学友会"，主要面向东南亚学生开展日本语教育等工作。

1941 年设立的"日本语教育振兴会"，是日本侵略扩张期间推广日本语教育的中心机构，重点负责日语教师的培养、派送工作，并编制日本语教育的各类教材，同时创办编辑《日本语》杂志。"二战"结束后，该组织随之解散。

1868 年日本移民首次到达夏威夷，并于 1893 年开始创建日本语学校。1908 年日本移民来到巴西，并于 1915 年起在该地建立日本语学校。移民的后代大多是上午接受所在国的义务教育，下午或周末接受日本语教育。在日本政府的资助和推动下，20 世纪 30 年代是日本在国外进行日本语教育的一个鼎盛时期，仅在巴西就有大约二百所日本语学校。

日本战败后，其"大东亚共荣圈"的野心也宣告失败。当时作为侵略殖民辅助工具之一的日本语教育，虽然不可避免地残留一定的影响，但殖民地人民对日本侵略的反抗也包括了对日本语教育的抵触与反抗。日本这一时期的语言推广政策注定以失败告终。

二、战后日本的日本语教育政策——以国际交流为目的

战后，随着日本经济的恢复与增长，日本政府又逐步开展了日本语的推广工作。很显然，这一阶段的日本语教育推广政策与"二战"前的教育推广政策有着本质的不同："二战"前的日本语教育推广政策是建立在单方侵略扩张基础上的奴化教育；而战后的日本语教育推广政策是建立在双方交流基础上的，是世界文化交流和经济合作的一个重要组成部分，是日

---

① 1972 年，成立之初的名称为"特殊法人国际交流基金"，1989 年设立"日本语国际中心"，1991 年成立"日美中心"，2003 年废除"特殊法人国际交流基金"变更为"独立行政法人国际交流基金"，2006 年成立"日中交流中心"。

本走向国际化的体现。此外，由于历史和地理等因素，亚洲是日本在历史和地理上关系比较密切的区域，中南美洲是日本侨民比较集中的地方。因此，这一时期日本的日本语教育推广区域更多的是集中在亚洲以及中南美洲。

（一）日本语教育国际化的起步期

日本政府通过立法改革确立了民主和平的现代教育体制，同时重新定义了日本语教育国际化的内容，确定以重建日本文化国家形象和复兴日本语教育为目的。为此，日本政府解散了在战争期间推行奴化教育的日本语教育振兴会，随后将其彻底改组为语言文化研究所，为美国传教士教授日语。1948 年，应驻日宣教团的请求，语言文化研究所成立了附属东京日本语学校，修改并制定新的日语教材。自 1949 年起，上智大学、京都日本语学校和京都外国语学校等数十所学校相继创建了日本语教育课程。1951年，国际学友会再次开设日本语班级，教授日语；并于其后的 1952 年，从印度尼西亚接收 60 名政府派遣技术研修人员，教授他们日语。至此，战后日本的日本语教育国际化初见端倪。

到 20 世纪 50 年代中期，日本进入经济高速发展期。经济的高速发展推动了日本国际地位的不断提升。日本通过加入国际化组织（如 1951 年 6月加入联合国教科文组织、1955 年加入关贸总协定、1963 年加入经合发展组织等）、举办国际型赛事（如 1964 年的东京奥运会、1979 年的大阪世博会），实现了重返国际舞台、确立国际地位的夙愿。日本语教育的推广成为日本扩大国际影响力的手段之一，受到日本政府的重视。

20 世纪 70 年代，随着日本经济发展成果显著，成为世界第二的经济大国，日本人的民族自豪感也随之变得强烈起来，恢复起对自己的语言和文化的自信，同时又难免堕入疯狂。为了成为世界"文化大国"，日本人在"日本语是优秀语言"观念的推动下，渴望日本语能国际化，于是不断地在国外投资创建日本研究中心、日本语学校等，在世界各国推广国际日本语教育，期盼宣扬日本"优秀"的民族文化（郝祥满，2014：53）。

从发展阶段来看，20 世纪 50 年代至 70 年代末，日本的对外日本语教育处在"起步期"。这一时期日本政府为推进日本语教育国际化进行了各种基础性建设，包括构筑相关体制、创立相关机构、制定相关日本语教育教材等。

（1）制定外国留学生、研究人员接收制度。1954 年，日本政府通过了《国费外国人留学生实施要项》，开始实施公费留学生招生制度，首期录取了 23 名留学生，并在东京外国语大学、大阪外国语大学设置一年制留学生专科。同年，日本文部省首次设立了留学生奖学金，专门奖励学习日语的留学生。此外，日本同年还接收了东南亚的一些技术人员到日本进行日语研修。日本 1954 年 10 月内阁会议决定加入科伦坡计划①。从 1955 年起，日本开始接收人员来日本研修，并派遣专家到相关国家进行指导。1964 年，日本确定了专门针对印度尼西亚的留学生制度②，每年接收 100 名印度尼西亚留学生等。这些留学生以及研修人员接收制度后来日臻完善。

（2）设立日本语教育相关机构。1957 年，日本文部省设立日本国际教育协会，主要管理驹场留学生会馆和关西留学生会馆，负责照顾留学生生活。1959 年，日本通产省③成立海外技术者研究协会（AOTS），作为民间的技术合作机构，主要开展对研修人员的日本语教育。1962 年，日本成立了"外国人日本语教育学会"，发行刊物《日本语教育》。1963 年，日本成立"日本国际教育协会"，开始实施自费留学统一考试。1972 年，日本"国际交流基金"（The Japan Foundation）机构成立，并于翌年召开第一次海外派遣日语教师研讨会和第一次海外日语教师研讨会。1974 年，日本国立国语研究所设置日本语教育部，后改为日本语教育中心。1974 年 8 月"日本国际协力事业团"④（JICA）成立。1977 年，"外国人日本语教育学会"改革为社团法人"日本语教育学会"（藤泰雄，2008：66）。

（3）开通国际广播、编写日本语教材。1959 年，日本通过 NHK 国际广播开始播放以英语及印度尼西亚语地区为对象的日本语教育节目。1965 年，文部省召开日本语教育研讨会。这一时期，文部省及各个相关组织机构修改和编写了大量日语教材，如《改定标准日本语读本》《外国人用汉字词典》《外国人用专用语词典》《外国人的日语读本》等。文部省还制作了 6 部日本语教育录像教材。同时，各驻外使馆也纷纷开设日语讲座，

---

① 即 Colombo Plan，是"二战"后最早成立的援助发展中国家的国际机构。1950 年 1 月在斯里兰卡的科伦坡召开的英联邦外长会议为契机成立，起初只有英联邦国家参加，后来其他国家也逐渐加入。科伦坡计划旨在通过技术合作促进亚太地区各国的经济及社会的发展，提高各国的生活水准。

② 该留学生制度实质上具有赔偿性质。

③ 即通商产业省，1949 年改成"商工省"，2001 年在日本中央省厅改编改组时改编为"经济产业省"。

④ 由"海外技术协力事业团"和"海外移住事业团"合并而成。2003 年"国际协力事业团"废除，变为"独立行政法人国际协力机构，Japan International Cooperation Agency，JICA"。

积极向海外推广日语（程志燕，2014：69）。

（二）战后日本的日本语教育国际化的急速发展期（20 世纪 80 年代）

随着日本经济大国地位的确立，日本国内认为日本对吸收和消化外国文化，即对文化的"接收"过于热心，而对于文化的"传播"所作的努力却很不充分的看法日益凸显。中曾根内阁于 20 世纪 80 年代提出"战后政治总决算"的口号和谋求成为"政治大国""国际国家"的发展目标，强调日本越想成为国际国家，就越要思考如何在世界上传播日本文化。1983 年，日本外国留学生人数为 1.04 万人，中曾根内阁在这一年提出了到 21 世纪初"10 万留学生接收计划"，于是日语学习者开始急速增加。以此为标志，日本的日本语教育国际化全面展开。进入 20 世纪 80 年代，全世界范围的日本语教育规模呈现出急速的甚至是爆炸式的增长态势。

表 7 - 10　20 世纪 80 年代海外日本语教育规模（程志燕，2014：70）[1]

年份	机构数量（个）	教师人数（人）	学习者人数（人）
1980	1 145	4 097	127 167
1985	2 620	7 217	584 934
1990	3 917	13 217	981 407

这一时期，日本加大力度推行日本语教育国际化。1979 年，时任日本内阁总理大臣大平正芳访华后，中日两国政府商定在东北师范大学内开设"赴日留学生预备学校"，每期培训 100 名留日预备生。1980 年 9 月日本政府为培养中国大学日语教师，在北京语言学院设立了"全国日语教师培训班"[2]，对我国国内的日语高校教师进行日语教学的培训。培训班共举办了 5 期，每期有 120 名中国日语教师参加，共计培训了 600 名中国日语教师。1984 年，日本国际教育协会与日本国际交流基金联合实施日语能力检定考试。1985 年，日本"国际交流基金"在北京外国语学院开设"日本学研究中心"，培养日本语教育专家。

---

① 日本国際交流基金：『海外日本語教育機関調査 過去の調査による日本語教育機関数・教師数・学習者数』。

② 由于是基于时任总理大臣大平正芳的"日本语研修中心"计划创办的，中国日本语教育届和日本研究届通常称为"大平班"。1985 年改为北京日本学研究中心。

1985 年，筑波大学、东京大学、名古屋大学、九州大学、北海道大学、东北大学、大阪外国语大学以及广岛大学共八所大学开设了留学生教育中心，面向研究型留学生和教师研修型留学生实施日本语教育。1986年，日本成立"外国人就学生接纳机构协议会"①。1988 年，日本国际教育协会举办了首次日本语教育能力检定考试。1989 年，国际交流基金开设日本语国际中心。同年，日本语教育振兴协会成立。

（三）战后日本的日本语教育国际化的稳定增长期（20 世纪 90 年代）

到了 20 世纪 90 年代，日本进入泡沫经济崩溃时期，经济的发展受到严重打击。受此影响，日本语教育的发展呈现减速态势。但由于前期工作的影响及余温尚在，全世界的日语学习者人数还是呈现增长态势，日本语教育国际化进入相对稳定的增长时期。这一时期，日本政府通过提高国内外日语教师的水平、日本语教育机构的教学质量以及建立日语学习支援网络等方式，不断扩大对外日本语教育。1990 年，日本国际交流基金在曼谷、雅加达和悉尼开设海外日语中心。1991 年，NHK 教育台开始播放"标准日本语讲座"。1992 年，文部省发布针对驻日外国儿童、学生的日语教科书《学习日语》。1993 年，文部省发布了《关于外国儿童、学生在日日本语教育接受情况调查》。同年，"促进日本语教育实施政策调查研究合作者会议"发布了《关于促进日本语教育的措施——面向日本语国际化》报告，提出日本语教育方针为针对学习者的个体要求、增加日本语教育场所、培养教师、改善教育内容及方法以及应对海外日本语教育需求等。1994 年，国立国语研究所开始对国际社会中的日本语教育进行综合研究。1996 年，日本贸易振兴会举办首次商务日语能力考试，并发布商务日语教材《课长》。1998 年，在日本国内学习日语的外国人约 8.3 万人，在日本以外学习日语的外国人约达 209 万人，日语在外国人中的推广成倍增加。

（四）战后日本的日本语教育国际化的缓慢增长期（21 世纪至今）

进入 21 世纪以后，日本经济持续低迷，生育率低下，老龄化严重，这些问题给日本的发展前景带来极大负面影响。即便如此，由于日本经济总量的影响，其在世界经济中的地位依然非常重要，全世界日语学习者人数依然呈现增长趋势，只是增速变得缓慢了。据日本国际交流基金会举行的日本语教育机构调查显示，2003 年全球日语学习者人数约为 235 万人，

---

① 日语名为"外国人就学生受入机关协议会"。

2006 年约为 297 万人，2009 年约为 365 万人，总量的增长还是比较明显的。与此同时，随着日本对发展文化产业的重视，"文化立国""文化外交"等举措逐渐出台并实施。2002 年，《独立行政法人国际交流基金法》提出，"日语的普及不仅是让海外国家加深对我国的了解，还要在文化等领域对世界做出贡献"。此后，日本国际交流基金会将日本语教育纳入外交政策中加以实施。如 2006 年，国际交流基金会关西国际中心开始了"亚洲青年特别研究员高等教育奖学金访日研修"活动，该项目以"将来可能影响亚洲各国未来的人才"为对象，通过援助访日留学研修等，进行"以加深理解日本文化、社会以及开展专业研究的资料收集方法学习为目的的海外日语普及"。这一年，日本政府还提出"通过 ODA 援助等扩大日本语教育事业，使海外日本语学习者人数达到 300 万人，并且今后达到500 万人"的目标。2008 年，国际交流基金会开始构筑"JF 日本语网络"，计划增加 100 个教育基地，通过与海外日本语教育机构的紧密联系与合作，改善日本语教育的环境，提高日本语教育的质量。"10 万留学生接收计划"这一目标已于 2003 年实现，达到 10.95 万人（程志燕，2014：71），以后均呈现增加态势。独立行政法人日本学生支援机构开展的"外国留学生在籍状况调查"结果显示，在日本的外国留学生总数呈不断增长之势，详见表 7 - 11。

表 7 - 11　日本外国留学生总数变化①　　（单位：人）

年份	外国留学生总数
2004	117 302
2005	121 812
2006	117 927
2007	118 498
2008	123 829
2009	132 720
2010	141 774
2011	138 075
2012	137 756
2013	135 519
2014	184 155
2015	208 379

① 　独立行政法人日本学生支援機構：『外国人留学生在籍情况調查』，URL：http：//www. jasso. go. jp/about/statistics/intl_student_e/index. html，2016 年 5 月 16 日访问。

2008 年，作为实施"全球战略"的重要一环，日本政府制定了"30 万留学生计划"，提出了在 2020 年实现接收 30 万留学生的总体目标。日本文部科学省①2008 年 7 月 29 日发布的《"30 万留学生计划"重点概要》②显示，日本政府为了实现"30 万留学生计划"，采取的主要政策措施包括：①吸引外国留学生来日本留学。通过积极发布留学信息、强化留学咨询以及扩大海外日本语教育等举措，促进外国学生赴日留学的热情并提供一站式服务。②改善考试、入学和入境环境。通过加强大学信息的发布、完善赴日前入学通知的发放制度、明确赴日前各种手续的办理程序、落实大学的在籍管理、简化入境审查等，实现日本留学的顺利通关。③推动大学等的国际化。通过有重点的培养国际化定点大学（30 所）、扩充英语授课课程、推动双学位和短期留学等工作，加强大学等的对口组织制度，实现创建魅力大学的构筑。④完善留学生接收环境。留日 1 年内提供学生宿舍、改善并灵活运用国费留学制度、支持并推动与地区之间和企业之间的交流、扩大日本国内的日本语教育、为留学生提供生活上的帮助等，努力创造一个能够使留学生安心学习的环境。⑤加强社会对毕业或回国留学生的接纳力度。通过强化产学官合作对留学生提供就业或创业支持，明确在留资格、审核放宽在留时间、扩大回国留学生跟进等，实现日本社会更高程度的国际化。

三、日本语教育国际化的具体举措

为促进日本语教育的国际推广，日本几乎是以全民参与的态势展开的。从日本政府机构、学校教育机构、独立行政法人，到民间组织以及民间个人等都在积极地开展和参与日本语教育的推广和实施。

（一）政府部门大力推动

日本政府机构中推广日本语教育国际化的工作主要由文部科学省与外务省负责。

文部科学省通过召开日本语教育研讨会、支援外国留学生、开展国内的外国人日本语教育、推进国际交流、派遣日语教师赴海外支教等举措，

---

① 2001 年在日本的中央省厅整编改组中，由当时的文部省和科学技术厅合并而成，负责管理日本文化、教育、科技、宗教等方面事务，简称"文科省"。

② 文部科学省官方网站，http：//www. mext. go. jp/b _ menu/houdou/20/07/08080109. htm，2016 年 5 月 16 日访问。

大力推广日语学习与教育。合并前的文部省属下的日本语教育推广机构主要有"学术国际局""教育助成局""文化厅文化部国语课""文化厅文化部国立国语研究所"等。其中"学术国际局国际教育文化课"负责开展促进日本语教育和提高教学质量的一系列调查研究，并制定日语教师培养的教学标准，指导和帮助开展日语教学水平的审核、日语水平测试的实施等。"学术国际局国际学术课及留学生课"负责推进公派留学生进行留学前教育。"教育助成局"的"海外子女教育课"主要担负着开展日本海外侨民以及归国人员的教育工作。"文化厅的文化部国语课"和"国立国语研究所"的"日本语教育中心"也为日语的推广做了不少工作。就分工而言，文化部国语课的主要任务是研究和制定日本语推广的一系列基本对策。"日本语教育中心"在对外日本语教学的教研和教材编写方面做出了很多有成效的工作。

外务省也一直致力于海外的日语推广工作，通过政府开发援助等方式，向国外的大学赠送日本语教育器材（同声翻译器等）、图书及 NHK 国际电视频道接收装置。同时，日本大使馆、领事馆也通过开办日语讲座、在各大学里主办"日本文化节"介绍日本文化等方式推广日语。"国际交流基金"作为外务省属下的一个机构，主要目的是推动日本和其他国家的文化交流，开展的项目主要有人员交流、日语研究资助以及草根交流等。其中，推动日语研究是它任务的重中之重。为了培养日本国外的日语教师，该机构于 1989 年拨款成立了日本语国际中心，成为日本在国外的教学网络及信息网络，可以说是日本面向全世界推动日本语教育的大本营。

当然，除了文部科学省和外务省在日语推广方面做了很多工作之外，总务省、经济产业省、厚生劳动省及法务省也积极参与和配合日本语教育的国际推广工作。邮政省①、通产省②、厚生省③、劳动省④等都在日语的推广上相应地开展了一些工作。如邮政省资助"日本广播协会（NHK）"以短波的形式面向全世界开展日本语教育，资助"海外技术人员研修协会"⑤，推动民间技术研修合作以及技术人员的日语培训。除了国家政府部

---

① 2001 年在日本中央省厅改编改组时废除，部分业务归入总务省。

② 即通商产业省，1949 年改成"商工省"，2001 年在日本中央省厅改编改组时改编为"经济产业省"。

③ 2001 年在日本中央省厅改编改组时与当时的"劳动省"合并为"厚生劳动省"。

④ 2001 年在日本中央省厅改编改组时与当时的"厚生省"合并为"厚生劳动省"。

⑤ The Association for Overseas Technical Scholarship，AOTS，1959 年成立。

门，日本的地方自治体如东京都、北海道、京都府、大阪府以及其他各县的有关部门以及财界、教育界、国际交流团体等也都积极参与日语的推广工作，并发挥了不少作用。

（二）教育机构强力推进

从 20 世纪 50 年代起，日本的大学、社会培训班等教育机构就已经以各种方式开展了日本语教育工作。他们开设了有针对性的日本语教育课程、研发了各类日语教材、成立了日语研究机构、开办了各种讲座、培养了大量的日语教师以及对留学生展开日语学习的帮助工作等。如早稻田大学从 1954 年起就设立了日本语教育，1962 年成立了早稻田大学外语教育研究所，1964 年召开第一次日本语教育公开讲座，同时还陆续制作了《讲座日本语教育》《外国学生用日本语教科书初级》等针对性很强的教材。东京外国语大学于 1960 年设立了三年制公费留学生班，1968 年设置了四年制日语专业，1970 年还为公费留学生预备教育专门成立了附属日本语学校。庆应义塾大学于 1958 年成立了庆应义塾外国语学校，于 1964 年改为庆应义塾大学国际中心，1966 年完成了《日本语和日本语教育》研究工作，1972 年开设了日本语教学法讲座。大阪外国语大学于 1969 年制作了《日本语·日本文化》教材，1977 年设置了日语硕士班。筑波大学于 1985 年设立了日语和日本文化学专业，并开设留学生教育中心。与此同时，随着越来越多留学生登陆日本，各类日语语言学校也不断出现，规模也在不断扩大。根据日本语教育振兴协会的统计，从京都日语学校成立的 1950 年起到 2012 年为止，日本共有 430 所日语学校，在校生近 3 万人。这些不同层次不同类型的日本语教育机构在落实日本政府的日本语教育、推广上发挥了巨大的作用（程志燕，2014：71）。

（三）归口机构的有力落实

具体实施日本语教育推广的专门机构主要有日本国际交流基金会、日本国际协力机构（JICA）、日本贸易振兴机构（Japan External Trade Organization，JETRO）、国立国语研究所日本语教育中心、日本学生支援机构（Japan Student Services Organization，JASSO）等。日本国际交流基金会在外务省的管辖下，往各国的教育部门或者国际交流基金海外事务所派遣日本语教育指导助手或年轻的日本语教育专家等，开展的工作主要是向世界各国的日本语教育机构提供资金援助、教师派遣、教师培养以及开发教材等，这些举措大大地推动了日本语教育的国际化进程。日本国际协力机构通过招募"青年海外协力队""日籍社会青年志愿者""资深海外志愿者①"成员的方式向海外②的大学等派遣日语教师，并通过技术合作活动，对发展中国家的技术人员进行日语培训。日本贸易振兴机构则于1996年起在全球43个城市③实施 BJT 商务日语能力考试，帮助企业推动国际化发展，帮助非日语母语者商务人员学习和提高商务日语，2008年财团法人日本汉字能力检定协会接收了该项考试。国立国语教育研究所成立于1948年，由文部科学省文化厅管辖，主要目的是针对日本国语及日本语教育展开调查研究，制作、公布相关国语及日本语教育资料。该所不仅制作《日本语教育影像基础编》（共30部）、《日本语教育基本语汇调查》等大量教材，还从1994年开始对国际社会的日本语进行综合研究。日本学生支援机构开展的工作主要是"奖学金事业"和"外国留学生援助事业"。奖学金事业主要是为本国学生以及外国留学生提供奖学金。外国留学生援助事业包括举办日本留学考试，开设日本国际教育交流信息中心，为有意到日本留学的人员提供留学信息及留学咨询等，以及在生活等方面为外国留学生提供帮助。

这些机构推行的一系列日本语教育举措，显著地促进了日本语教育的发展，促进了日本语的国际化，培养了大量的"日语人"。

（四）民间力量的鼎力参与

在日本语教育国际推广过程中，除了上述政府机构及其归口机构之外，民间组织的作用也不可不提。这些民间机构数量众多，形成规模的主要有一般财团法人日本语教育振兴协会、公益社团法人日本语教育学会、语言文化研究所、国立大学日本语教育研究协议会（简称"国日协"）、日本私立大学团体联合会以及大学日本语教员培养课程研究协会等。

日本语教育振兴协会成立于1989年，主要开展的工作有：①日本语教育机构的审查、认定工作，努力提高日本语教育机构的质量，创造安心学习环境。②通过与国外教育行政机构合作，促进留学生的接收工作，防止非法滞留与犯罪的发生。③开展各种内容丰富的日本语教育，为学生提供奖学金等。

日本语教育学会开展的工作主要有：①开展教师进修、研修。②发行《日本语教育》杂志以及《日本语教育新事典》《日本语教育相关机构一

---

①　志愿者一般为40~69岁。

②　派遣目的地主要是东亚、东南亚、中亚、大洋洲、中南美的发展中国家。

③　日本13市，中国15市，美国6市，加拿大2市，其他国家7市。

览》等书籍。③进行日语能力考试相关信息调研与国际交流等。

国立大学日本语教育研究协议会、日本私立大学团体联合会和大学日语教员培养课程研究协会则以定期召开会议的形式，组织留学生和日语教师进行交流，探讨留学生的日本语教育各类问题。

综上所述，日本语教育的国际化呈现出以下两个特点：

（1）首先是经济的发展、科技的进步为日本推动日本语教育提供了强有力的保障和基础。同时，经济的发展给日语学习者带来了更多的经济实惠，从博弈论的理性人角度来看，经济的发展使日语成为大家争相学习的一门语言。虽然日语母语者的人数仅 1.2 亿人左右，仅占世界人口总数的 2.8%，但是日语话语者的人数达到了世界人口总数的 8.2%，很明显其中的 5.4% 的人是日本语教育的接受者。资料表明，1974 年日本语的语言经济力①排在英语（34.6%）、俄语（13.2%）、德语（9.1%）之后，位居世界第四。此后日本的语言经济力迅速发展。根据 1988 年《日本经济新闻》报的调查，日本语的语言经济力 1988 年从第四位提高到了第三位，排在英语（36.7%）、俄语（13.1%）之后，占 10.1%。1991 年，苏联解体，其经济遭受严重打击，俄语的语言经济力下滑，日本语的语言经济力排名随之上升。根据 1994 年的统计②，日本语的语言经济力 1994 年跃居世界第二位。到了 2002 年，语言经济力的前十位是：英语、日语、德语、西班牙语、汉语、法语、意大利语、葡萄牙语、韩国语、荷兰语。

（2）日本的日本语推广工作不仅是政府积极推动的工作，而且是日本举国上下都在参与实施的一项工作，其"全民参与"的特点较为突出。

另外，值得一提的是，日本战后的日语推广意识应该说不是相当明确。一方面由于欧美文化和欧美语言的影响，尤其是 GHQ 监管下的日本人，大多数对欧美文化和欧美语言产生相对浓厚的兴趣，对外宣传日本文化的意愿相对比较淡薄。1988 年联合国教科文组织的材料显示，当时外译日的资料是日译外资料的 10 倍之多，日本对宣扬日本文化的观念之淡薄可见一斑。另一方面，与对欧美文化和欧美语言充满兴趣的事实相反，日本人对东南亚等亚洲文化和亚洲语言并不太感兴趣。因此，虽然亚洲是当时

---

① 语言经济力（Gross Language Product，GLP）是社会语言学的一个术语，指某种语言使用地区或国家的国民生产总值占世界国民生产值总数的百分比。它不是单纯地以人口为指标进行计算，而是使用该语言的地区或国家的国民生产总值在世界国民生产总值所占的比例进行计算。

② David Graddol 著，山岸胜荣译：『英語の未来』，研究社，1997 年，第 78 - 79 页。

日语推广的一个重点地区，但由于日本人的"不感兴趣"，相互间的平等交流受到了较大的影响，日语的推广机会和成效也受到相应的影响，在一定程度上影响了其国际化的目标和进程。这是否与日本国内施行的"脱汉限汉"教育以及"有多利教育"的影响有关，需要进一步的论证。

四、日本语教育国际化的效果与困境

根据日本国际交流基金的最新统计数据，2012 年海外共有 1.6 万个日本语教育机构，6.4 万名日语教师，日语学习者达到近 400 万人。1974 年当时海外共有 898 个日本语教育机构，2 254 名日语教师，日语学习者人数为 7.78 万人。在不到 40 年的时间里，全球的日语学习者人数扩大了 50 余倍。日本语教育国际化不仅传播了语言本身，对促进国际交流、树立国家形象等也发挥了重要作用。

（1）通过日本语教育的国际化推广，培养了大量了解日本的学习者，增加世界各国对日本的了解和好感。原日本驻华使馆新闻文化中心主任井出敬二曾坦言："学习日本语、访问过日本、同日本有交往的中国人与没有这些经历的中国人相比，对日本更有亲近感。"这或许就是日本大力推广日本语国际化的重要原因之一。在日本以外，有日本留学经验的人、日本交流与教学项目交流活动的参与者、日本企业的相关人员、日本研究人员、日语教师以及日语学习者等群体相对更关注日本，一定程度上与日本保持或远或近的联系。对日本而言，充分利用、发挥这些群体的"亲日"效应，对促进日本与他们本国的交流有帮助。2007 年 4 月，时任日本首相安倍晋三访美时，特地安排了与当地的日本交流与教学项目的参加者开展面对面交流会。近年来，在日本政府的方针和外交政策上，不仅将日语普及作为了解日本的切入点与国际交流的一环，还强调要通过加强日本语教育来培养对日本在国际社会，特别是亚洲地区关系上具备影响力的国际人才。

（2）日本语教育已经成为日本对外宣传、树立国家形象的重要方法之一。国家形象是影响国家间行为的"软实力"之一，提升国家"软实力"对缺乏军事"硬实力"的日本而言尤为重要。日本驻外使领馆遍布世界189 个国家，其主要任务就是通过主办和协办各种讲座、学习班和研讨会推动日本语教育，开展各种文化交流项目和事业，以展示日本的魅力。2007 年，日本政府提出文化产业战略构想，并提出六项具体政策措施，其中一项就是"推进国际文化交流、扩大日本语教育"。"日本文化产业战略"认为文化产业可以对外提升日本的国家软实力，扩大日本的影响，打造国家形象，"不仅有助于经济利益和日本品牌价值的增加，还可以加强日本与其他国家民众之间的相互了解"。

（3）日本语教育国际化促进了日本经济的发展与文化的交流。庞大的留学生计划拉动了日本国内消费市场，教育成为日本新型的经济增长点。就学习日语的动机而言，20 世纪 80 年代至 90 年代初绝大部分是出于商业或就业等经济方面的考虑，现如今学习日语的动机则逐渐转为出于对动漫、游戏的喜爱等。近年来，由于日本国外民众对日本的动漫等流行文化、服装设计等时尚文化的关注，日语学习者数量不断增多，这不仅带动了日本文化产业的发展，也促进了日本的国际文化交流。

但是，日本语教育国际化在快速发展的同时，也面临一些困境：

（1）由于日语的"复杂性"，学习难度大，学习效果不理想，影响了日本语教育国际化的进程。例如，日语汉字的读音分为音读和训读，其中音读、训读又细分出很多读法；在标记方式上既包含汉字、罗马字，又包含日本人自创的平假名、片假名，日本人在使用日语时会根据时间场合等因素混合使用这些书写方式。光是这些就大大地增加了日语学习者的学习难度，让学习者对日语敬而远之。此外，日语的暧昧模糊表达、敬语表达以及位相语表达等，都表现出了更大的复杂性和不便性，也直接影响到了日语学习者的学习兴趣与习得效果，最终会影响日语在国际范围内传播的速度、广度和深度（谢添，2013：107）。

（2）日本语教育的推广区域还比较局限在亚洲的汉字文化圈国家。在欧美，日语本身的复杂性也在一定程度上制约了其推广的效果。

（3）日本语教育规模迅速扩张的同时，也出现了日语教师资质低、日语学校林立、经营混乱，以及由于日元升值导致外国留学生生活困难、一些务工人员持语言学校签证入境隐形就业等问题。据统计，1994 年，日本"就学生"的非法滞留一度达到 2.4 万人。此后虽然逐渐减少，但是 2010 年，非法滞留的"就学生"和留学生分别仍然为 2 232 人和 3 610 人，为日本社会带来消极影响。

（4）日本国际交流基金会的资金预算规模与美国、英国、德国等其他国家的类似机构相比较少，而且预算还呈逐年减少之势。日本语教育的国际环境呈现出非"与时俱进"，落后于全球化的步伐。而且，由于日本在历史认识、领土争端、核扩散等问题的处理上，不仅伤害了中国、韩国等亚洲国家人民的感情，还间接地损害了日本的海外经济，由此也导致日语学习者人数的缩减。

第五节　日语对临近语言的冲击

日本语教育国际化的成效到底如何呢？可以用来检验的尺度和方法有

多种，其中一种方法是，考察在日本语国际化进程中日语对其他语言的影响程度的高低。日本语国际化程度越高，在与他国语言的语言接触中，日本语对他国语言的影响程度会越高。体现日本语对他国语言影响程度的一个手段，就是日本语对他国语言的输出，其中词汇的输出更能说明问题。如果一门语言中存在大量的源于日本语的词汇，就可以说这门语言受到日本语的影响不小。根据我们的考察，汉语中的"和制汉语"、英语中的"和制英语"都是源于日本语的词汇。除了汉语和英语之外，像朝鲜语等其他语言也不同程度存在日源词汇，这些词汇都是随着日本语教育的开展，在语言接触过程中输入英语、汉语或其他语言中来的，很大程度上体现了日本国的日本语教育政策推广的成效。限于篇幅，我们只选择"和制汉语"和"和制英语"为代表进行探讨。

一、和制汉语

在讨论日语对汉语的影响之前，先浏览下面一段文字。

毛泽东思想的内容

毛泽东思想，是以毛泽东为代表的我国第一代领导人根据马克思列宁主义的基本原理，把中国长期革命和建设实践中的一系列独创性的经验进行理论概括而形成的适合中国实际情况的科学理论体系，是中国共产党集体智慧的结晶，是马克思列宁主义普遍原理同中国革命与建设具体实践相结合的产物。

毛泽东思想在以下几个方面，以独创性的理论丰富和发展了马克思列宁主义。（1）关于新民主主义革命的理论；（2）关于社会主义革命和社会主义建设的理论；（3）关于革命军队的建设和军事战略的理论；（4）关于革命斗争的政策和策略的理论；（5）关于思想政治工作和文化工作的理论；（6）关于党的建设的理论。

毛泽东思想的活的灵魂是贯穿于上述6个组成部分的立场、观点和方法，它们有三个基本方面，即实事求是、群众路线、独立自主。毛泽东把辩证唯物主义和历史唯物主义运用于无产阶级政党的全部工作，在中国革命长期艰苦斗争中形成了具有中国共产党人特色的这些立场、观点和方法，丰富和发展了马克思列宁主义。毛泽东思想是我们党的宝贵的精神财富。党的七大把毛泽东思想确立为党的指导思想，这是总结建党24年经验做出的历史性决策。

在上面文字中，带有下划线部分的词语一般认为是源于日本语的外来词，也就是和制汉语词。在不到 500 字的短文中，有将近 60 个词语是属于和制汉语。虽然不可否认和制汉语的出现跟文章内容有关，但也足以说明日本语对汉语的影响。据统计，新中国成立初期汉语中从日语借来的词汇共有 588 个（王立达，1958：90－94）。到了 20 世纪 80 年代，1984 年高名凯、刘正埮编写出版的《汉语外来词词典》中收录了 1 000 条左右日源外来词。

历史上，日本语词汇反向输入汉语大致呈现出两个高峰期。第一次是 1840 至 1919 年，第二次是 20 世纪 70 年代中日建交至今。

日本明治维新取得成功后，当时清政府派遣了很多留学生东渡日本留学取经，学习日本先进的科学技术以及成功的经验，翻译出版了很多日本的书籍，内容涉及政治、经济、哲学、宗教、法律、历史、地理、工业、医学、军事以及文学艺术等诸多领域。从陈望道①《共产党宣言》的翻译到《口琴吹奏法》的翻译，内容几乎涉及社会科学和自然科学的所有领域。这一时期进入汉语的日源外来词大多是借形词，音译词（如"欧巴桑""榻榻米"）较少。本书附录 1 列出了部分借形词，由此可以更直观地了解日源外来词的真实面貌。

20 世纪 70 年代，中日邦交正常化之后，中日交流尤其是经济交流日益频繁，大量日本企业进入中国，日本政府加大在中国的日本语教育力度，在中国学习日语的人数日益增多，对日语的接触也日趋频繁。此外，由于中日旅游热尤其是赴日自由行的兴起，以及网络的普及，更加促进了汉日语言的接触。这一时期里日语反向输入汉语的词语数量较第一个时期少，反向输入的词语多为经济、社会生活领域尤其是动漫领域的用语。原因至少有两个方面：其一是随着我国社会的发展，汉语产生了大量符合我国实际情况的新词语，如"网吧""网民"等，借用日本汉字词的必要性大大降低；其二是现代日本与近代日本不同，借助汉字创造新词的数量大量减少，取而代之的是片假名、外来词等日益增多。与汉字词相比，片假名词语、外来词不会给中国人带来亲近感，因此输入的积极性和通道大受影响。此外，这一时期的输入方式呈现多样化，既有借形词（如"达人""败犬""御宅""援交"等），也有音译词（如"卡哇伊"等），甚至还出现混合型。季庆芝（2011）通过对《当代汉语新语词典》《新华新词语词典》《现代汉语新词语词典》等进行统计，整理出部分日源外来词。具体如表 7－12 所示。

---

① 陈望道（1891—1977），曾在日本早稻田大学、东洋大学学习文学、社会学，1920 年最早将日语版的《共产党宣言》翻译为汉语，当时署名"陈仏突"。

表 7 - 12　20 世纪 70 年代至今反输入至汉语的日源词

反向输入至汉语的方式	词例	备注
日本汉字词的反向输入	本部、便当、步道、表征、不动产、初体验、刺身、乘用车、产经、充电、出演、低迷、短期大学、店长、多动症、登场、大本营、法人、放松、封杀、公选、公务员、攻略、过劳死、会所、汉方、精算、就学生、家政、看板开发、空调、空手道、空港、劳务、量贩、料理、律动、理念、美白、民宿、年功、纳豆、品味、企划、亲子、亲和力、前卫、人间蒸发、人气、忍者、融资、市况、视界、视点、实名、社会人、胜率、神社、正当防卫、寿司、瘦身、胜负手、特卖、通勤、推进、铁板烧、完胜、物流、物语、现地、惜败、修学、新人类、形状、记忆、新干线、相扑、玄关、写真、业者、银座、运营、移动电话、业态、研修、艺能、整合、职场、住民、著作权、御姐、达人、熟女、雷人、正太、腐女、萌、总动员、腹黑、鬼畜、败犬	日语对应的同形词
音译词	芭啦芭啦舞（パラパラ）、卡哇伊（カワイイ）、妈妈桑（ママさん）、拍档（パートナー）、一级棒（イチバン）、萝莉、（ロリータ）	括号内为日语原词
混合型	奥姆真理教（オウム真理教）、卡拉 OK（カラオケ）	括号内为日语原词
接尾词	~族、~流、~面、 ~屋：精品屋、咖啡屋、花屋 ~风：民族风、北美风、流行风 ~控：萝莉控、正太控 ~中：营业中、准备中 ~组合：TFBOYS 组合	

和制汉语词大量进入汉语的两次高峰期的形成，与日本政府推行日本语教育的政策有着密切的联系。通过包括留学生在内的日语学习者的译介，大量和制汉语词进入并融入了汉语中。

此外，值得一提的是，除了和制汉语词进入汉语外，日源外来词也有进入汉语。例如抗日战争时期进入汉语尤其是东北方言中的零星日源外来词，如"八嘎"①"开路"②"米西米西"③。这一类词被称为"协和语"（王今铮，1985；宫雪，2014：3，6）。这是一种汉语和日语拼凑起来的混合语，它的发音是汉语，含义和语法是日本语，词典中还列举"非常口（太平门）""映画（电影）""满员（满座）""你的大大的好""饭的吃啦"等词句加以说明。与一般的语言接触产生的词汇吸收不同，这类日源协和语是"日寇十四年统治的产物，是日语和中文语法杂交的变种"，是当时日本政府推行以殖民化教育为目的的日本语教育政策的产物。正因为如此，这些协和语在新中国成立后被政府下令全面禁止。不过，语言的发展并不完全与政治的需要一致，虽然大部分协和语没能在汉语中生存下来，但是诸如"八格雅鹿""开路""大大的好"等因为抗战影视剧的传播再次进入人们视野。此外，少部分协和语因为语言内部等因素，通过改造、汉化之后以新的面貌再次进入汉语，如"写真""便当""满员""落花生""水准""饺子""赤裸裸""下野""选矿""机关车""点滴"等。

二、和制英语

据日本有关部门对《简明牛津英语词典》（1992 年）中来自日语的借词所做的统计，在所收录的 9.8 万个单词中，来自日语的借词为 335 个。与 20 年前发行的增订版相比，其词数量增加了 3 倍左右。1994 年版《小学馆 random house 英日大辞典》（第 2 版）中附有"从日语借用的英语词汇"一览表，里面列举了来自日语的英语借词共 906 个，这些借词是从多本英语字典抽选出来的。这些字典包括：①*Barnhart Dictionary of New English*（1973）；②*The Second Barnhart Dictionary of New English*（1980）；③*The Third Barnhart Dictionary of New English*（1990）；④*Collins English Dictionary*（3rd ed.）（1991）；⑤*The Concise Oxford Dictionary of Current English*（8th

---

① 日文为"馬鹿（ばか，baka）"，"混蛋"之意。

② 日文为"帰ろう（かえろう、ka e rou）"，"回去，回去吧"之意

③ 日文为"飯飯（めしめし，meshi meshi）"，"めし"一词的连续发音，表示"饭，吃饭"之意。

ed.）（1990）；⑥*McGraw-Hill Dictionary of Scientific & Technical Terms*（4th ed.）（1989）；⑦*The Oxford English Dictionary*（2nd ed.）；⑧*The Random House Dictionary of the English Language*（2nd ed.）（1987）；⑨*Random House Webster's College Dictionary*（1991）；⑩*A Dictionary of Today's New International Dictionary of the English Language*（1986）；⑪*The World Book Dictionary*（1975）；⑫*Merriam-Webster's Collegiate Dictionary*（10th ed.）（1986）。

限于资料，我们不能对英语中的"和制英语"进行更为详细的追踪与阐释。但是基于英语中存在众多"和制英语"的事实，足以说明日语在与以英语为代表的西方语言的接触中所产生的影响。本书附录 2 列出了较为常用的"和制英语"，即源自日语的英语借词，感兴趣的读者可以参阅。

第六节　日语语言安全视角下的日本文化危机

一、日语自身隐藏的日本文化不安全因素

综合前面的论述，我们发现，无论是汉语还是英语，虽然它们对日语的发展、变迁带来了巨大的、积极或消极的冲击力，但是无论冲击力有多大，日语总能较好地吸收并有效地进行转化，变成日语"和魂"的强化剂。另外，随着日本社会、经济及科技等的发展，日语对相邻语言如汉语、英语带来了较大的影响。尤其在词汇方面，大量"和制汉语"融入了汉语，一定数量的"和制英语"融入了英语。可以说，日语语言的安全，或者说日语语言的危机首先不是来自外部即其他语言对它的冲击，因为日语原本就是一门非"纯种"的语言，而是一门善于吸收他国语言精髓且能保持自己"和魂"的语言。日语最大的不安全因素、最大的危机在于其语言内部，尤其在于"二重语言世界观结构"并存这一机制所引发的矛盾中。"二重语言世界观结构"即指日语中体现出来"世间（世间体）"和"世界（世界体）"的并存与矛盾。

（一）日语的"二重语言世界观"——"世间体"和"世界体"

1. 关于语言世界观

语言世界观（Language World View）的代表人物洪堡特认为，"语言是一种世界观""对于人类精神力量的发展，语言是必不可缺的；对于世界观的形成，语言也是必不可缺的。因为，个人只有使自己的思维与他人的、集体的思维建立起清晰明确的联系，才能形成对世界观的看法"（余澄清，2000：107）。"语言世界观理论首先承认语言从精神（思维）出发，

特别强调语言对精神（思维）的反作用。因为人的世界观的形成本身是客观现实在人们头脑中的反映，语言在其中起了勾勒和凝固作用，而世界观一旦形成便会对人类的认识起巨大的反作用。尤其是语言，有时会强制使用它的人在它所勾勒的范畴里思考问题。没有语言的巩固，思维无法定型，思想正是通过语言而得以形成的。"（余澄清，2000：108）

语言世界观是哲学、人类学、社会学、民族学和语言学等诸多领域共同关注的一个古老的话题。它首先是指一个民族构筑的认识世界的图景，这对一个民族来说是共同的。其次是指一个民族看待世界的方式。从根本上说，语言世界观试图回答语言与思维这一古老的哲学关系问题。语言世界观的主要观点是：思维影响并决定语言，特别是语言结构的面貌；而语言凝化思维，对思维有能动的反作用，即语言影响思维和思维方式，不同语言认识世界的图景和方式不同，对世界的关心方式以及关心的程度也不同。换言之，语言世界观的概念内涵是人类认识世界以及关注世界的方式①。

语言世界观尽管有不完善之处，遭受各种批评，但是它的基本观点和基本立场是可靠的：语言是一种世界观；思维影响并决定语言，特别是语言结构的面貌；而语言影响思维和思维方式，不同语言认识世界的图景和方式不同，对世界的关心方式以及关心的程度也不同。

2. 日语隐含的二重语言世界观——"世间体"和"世界体"

日本人有这样的一个习俗：在立春前一天，一边喊"鬼は外、福は内（魔鬼向外，福禄向内）"，一边撒炒大豆。具体的撒豆方法是：打开窗户，一边嘴上喊"鬼は外"，一边往外撒豆，然后关上窗户以免魔鬼进入。接着一边嘴上喊"福は内"，一边朝室内撒豆。从里屋依序朝外撒豆，一直到大门，寓意把魔鬼赶出家里。李御宁（2003）认为这一风俗集中反映了日本人的世界观，将它称为"魔鬼论"。李御宁（2003：272）认为日本人的"内"与"外"是断绝的两个世界，"外"边总是有魔鬼的存在，所以即使是对国际社会的关心，日本人也只关心"内"侧的"福禄"而不管真正的"外"面世界。这种"内""外"有别的世界观当然不是日本特有的，但是在日本人身上表现得特别突出。而且，更加令人感兴趣的是，这种"内外"两个世界的世界观在日语语言上也表现得相当突出，而汉语不存在像日语这样具有明确界限的两个领域（中川正之，2014：108）。日语语言学的研究表明，日语语言中存在两个界线清晰的"领域"——"世间

---

① 柴奕、阳志清：《语言世界观的哲学批评》，《首都师范大学学报（社会科学版）》2011年第2期，第152页。

語（せけんご，sekengo：世间词）”和"世界語（せかいご，sekaigo：世界词）"。对此，日本学者阿部谨也（1995：14，17）（中川正之，2014：106）有如下的论述：

在家庭中，父母很少会对子女说"日本的社会……"，而经常会说"这样在'世間（せけん，seken：世上，社会上）'是行不通的……"之类的话。像"世上还是好人多（注：日语为"渡る世間に鬼はなし"）""众口难封（日语为"世間の口に戸は立てられぬ"）"之类的谚语恐怕无人不知。在日常生活中，"世間"一词至今仍普遍被人们使用。不仅如此，我们生活中在"世間"这一框架，大家都时刻关注着"世間"的变化。对于大多数日本人来说，"人類（じんるい，jinrui：人类）"这一个概念只是一个遥远的存在，日本人对"人类皆兄弟"这一说法没有感觉。那是因为在日常生活中，能够真正接触并成为朋友的人都是自己生活圈子（世間）里的人。

在阿部谨也看来，日语中的"社会（しゃかい，shakai：社会）、人類（じんるい，jinrui：人类）"为"世界词"，"世間（せけん，seken：社会，世上）、世の中（よのなか，yononaka：世上，俗世）"为"世间词"。日本人在日常生活中谈论的内容多为亲身经历。

中川正之（2014）沿用阿部谨也的分析观点，对日语中的词语进行了深入的分析，认为表7-13所列"未来（みらい，mirai：未来，将来）"和"将来（しょうらい，shourai：将来）"等词语体现了"世界词"和"世间词"的区别。虽然每组词的差异程度不太大，但是日语基本上是通过这些词汇来区分表达"世界词"和"世间词"的。前文提到的反转词大多也与区分世界词和世间词有关。此外，体现抽象和具体的对立关系、集体和个人的对立关系，甚至是"事（こと，koto：事，事情）""物（もの，mono：物，物件）"的区别也大多与"世界词"和"世间词"的区分有关。表7-13具体列举了一些意义相近或类似但分别属于两个不同领域的词语，以不同词语来区分不同领域，这是日语的特点。

表7－13　日语中"世界词"领域、"世间词"领域的并存

世界词	世间词	备注
公元时间表示法：西暦2005年（せいれきにせんごねん）	昨日（きのう）、来年（らいねん）	①音读词、源自汉语的词语多为世界词领域；训读词、源自和语的词语多为世间词领域 ②同为音读词时，吴音词多为世界词，汉音词多为世间词 ③"世界词"描写的"世界"领域的特点：恒常性的、长时间内实现的、分类式的；集体性的；距离比较"远"的；抽象的"世间词"描写的"世间"领域的特点：临时性的、短时间内实现的、具有现场感的；个人的；距离比较"近"的、身边的、具体的
未来（みらい）	将来（しょうらい）	
今日（こんにち）	今日（きょう）	
社会（しゃかい）	世の中（よのなか）、世間（せけん）	
人類（じんるい）	人間（にんげん）	
繁栄（はんえい）	繁盛（はんじょう）	
貧困（ひんこん）、富裕（ふゆう）、交流（こうりゅう）、老化（ろうか）	貧乏（びんぼう）、金持ち（かねもち）、交際（こうさい）、老齢化（ろうれいか）	
祖先（そせん）、儀礼（ぎれい）、慣習（かんしゅう）、生誕（せいたん）、死生（しせい）、栄光（えいこう）、転移（てんい）、下落（げらく）	先祖（せんぞ）、礼儀（れいぎ）、習慣（しゅうかん）、誕生（たんじょう）、生死（せいし）、光栄（こうえい）、移転（いてん）、落下（らっか）	
足跡（そくせき）、墓穴（ぼけつ）、事（こと）、出店（しゅってん）、落葉（らくよう）、脱毛（だつもう）、酒（しゅ）、車窓（しゃそう）、学生数（がくせいすう）、火災（かさい）	足跡（あしあと）、墓穴（はかあな）、物（もの）、出店（でみせ）、落葉（おちば）、脱毛（ぬけげ）、酒（さけ）、車の窓（くるまのまど）、学生の数（がくせいのかず）、火事（かじ）	

　　根据语言世界观的观点，日语中存在界线清晰的"世间词"领域和"世界词"领域，说明以日语为母语的日本人，脑子里同时植入了两个"语言世界观"：一个是借助"世界词"表现的"世界体"语言世界观，一个是借助"世间词"表现的"世间体"语言世界观。表现"世界体"的"世界词"具有表达"恒常性的、长时间内实现的、分类式的、集体性的、时空距离比较远的、感觉抽象的"事物的特点，因此对日本人来讲，

"世界体"是抽象的、时空距离较远的、难以感受到它的存在的事物。与此不同，表现"世间体"的"世间词"具有表达"临时性的、短时间内实现的、具有现场感的、个人的、时空距离比较近的、身边的、感觉具体的"事物的特点。在日本人看来，他们并没有自己是生活在这个"世界体"里的感觉，"世界体"范围的事物多为抽象类的事物，没必要动真格。日本人对于那些与"我""自己"不相关的事物，即使是再大的事也都会表现得漠不关心。相反，"世间体"作为日本人的生活舞台，是他们极为熟知的时空领域，在这个"世间体"领域里，日本人形成了一个情感、感觉极为相似的人群——共同体。"世间体"领域的事，即使是很小的事情，他们也会表现出超常的关心。比如奥姆真理教问题。

1995 年 3 月 20 日东京地铁沙林毒气事件发生后，司法机关才开始对奥姆真理教的据点进行搜查。而在这之前，奥姆真理教已经进行了大量的具有反人类反社会色彩的活动，还出现了奥姆真理教放送，更让人惊叹的是，奥姆真理教在 1994 年 6 月 20 日起就开始创建其内部组织——省厅制，于当年 6 月 27 日在一家餐馆进行了"省厅制成立仪式"，创建的省厅如"外务省""大藏省""科学技术省""法务省""文部省""劳动省""防卫厅"等，这些名称很容易让人联想到日本国家机关①。试着想象一下，如果是在其他国家，或许难以逃脱伪造国家机关或叛国等罪名。但如果没有沙林毒气事件等一系列与日本人的"世间"生活密切相关的事件的发生，奥姆真理教恐怕不会那么快成为日本人关心和关注的团体。日本人"似乎对小的谎言很严苛，而对大的谎言则很宽容。这也许正是因为小的谎言属于'世间词'，而大的谎言属于'世界词'"（中川正之，2014：107）。

综合有关日本文化的相关先行研究，尤其是中川正之等的论述，日本人的语言世界观可以如下图所示。

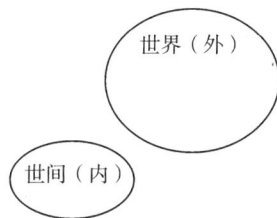

日本人的语言世界观认知模式

---

① 详见日语版维基百科"省厅制（オウム真理教）"词条解释，2016 年 3 月 26 日访问。

3. "世间体"对日本人的约束

日本的"世间"有三个原则。"世间"里的人际关系首先是"馈赠·互酬"关系。在"世间"里，当自己施行了某种行为，会期待对方予以某种回礼，并且事实上已经义务化了。其次，咒术作为馈赠·互酬关系概念的基础，在"世间"里发挥重要作用①。再次是"长幼有序"。"长幼有序"虽然是对长者表示敬意的意思，不过有时候也会轻视长者②。最后是"时间意识"。在"世间"里有共通的时间意识③。归纳起来便是"馈赠互酬""咒术""长幼有序""共通的世间意识"这四点。这四点是日本独特的文化特色，因此抛开这些问题去考虑日本的各种问题是很难的。关于"世间"的负面性，阿部谨也指出，日本的"世间"与其说是人们创造出来的东西，还不如说是命中注定存在的东西，是被当作前提条件接受的东西④。"世间"是在人们的意志之外的某个地方作为"前提条件"存在的"命中注定"，人们除了遵守刚才提到的"世间四规定""世间四原则"，别无他法。它是人力无法改变的，所以即使感到难以承受保持同一步调的压力，也唯有遵从⑤。

中山治⑥指出："如果暂且把夫妇、亲子、兄弟等具有亲密关系的人称为'自家人（ウチ＝内，うち，uchi）'，与自己毫无关系的他人称为'别家人（ヨソ＝余所、よそ，yoso）'，把居于两者中间的、具有两者含义性质的学校、职场、邻居等的人称为'外家人（ソト＝外、そと，soto）'的话，我们在与外家人交流时会最大限度地考虑关照对方，不过，与自家人或别家人交流时会比较少地甚至不考虑关照对方。"土居（1971：29－39）把日本社会中"抱歉"的情感流露得最典型最频繁的中间地带称为"情义空间⑦"，而井上（1977：94）把这个中间地带称为"世间"。井上（岛田

---

① 馈赠·互酬是法国人类学家马赛尔·莫斯（Marcel Mauss）提出的关于人际关系的概念，它的基础是咒术。参见阿部谨也：《近代化与世间》，朝日新书，2006年，第95－96页。

② 参见阿部谨也：《近代化与世间》，朝日新书，2006年，第97页。

③ 参见阿部谨也：《近代化与世间》，朝日新书，2006年，第97－98页。

④ 参见阿部谨也：《近代化与世间》，朝日新书，2006年，第11页。

⑤ 阿部谨也：『「世間」への旅——西洋中世から日本社会へ』，筑摩書房，2005年，第11－12页。

⑥ 中山治：『「ぼかし」の心理』，創元社，1989年，第88页。

⑦ 日语为"義理の世界"，也可译为"情义世界"。为了避免与书中术语"世界"一词混淆，本书译为"情义空间"。

泰子，2000：96）① 认为，对于"我们日本人"所存在的"世间"，属于
"自家人（身内＝みうち，miuchi）""别人（他人＝たにん，tanin）"的中
间地带，是一个"行动标准对照集团"，是自己的行动的基准和依据。当
自己的行为脱离"世间"这个社会规范的反应标准时，就会受到以"耻"
为形式的社会制裁。这是一种"状况式伦理"，它好比是西方社会中的宗
教式规范，规定了日本人的行动。井上还指出，"行动标准对照集团"在
任何一个民族都存在，不同的集团、阶层、世代及特定个人等，各自的对
照标准和依据都不同。牧野②指出："对日本人来讲，'世间'是可怕的，
日本人有这样一种空间伦理观：'世间先生'就时刻以神一般的尺度盯着
自己的种种，如果'世间先生'不在的话，好比旅游时，犯下的羞耻不必
管他，丢掉即可。"③

综上所述，要给"世间"下一个精确的定义并非易事，只能概括而
言，"世间"是日本人人际关系中的中间地带，是行动标准对照集团，是
解决问题的某种前提条件。它是人力无法改变的，是人必须遵守的四大原
则的综合空间。"世间"的各种规则形成一个"世间体"，"世间体"中的
"世间先生"时刻以神一般的尺度度量着日本人的言行举止。

在日语的表达中，经常会听到"世間体を気にする（在意世间体）"
等表达。长辈教育后辈时经常会说"世間体を気にしなければならない
（要注意世间体）"。什么是"世间体"，日汉词典大多只是简单地解释为
"面子，体面"。岛田泰子（2000：104）对"世间体"进行了历时性考察
后，认为"世间体"在中世时候的意义用法和近世以后的用法不一样，中
世时的"世间体"是两个词的组合，即"世間の体（世间之体）"，而且
此时的"体"的意思是指"世间的样子"。而近世时候的"世间体"已经
固定为一个词，"世间体"表示的是"世間に対する体（对世间的态度、
应有样子）"之意，此时的"体"是指"反映在世间上的自己的样子，世
间的人所看到的自己的样子"。现代日语中的"世间体"是从近世的"世
间体"的意义用法中演变来的。在意义上从近世的"唯恐悖于伦理规范的

---

①　井上忠司：『「世間体」の構造――社会心理史への試み』NHKブックス280，
日本放送協会，1977 年。

②　牧野成一：『ウチとソトの言語文化学――文法を文化で切る』アルク，1996
年，第 36 頁。

③　日语中有一句言语"旅の恥は掻き捨て"，意思为"旅游时的羞耻别管它，丢
掉就好"。

忌惮之心"① 发展为"不成体统，不像样；丢人，可耻，但是未必就会牵涉到道义或者伦理"。对于违反了"世间体"的人，近世的处罚方法是"给予实质的惩罚或审判"，后来逐渐变成了对违反"世间体"的人"嘲笑令其觉得可耻"。

根据《日本人の生活文化事典》（《日本文生活文化事典》）（新井芳子，2005：494）② 的解释，"世间体"指的是相对于"世间"的"门面、名誉"，这是对"世间（他人的目光）"的存在尤为敏感的日本人特有的规范意识。这种规范意识构成了日本人那种根据"世间的目光"来划分自己行动的"状况伦理"的基础。

从社会学角度来看，日本《社会科学大辞典》（岛田泰子，2000：95）③ 对"世间体"的概念做了如下的叙述。"世间体，是指在意'世间'的目光而修饰自己门面的行为。一般认为与虚荣'見栄＝虚荣（みえ，mie）'相似。但是'虚荣'是顾虑到他人目光的自我显示，是主动式的；而'世间体'一方面当然也会顾虑到他人的目光，不过，那是被动式的，唯恐受到他人批评的姿态，所顾虑和在意的'世间'的'他人'只是一个模糊的笼统的外部氛围，可称之为'精神共同体'。借用本尼迪克特在《菊与刀》中将西欧文化称为'罪感文化'，将日本文化称为'耻感文化'的模式，把'世间体'放到'耻感文化'中更好理解。"

如前文所述，在日本人的语言世界观中，除了"世间体"之外，还存在一个"世界体"。与"世间体"相比，这个"世界体"对于日本人来讲，是一个不太受束缚的远距离的空间，平时可以不必关注的空间世界。虽然"世间体"是模糊的，但是"世间体"与"世界体"的界限是很清晰的。受"世间体"的约束，日本人对"世间"领域的事物高度关注，相当敏感。而"世界体"令日本人没有约束感，没有"忌惮之心"，没有"标准对照"，因而对"世界"领域的事物要么漠不关心，要么无所忌惮。

"世间体"和"世界体"的二重语言世界观结构以及由此形成的文化模式是一把双刃剑。虽然这样的区分有助于更加清楚地认识客观事物，但也容易漠视一些客观事物。有时候属于"世界"领域的大是大非问题，由于不属于"世间"领域，日本人并不是太关心。前文提及的奥姆真理教问题即是一个例证。再如，被视为中日两国关系障碍的"历史问题"，日本

---

① 此时的意思有点接近于"义理"。

② 南博社会心理研究所编，由劲草社于1983年出版。

③ 鹿岛研究所出版会编：『社会科学大辞典 11卷』，1968年。其中词条"世间体"部分由神岛二郎执笔。

对待"历史"的态度问题多次被提及。"历史问题""历史观"属于大是大非问题，容不得半点歪曲，对此中方曾多次要求日方正视历史，但似乎效果都不大。日本人对"歴史問題"（れきしもんだい，rekishimondai：历史问题）"歴史観（れきしかん，rekishikan：历史观）"等并不关心，这似乎已是事实。在此，除了政治方面的因素之外，日本人的二重语言世界观结构也起着消极的作用。按照日语的二重语言世界观结构判断，"歴史問題""歴史観"这些词在日本人看来属于"世界词"，他们联想到的都是比较遥远、比较抽象的事情，没有"事关自己"的切身之感。它所构成的"世界体"对日本人没有约束，日本人对它的反应要么是漠不关心，要么是肆无忌惮。这是相当危险的。

综上所述不难看出，两种语言世界观并存且界限分明区分对待的做法，有时候会成为日本文化安全的负面因素。第一，令人窒息的"世间体"氛围让日本人产生反叛冲动，尤其是战后"脱汉限汉"国语教育政策以及"有多利教育"政策的实施，推动这种叛逆思想及群体的出现。流浪汉问题、蛰居者问题、援助交际问题，都是实际发生的乱象。第二，国际化程度日益提高，地球村逐渐形成的今天，以固有的二重语言世界观来判断事物，有时会使日本人自己陷入被动困境和危机境地。奥姆真理教问题、历史观问题都是鲜明的教训。恐怕"只管世间事，不问世界事"的二重语言世界观已经跟国际化的实际不太相符了。如何"换装"，对于"换装偶人"来讲或许纠结不已，但实际上无须纠结。"世间体"与"世界体"，"良机"与"危机"，其实是不模糊的。

战后，由于GHQ在日本推行改革，大行美式教育之风，"脱汉限汉"政策和"有多利教育"的实施使得日本整个社会的风气大大改变，既有前进的一面，又有倒退的一面。其中，"脱汉限汉"带来的日本人精神的颓废、价值观的非日本化、共同体主义的松动等，也令"世间体"发生了变化。在这种氛围下，"世间体"出现改变，以"KY"的形式扎入日本人的语言世界观中。这一点我们在前面已经做了分析，在此不再赘述。

(二)"脱汉限汉"国语政策带来的危机

关于"脱汉限汉"的弊端，在本章第三节已有颇多探讨，在此仅从片假名外来词的非理性暴涨的关联性出发，阐明这一国语教育政策背后隐含的另一个危机。

(1) 指导观念上的风向标问题。战后的大风气认为汉字烦琐落后，代表封建；假名平民化，代表民主。在此观念指导下，崇洋媚美、轻佻浮华的社会风气浓厚，年轻人觉得用片假名表达外来语很新潮的观念日渐风行。战后日本社会中英语的大规模普及和流行更是加重了这种意识。但是，"片假名词并不帅气，它不过是英语强制化所带来的挫折感的发泄口罢了，是幻想中的乐园而已，是落魄的、可悲的结果。它还是国际化和国际感觉的幻想。在现实中它只会为本国国民的相互交流产生障碍，并带来感性资质的低下"① （黎力，2013：207）。这是日本在语言上"脱亚入欧"。随着国际化的推进，随着日语与欧美语言的大范围的深入接触，它有可能进一步加剧。

（2）国民积极性受挫问题。在对待外来词问题上，战后日本社会进入了一个快速增长的轨道。在这样的大气候下，"快速"似乎成了一个衡量标准，凡事皆以简单容易来衡量。相比花费时间和精力创造新的汉字表达，用假名照搬外语原文显得更为快速和容易，因而民众不愿去花力气、下功夫创造与外来语相对应的译文汉字词，而倾向于采取用片假名直接表记其发音的简便作法。这一点与明治时代的日本人形成鲜明对比，也从一个侧面体现出战后日本人知性上的怠惰和劣化（黎力，2013：206）。

此外，限制汉字政策及其引发的社会风气客观上间接地助长了外来词的无节制使用，相应地造成了利用汉字的表意能力和构词能力创造新译词的社会文化环境的衰退及其创造积极性的弱化甚至丧失。这种风气的继续蔓延，会造成日本国民因语言创新思维训练的弱化导致创新能力的弱化。

如本章第三节所指出的那样，"脱汉限汉"政策给"换装偶人"带来了"脱汉装披洋装"的困境，还有可能一不小心滑入"美魂美才"的境地。从以上分析可以看到，汉字政策带来的负面效应可以验证：①文化安全的潜在性和长期性。"限汉脱汉"的过程和结果就是一个证明。②日本政府和民间已经开始重审并更正了"限汉脱汉"政策和"有多利教育"的弊端。

二、来自国际化的日本语言危机——从"日本人"到"日语人"

除了日语自身内部隐含的不安全因素，国际化进程的推进以及日本语教育的推广也给日语带来了不稳定的因素。

随着国际化进程的加剧，外来语言尤其是霸权语言英语的来袭日益激烈，给日语的发展提出了难题。日语的命运究竟会如何？日本国内出现了两种不同的声音：一种是"日语会消亡"，另一种是"日语不会消亡"。前

---

① 加藤周一：『夕陽妄語』コラム，『朝日新聞』，2006 年 4 月 20 日夕刊。转引自黎力（2013）第 207 页。

者的代表人物之一平川祐弘在他的著作《日语会生存下去吗？——美中日文化史的三角关系》① 中从文化方面的国际关系出发，对日本和日语的现状发出了警报。他指出，日语面临一个生死攸关的事实，那就是日语只有日本一个国家在使用。有多个国家使用的语言可以超越某个特定国家的浮沉而生存下去，但是日语不是这样的语言。因此，提高日本的国际影响力是日语生存下去的必要条件，现在应该制定应对全球化的语言策略，应该找到在学习霸权语言英语的同时，也能够锤炼母语的文艺。与此相反的是，认为"日语不会消亡"的代表人物金谷武洋在他的著作《日语会不会灭亡》② 中认为日语作为外语呈现出昌盛的态势，日语在日本国之外不仅迎来了空前的学习热潮，同时具有强韧的生命力。有意思的是，这两位代表人物虽然观点上有对立的一面，但是各自的著作中都提到一个相同的论点，即"日语人"是提高国际话语力的必要条件。可见，"日语人"是关乎日语今后命运的一个关键词。日语要在国际化进程中站住脚跟，就必须要实现从"日本人＝日本语"的关系发展为"日本语→日语母语者（日本人）＋日语外语者（外国人）→日语人"的变化。这对于"换装偶人"来讲，又是一次"被换装"的过程，这个换装过程必定伴随着身份认同的变化，必定伴随着价值观和世界观的变动，必定也是一个艰难的过程。

---

① 原著名称为：『日本語は生きのびるか——米中日の文化史的三角関係』，河出書房新社，2012 年。

② 原著名称为：『日本語は亡（ほろ）びない』，筑摩書房，2010 年。

结　论　中国的对策与借鉴

　　文化安全，既可以指物质文化安全，也可以指非物质文化安全。本书重点从非物质文化安全的角度，探讨了"文化安全视角下战后日本民族文化身份的构建""文化安全视角下日本传统文化保护的经验""文化安全视角下日本的核心价值观""文化安全视角下日本人的精神状态"以及"文化安全视角下的日语语言危机"。分析表明，战后日本在民族文化身份的构建和对外交往中鲜有意识形态的论争；日本的核心价值观虽然也有危机但是整体保持基本稳定；日本在保护传统文化时，普遍保持"危机意识"，在具体的文化问题上升至"安全"问题之前积极干预，全民参与，依"安全"标准采取对策，妥善解决萌芽中的文化问题，使之融入"函数主义"式的"日本文化"中，保证"换装偶人"的安全。这些都是日本文化安全保障的成功做法，收效也比较显著。但是，日本人的精神状态似乎并不那么安全和理想，流浪汉问题、蛰居者问题以及援助交际问题，都是因为日本文化的底色——共同体主义出现松动，周边受到了美式自由主义、个人主义侵蚀而造成了日本特有"世间体"的变动或崩溃，部分国民尤其年轻人产生了对"世间体"的逃避或反叛，因而带来了精神上的危机。究其原因，根植于日语语言的"世间体"世界观和"世界体"世界观的冲突、日本实施"脱汉限汉"国语政策和"有多利教育"所导致的"世间体"构造及世界观的异变，加剧了部分日本国民的精神荒芜化，从而导致了一连串的精神危机乱象的发生。

　　无论是成效显著的经验，抑或是种下危机的败笔，都有值得我们参考或思考的地方。

一、日本维护文化安全和通过文化拓展国家利益的得失

　　日本重视文化安全保障，主要有以下三个特点：一是政府高度重视，无论首相如何更迭，对文化安全保障的力度和政策是一贯的。二是当有问题出现时，几乎是以全民齐动员，全民齐参与的态势积极处置问题的。日本文化安全保障并没有只停留在领导人的倡议阶段，而是成熟的、完善的一个整体，理念、法律、制度、地方、中央、民间，各个层面形成了一个

有机的整体，因此日本在传统文化保护方面取得了巨大的成果。三是日本鲜有"如何对待外来文化"的争论。日本从来都是一个重视汲取外来文化的国家，在外来文化和本土文化的结合中创造了自己独特的文化，所以几乎很少发生如何对待外来文化的争论。保护传统文化，以不变应万变，反倒形成了自己的特色。传统文化得到保护和传承，意识形态和主流价值体系基本保持了稳定，文化产业取得了巨大的成就，提高了日本的文化"软实力"，增强了日本人的民族自豪感和民族自信心，这些都是日本维护文化安全方面值得借鉴的地方。

但是，日本在极力向世界拓展文化利益的同时，忽视了影响文化安全的内部因素。"脱汉限汉"国语政策的实施以及"有多利教育"政策的推波助澜，导致了以汉字传承的日本文化出现断层，传统的"世间体"面临挑战，"和魂外才"的特色面临被打破的危机。在泡沫经济崩溃，日本经济长期低迷的气氛下，更加剧了日本国民的精神荒芜化，从而导致了一连串的精神危机乱象的发生。此外，日语语言中固有的"二重语言世界观"，使得日本人只关心"世间体"中的事物，对"世界体"中的事物漠不关心，更加剧了对政治的"无兴趣"，对历史问题的"无关心"，这是日本文化面临的巨大危机。这样的危机不是来自外部的威胁而是隐藏在日语语言和日本文化的内部。

如何在新的条件下重构日本人的道德规范，如何充实日本人的心灵，这是摆在日本面前的一个重要课题。

二、日本文化安全保障的得失带来的启示

放眼日本在维护文化安全和通过文化拓展国家利益上的得失，虽然国情民情与我们中国都大不相同，但是基于文化安全保护的目标同一性，那些成效显著的经验也许对我们有些借鉴意义，那些种下危机的败笔对我们也许就是警钟。

第一，在传统文化的保护上可以参考日本的做法：首先在理念上统一认识，组织专家学者进行论证，发掘传统文化的深层价值；其次在法律制度层面加紧立法形成完备的法律体系；最后在执行上应该进行具体的制度安排与机制设计。

第二，可以参考日本处置文化安全问题的时机和做法：在出现文化问题的苗头时即积极干预，充分发挥我们国家容易调整步调的优势，全民一致地干预。如此，应能收到更好效果。

第三，汲取日本维护文化安全内向不足的教训。在经济高度发展的同

时，更要注意人民心灵精神的丰富和充实，防止道德滑坡、精神空虚和各种腐朽思想乘虚而入。有效的遏止手段就是大力加强学校教育中的"语文"，即我们的"国语"教育，从小学到大学到社会，提高"国语"的地位，强化对"国语"的尊重意识以确保汉字传承的中国文化、中华文明得到很好的保护与传承。只有加强"国语"，强化阅读，靠近经典，才能有效地杜绝当前的言语过度"口语化"以及由此引发的"庸俗化"。前车可鉴，日本在其国语教育上的翻车之举，我们切不可重蹈其覆辙。结合我们当前的语文教育现状，以及我们生活中的语言使用现状，这个警钟似乎应该及时敲响，并且要大力地敲响。

第四，我们必须注意到一个倾向：当日本采取可控措施对自己的文化安全利益加以维护并将它的文化产品向外推广的时候，却会对受众国的文化安全产生不良影响，比如成人动漫、成人游戏的输入等问题。当前我们通常会遇到这样一种尴尬的境地：提到日本，除了会联想到"仇恨"之外，更多的会联想到"动漫"和"AV"。但无论是成人动漫还是AV，在日本其实都是得到了较有效控制的。很多不了解日本的人会觉得日本人很色、很黄，提到日本就想到AV女优。其实日本在这方面的管控在一定程度上是比较有效的。日本制定了《风俗营业法》对类似物品进行有效管控。比如小卖店里的杂志分成人区和儿童区，成人区小朋友是严禁进入的。音像出租店也专门划出成人区，只有成年人才可以进去。有些东西要刷身份证才能买得到，不符合年龄的东西是拿不到的。而成年人由于能轻松地拿到这些东西，所以没有什么神秘和好奇感。很多东西到了我们国内反而成了社会问题。在当今国际化和信息化的潮流下，如何构筑一个有效的过滤网和防火墙，如何进行引导和管控，值得思考。

总的来说，日本的文化安全保障的确值得我们思考借鉴的成功经验，也有值得我们警惕的失败教训。更多地关注日本这个一衣带水的近邻，关注它的动态，关注它动态背后的内在，应该能让我们多些捷径，少些弯路，更快更好地实现我们"文化自觉、文化自信、文化自强"的历史目标，实现我们的"中国梦"。

附录 1

汉语中的日源外来词举例（金光林，2005：113–118）

反向输入至汉语的方式	主要词例	备注
日式汉字词（日本使用中国未使用的汉字词）	場合、場面、場所、便所、備品、武士道、舞台、貯蓄、調製、大本営、道具、不景気、服従、服務、被写、副食（物）、復習、破門、派出所、必要、保険、方針、表現、一覧表、人力車、解決、経験、権威、化粧品、希望、勤務、記録、個別、交換、克服、故障、交通、共通、距離、命令、身分、見習、美濃紙、目標、内服、内容、認可、玩具、例外、連想、浪人、作物、作戦、三輪車、請求、接近、説教、節約、支部、支配、市場、執行、侵害、申請、支店、初歩、症状、処女作、処刑、集団、宗教、出席、総計、倉庫、想像、体験、退却、但書、停戦、展開、手続、特別、特殊、取締、打消、話題、要素、要点、入口、覚書、貸方、借方、弓道、高利貸、興信所、茶道、柔術、立場、出口、肉弾、引渡、読物	汉语中对应的简体字
日本近代翻译欧美典籍时改造古汉语生成的译词	文学、文化、文明、文法、分析、物理、言説、諷刺、学士、藝（芸）術、議決、具体、博士、保険、封建、方面、法律、法式、保障、表情、表象、意味、自由、住所、会計、階級、改造、革命、環境、課程、計画、経理、経済、権利、検討、機械、機会、機関、規則、抗議、講義、故意、交際、構造、教育、教授、共和、労働、領会、流行、政治、社会、進歩、信用、支持、思想、自然、手段、主席、主食、運動、予算、遊記、惟一（唯一）	在中国古代汉语中已经存在，日本人赋予不同意义后加以使用

（续上表）

反向输入至汉语的方式	主要词例	备注
意译欧美语言时创造的译词	馬鈴薯、弁証法、美学、美術、美化、美感、微積分、傍証、物質、治外法権、蓄電池、直覚、調整、超短波、仲裁、抽象、代表、代理、代数、断交、談判、断定、瓦斯、脱党、電業、電力、伝播、電報、伝票、電流、伝染病、電車、電信、導電線、動機、動員、導火線、動向、独裁、独占、動脈、動脈硬化、動産、導体、液体、演繹、不動産、復員、概括、概念、概論、概算、学位、学期、学齢、劇場、現役、現実、現象、原則、下水道、議案、議員、議会、義務、技師、互恵、軍事、軍国主義、背景、配給、迫害、迫撃砲、博覧会、判断、反動、反映、反革命、判決、反応、反射、反対、破産、併発症、偏見、批判、批評、否決、引渡、否認、否定、法学、法医学、法人、法科、放射、保釈、放射線、保障、放送、法則、法廷、法定、方程式、表演、表決、一元論、医学、意志、意識、意図、自治、自白、自発的、人為的、人格、人生観、蒸発、情報、条件、蒸気、静脈、蒸留、科学、化学、解放、海事、改良、回収、潰瘍、改善、客観、幹部、関係、観念、管制、鑑定、借方、仮説、貸方、仮定、過渡、寡頭政治、刑法、警察、系統、経済学、結核、建築、企業、金額、金庫、帰納、交易、雇員、甲状腺、公開、根本的、拘留、交流、光線、公証人、肯定、組合、脚本、局限、供給、共産主義、休戦、命題、免除、未知数、民主、目的、目的物、無機、入場券、冷蔵庫、瀝青、歴史、列車、論理学、領土、領域、領海、緑化、領空、流体、最後通牒、最恵国、催眠術、催涙弾、索引、算術、三角（法）、作用、左翼、成分、生物学、政府、請願、制裁、政策、生産力、政党、制約、世界観、積極、専売、説明、社団、社会学、社交的、試験、新聞、信号、侵犯、進化、侵蝕、消防、消毒、商業、消費、商品、消化、消火器、消火栓、職員、消極、承認、消音器、集中、主義、集合、周波、主観、主権、周期、宿舎、主任、出版、出訴、出超、出廷、曹達（炭酸ソーダ）、即決、総合、総理、相対、総体、数学、対比、体育、退化、対応、体積、対象、対称、体操、単位、提案、定額、定義、提供、偵察、展望、展覧会、鉄道、哲学、投票、登記、特権、特許、特徴、特務、得数、特約、突撃隊、右翼、要衝、予約、遊撃戦、遊撃隊、唯物論、唯物史観、唯我論、唯理論、唯神論、唯心論、有価証券、有機、財団、財務、材料、財政、前提、絶対	汉语中对应的简体字

（续上表）

反向输入至汉语的方式	主要词例	备注
接尾词的反向输入	（1）～化：一元化、多元化、一般化、公式化、特殊化、大衆化、自動化、電気化、現代化、工業化、民族化、科学化、機械化、長期化、口語化、理想化 （2）～式：速成式、問答式、流動式、簡易式、方程式、恒等式、西洋式、日本式、旧式、新式 （3）～炎：肺炎、胃炎、腸炎、関節炎、脳炎、気管炎、皮膚炎、肋膜炎 （4）～力：生産力、消費力、原動力、想像力、労動力、記憶力、表現力、支配力 （5）～性：可能性、現実性、必然性、偶然性、周期性、放射性、広泛性、原則性、習慣性、伝統性、必要性、創造性、誘惑性 （6）～的：歴史的、大衆的、民族的、科学的、自然的、必然的、偶然的、相対的、公開的、秘密的 （7）～界：文学界、芸術界、思想界、学術界、金融界、新聞界、教育界、出版界、宗教界、体育界 （8）～型：新型、大型、中型、小型、流線型、標準型、経験型 （9）～感：美感、好感、悪感、情感、優越感、敏感、読後感、危機感 （10）～点：重点、要点、焦点、注意点、観点、出発点、終点　着眼点、盲点 （11）～観：主観、客観、悲観、楽観、人生観、世界観、宇宙観、科学観、直観、概観、微観、宏観 （12）～線：直線、曲線、抛物線、生命線、死亡線、交通線、運輸線、戦線、警戒線 （13）～率：効率、生産率、増長率、使用率、利率、廃品率、頻率 （14）～法：弁証法、帰納法、演繹法、総合法、分析法、表現法、選挙法、方法、憲法、民法、刑法 （15）～度：進度、深度、広度、強度、力度 （16）～品：作品、食品、芸術品、成品、贈品、展品、廃品、半成品、記念品	

（续上表）

反向输入至汉语的方式	主要词例	备注
	（17）～者：作者、読者、訳者、労働者、著者、締造者、倡導者、先進工作者 （18）～作用：同化作用、異化作用、光合作用、心理作用、精神作用、副作用 （19）問題：人口問題、土地問題、社会問題、民族問題、教育問題、国際問題 （20）～時代：旧石器時代、新石器時代、青銅器時代、鉄器時代、原子時代、新時代、旧時代 （21）～社会：原始社会、奴隷社会、封建社会、資本主義社会、社会主義社会、中国社会、日本社会、国際社会 （22）～主義：人文主義、人本主義、人道主義、自然主義、浪漫主義、現実主義、虚無主義、封建主義、資本主義、帝国主義、社会主義、排外主義、復古主義 （23）～階級：地主階級、資産階級、中産階級、農民階級、工人階級、無産階級	汉语中对应的简体字

附录 2

源自日语的英语借词①

日语原词	英语借词	汉语意思
阿武隈石：あぶくませき	abukumalite	硅磷灰石
小豆：あずき	Adzuki	赤豆，小豆
合気道：あいきどう	aikido	合气道
秋田：あきた	akita	秋天犬
行灯：あんどん	andon	座灯
アニメ	anime	动漫电影
エアソフト	airsoft	软弹气枪
ばかやろう	bakayaro	混蛋，笨蛋
万歳：ばんざい	banzai	万岁
弁当：べんとう	bento	便当，盒饭
ビンタ	Binta	耳光
美少女：びしょうじょ	bishoujo	美少女
美少年：びしょうねん	bishounen	美少年
琵琶：びわ	Biwa	日本琵琶
屏風：びょうぶ	Byobu	（折叠式彩色）屏风（通常有6扇屏板）
ぼけ	Bokeh	焦外成像；散景
盆栽：ぼんさい	bonsai	盆景
暴力団：ぼうりょくだん	boryokudan	日本暴力犯罪团体
暴走族：ぼうそうぞく	bosozoku	日本飙车团队
武道：ぶどう	budo	日本武术，武道

---

① 日语维基百科"和製英語"词条，2016年4月28日访问。

（续上表）

日语原词	英语借词	汉语意思
ぶっかけ	bukkake	性行为，颜射
文楽：ぶんらく	Bunraku	文乐木偶戏
武士道：ぶしどう	Bushido	武士道
提灯：ちょうちん	Chouchin	提灯，灯笼
コースプレイ	Cosplay	角色扮演
大根：だいこん	Daikon	萝卜
大名：だいみょう	Daimyo	大名（日本封建时代的大领主）
段：だん	Dan	（体育用词）段
団子：だんご	Dango	丸子
出汁：だし	Dashi	日式高汤
土俵：どひょう	dohyo	相扑摔跤场
道場：どうじょう	dojo	道场，柔道（或空手道等）训练学校
ドラマ	Dorama	大河剧
エッチ	ecchi	色情
駅伝：えきでん	ekiden	公路接力赛
演歌：えんか	enka	东洋演歌
エロゲ	eroge	日本成人游戏，十八禁游戏
布団：ふとん	futon	日本床垫，蒲团；
腐女子：ふじょし	fujoshi	腐女
フリーター	freeter	自由打工族
外人：がいじん	gaijin	外国人，洋人
ガシャポン	Gashapon	扭蛋，扭蛋玩具
芸者：げいしゃ	Geisha	艺伎，歌伎
下駄：げた	Geta	日本式木屐
銀杏：ぎんきょう	Gingko	银杏
銀杏ナット：ぎんきょうナット	Gingko – nut	［医］白果
銀杏：ぎんきょう	Ginkgo	银杏树
碁：ご	Go	围棋
五目：ごもく	Gomoku	五子棋

（续上表）

日语原词	英语借词	汉语意思
ギャル	gyaru	姑娘，少女
餃子：ぎょうざ	gyoza	饺子
袴：はかま	Hakama	和服裤裙
法被：はっぴ	Happi	（日常穿的）宽松外衣
腹切：はらきり	Harakiri	切腹
鉢巻：はちまき	Hachimaki	缠头；缠头布
俳句：はいく	haiku	俳句
平準化：へいじゅんか	Heijunka	平准化
変態：へんたい	Hentai	变态
火鉢：ひばち	Hibachi	木炭火盆
ヒジキ	Hijiki	羊栖菜
引き篭り：ひきこもり	Hikikomori	蛰居族
平仮名：ひらがな	Hiragana	平假名
ホームステー	Home stay	寄宿家庭
居合い道：いあいどう	iaido	居合道（日本剑道的一派，由坐姿迅速拔刀格杀）
生け花：いけばな	ikebana	花道；插花艺术
慰安婦：いあんふ	ianfu	慰安妇
一本：いっぽん	Ippon	（日）（柔道中的）一胜
イタイイタイ	Itai－itai	镉中毒
イタイイタイ病	Itai－itai disease	疼痛病
自爆：じばく	jibaku	自爆，自杀式爆炸
自動化：じどうか	jidoka	自动化
甚平：じんべい	jinbei	甚平
柔道：じゅうどう	judo	柔道
柔術：じゅうじゅつ	Jujutsu	柔术
歌舞伎：かぶき	kabuki	歌舞伎
駕籠：かご	Kago	日本轿子
改善：かいぜん	Kaizen	改善，不断改进提高（日本企业哲学）
掛け物：かけもの	kakemono	（挂在壁上的）字轴，画轴，长轴

173

（续上表）

日语原词	英语借词	汉语意思
神風：かみかぜ	kamikaze	（第二次世界大战期间日本空军自杀敢死队）神风特攻队员，此种战术的飞机或驾驶员
看板：かんばん	kanban	看板（法）（指企业为降低原材料或零部件的仓储成本在需要前夕才进货的制度）
漢字：かんじ	kanji	日本汉字
カラオケ	karaoke	卡拉 OK
神：かみ	Kami	神
唐手：からて	karate	空手道（日本的一种徒手自卫武术）
過労死：かろうし	Karoshi	过劳死
刀：かたな	Katana	武士刀，刀
片仮名：かたかな	Katakana	片假名
カツどん	katsudon	猪排饭
可愛い：かわいい	kawaii	卡哇伊
系列：けいれつ	keiretsu	日本的公司体系
競輪：けいりん	keirin	凯林赛，自行车赛
携帯：けいたい	keitai	手机
蹴鞠：けまり	Kemari	蹴鞠
剣道：けんどう	Kendo	剑道，剑术
剣術：けんじゅつ	Kenjutsu	剑术
憲兵隊：けんぺいたい	kempeitai	宪兵
着物：きもの	Kimono	和服
鯉：こい	Koi	锦鲤（观赏鱼，源自日本）
昆布茶：こんぶちゃ	Kombucha	红茶菌
昆布：こんぶ	Kombu/kombu	昆布，海带
蒟蒻：こんきゃく	konnyaku	蒟蒻
蒟蒻：こんじゃく	konjac	蒟蒻；魔芋
琴：こと	Koto	十三弦古筝
葛：くず	Kudzu	野葛

（续上表）

日语原词	英语借词	汉语意思
狂言：きょうげん	Kyogen	狂言
弓道：きゅうどう	Kyudo	弓道
ロリコン	Lolicon	喜欢可爱的小女孩的人，萝莉控
招き猫：まねきねこ	manekineko	招财猫
漫画：まんが	Manga	漫画
漫画家：まんがか	Mangaka	漫画家
漫才：まんざい	Manzai	日本相声，漫才
回し：まわし	Mawashi	兜裆布
帝：みかど	mikado	日本天皇
味醂：みりん	mirin	甜米酒，一种日本料酒
味噌：みそ	Miso	日本豆面酱
萌え：もえ	Moe	萌（可爱）
文字化け：もじばけ	Mojibake	乱码
もったいない	Mottainai	怕浪费
艾：もぐさ	Moxa	（针灸术用的）艾，艾的代用品，艾蒿
もやもや病	Moyamoya	烟雾病
無駄：むだ	muda	浪费
納豆：なっとう	Natto	纳豆，水豆豉
根回し：ねまわし	Nemawashi	先疏通；打好招呼；做好准备
根付：ねつけ	Netsuke	悬锤，坠子
忍者：にんじゃ	ninja	忍者，（受过专门训练被雇作间谍或刺客的）日本武士
任天堂：にんてんどう	Nintendo	任天堂（公司名）
能：のう	Noh	能乐
海苔：のり	Nori	海苔，紫菜
ヌンチャク	Nunchaku	双节棍
帯：おび	obi	（日本妇女和服用的）宽腰带
温泉：おんせん	Onsen	温泉，词源源于日本语
折り紙：おりがみ	origami	折纸手工

175

（续上表）

日语原词	英语借词	汉语意思
お宅：おたく	otaku	（网络用语）日；原意为"御宅"；御宅族是指疯狂热烈动漫；沉浸在幻想世界中
親父：おやじ	oyaji	自己或朋友的父亲
大関：おおぜき	Ozeki	大关（相扑的三名最高级别之二）
パチンコ	pachinko	弹球盘（日本一种类似于弹球的赌博游戏）
パンチラ	panchira	露底，走光
ぽかよけ	Pokayoke	防错
落語：らくご	Rakugo	落语（单口相声）
ランドセル	Randoseru	小学生用背包
ラーメン	Ramen	（方便）拉面，拉面（不指中国拉面）
人力車：じんりきしゃ	Rickshaw	黄包车，人力车
ローマ字：ローマじ	Romaji	罗马字（指用以拼写日语的罗马字母）
浪人：ろうにん	Ronin	浪人（指封建时代失去封禄、离开主家到处流浪的武士）
労務者：ろうむしゃ	Romusha	劳工
旅館：りょかん	Ryokan	（尤指传统的）日本式旅店
釵：サイ	Sai	钗
酒：さけ	Sake	日本米酒
サラリーマン	Salaryman	工薪阶层，白领
侍：さむらい	Samurai	陆军将校；（史）（日本封建时代的）武士
刺身：さしみ	Sashimi	生鱼片（日本菜肴，蘸调味酱食用）
悟り：さとり	Satori	开悟（日本佛教禅宗用语）
三白眼：さんぱくがん	Sanpaku	（虹膜）三白症（的），三白眼
声優：せいゆう	Seiyu	配音演员

（续上表）

日语原词	英语借词	汉语意思
先生：せんせい	Sensei	老师：师傅
切腹：せっぷく	Seppuku	切腹自杀
しゃぶしゃぶ	Shabushabu	［烹饪］涮肉，日本火锅
三味線：しゃみせん	Shamisen	日本三弦
柴犬：しばいぬ	Shiba inu	柴犬；西巴犬
渋い：しぶい	Shibui	典雅的，雅致的
指圧：しあつ	shiatsu	指压，指压按摩疗法
椎茸：しいたけ	Shii－take	香菇
シゲラ	shigella	志贺氏（杆）菌（用发现者志贺洁的姓氏命名）
新幹線：しんかんせん	shinkansen	新干线
神道：しんとう	Shinto	日本的神道教，1945 年前为日本国教
紫蘇：しそ	Shiso	紫苏
将棋：しょうぎ	Shogi	将棋，日本象棋
将軍：しょうぐん	Shogun	幕府时代的将军
将軍あて：しょうぐんあて	Shougunate	将军职位，将军政治，幕府时代
しょうたコン	Shotacon	正太控，指对男性幼童的特殊喜爱及产生"萌"感觉的人
修道：しゅうどう	Shudo	修道
春画：しゅんが	Shunga	春宫画
鹿：しか	Sika	（中国、日本等地产的）梅花鹿
蕎麦：そば	Soba	荞麦面
醤油：しょうゆ	Shoyu	酱油
数独：すうどく	Sudoku	数独，九宫格游戏
スケバン（女番、スケ番）	Sukeban	大姐，大姐大
鋤焼：すきやき	Sukiyaki	寿喜烧（日本菜的一种），鸡素烧；日本式牛肉（鸡肉）火锅；
相撲：すもう	Sumo	相扑

（续上表）

日语原词	英语借词	汉语意思
寿司：すし	Sushi	寿司，生鱼片冷饭团
足袋：たび	Tabi	（大踇趾单独分开的）日本式厚底短袜
宝塚：たからづか	Takarazuka	宝冢
七夕：たなばた	Tanabata	七夕
短歌：たんか	Tanka	短歌（三十一音节字的日本诗体）
畳：たたみ	Tatami	榻榻米（日本人铺在室内地板上的稻草垫）
天婦羅：てんぷら	Tempura	天麸罗（日本菜肴）
照り焼き：てりやき	Teriyaki	红烧的
豆腐：とうふ	Tofu	豆腐
床の間：とこのま	Tokonoma	（日本房屋起居室的）床之间，壁龛
豚カツ：とんかつ	Tonkatsu	猪排（后面两个假名的发音与"勝つ（かつ：胜利）"的发音相似，因此日本人较喜欢吃，希望讨个好彩头）
津波：つなみ	Tsunami	海啸
大君	Tycoon	（史）大君；将军；（口）企业巨头；大亨
饂飩：うどん	Udon	乌冬面
浮世絵：うきよえ	Ukiyoe	浮世绘
旨み：うまみ	Umami	鲜味
漆：うるし	Urushi	漆
～系：～けい	Visual kei	视觉系
侘び寂び：わびさび	Wabisabi	闲寂
山葵：わさび	Wasabi	（吃生鱼片沾用）山葵，芥末
草鞋：わらじ	Waraji	草鞋
流鏑馬：やぶさめ	Yabusame	流镝马，骑射；骑射
焼き鳥：やきとり	Yakitori	烤鸡肉串，串肉扦上腌泡过的小鸡块
ヤクザ	Yakuza	日本瘪三，小流氓
横綱：よこづな	Yokozuna	横纲（相扑的三名最高级别之一）

（续上表）

日语原词	英语借词	汉语意思
座布団：ざぶとん	Zabuton	拜墼、坐垫
财阀：ざいばつ	Zaibatsu	财阀
禅：ぜん	Zen	禅，禅宗（中国佛教宗派）
草履：ぞうり	Zori	草鞋，便鞋

中文参考文献

[1] 奥村和美：《〈千字文〉的接受——以〈万叶集〉为中心》，王晓平主编：《国际中国文学研究丛刊》（第三集），上海古籍出版社，2015 年。

[2] 奥丽佳：《汉俄语言接触研究》，黑龙江大学博士学位论文，2012 年。

[3] 陈彪：《汉日语"卧薪尝胆"差异探源——从语言世界观谈起》，《长江大学学报（社科版）》2014 年第 4 期。

[4] 陈城城：《日本现行"学习指导要领"修订研究》，东北师范大学硕士学位论文，2012 年。

[5] 陈娟等：《现代汉语对日语词汇的汉化与吸收—以大众文化中的日语借词为中心》，修刚主编：《外来词汇对中国语言文化的影响》，人民出版社，2011 年。

[6] 陈奇秀：《从日本理念学习指导要领看其战后国语教育课程的流变》，南京师范大学硕士学位论文，2014 年。

[7] 陈松岑：《新加坡华人的语言态度及其对语言能力和语言使用的影响》，《语言教学与研究》1999 年第 1 期。

[8] 陈舜臣著，邱岭译：《日本人和中国人》，文化艺术出版社，1990 年。

[9] 程工：《世界主要国家文化安全政策研究》，社会科学文献出版社，2014 年。

[10] 程志燕：《日本战后日本语教育国际化》，《日本问题研究》2014 年第 3 期。

[11] 达·巴特尔：《母语与语言安全问题——纪念第十二个国际母语日》，《内蒙古社会科学（汉文版）》2011 年第 3 期。

[12] 大贯惠美子著，石峰译：《作为自我的稻米：日本人穿越时间的身份认同》，浙江大学出版社，2005 年。

[13] 大森和夫、大森弘子：《新日本概况》，外语教学与研究出版社，2014 年。

[14] 戴季陶：《日本论》，上海民智书局，1928 年。

［15］戴季陶：《日本论》，广东旅游出版社，2015 年。

［16］范明明：《从〈日本论〉解读戴季陶的日本观》，《乐山师范学院学报》2011 年第 2 期。

［17］方小兵：《母语意识视域下的母语安全研究》，《江汉学术》2016 第 1 期。

［18］付瑞红：《文化安全》，国际文化出版公司，2013 年。

［19］贾朝勃：《语言表象的文化内因——集团意识在日语语言中的渗透》，《日语学习与研究》2012 年第 4 期。

［20］家永三郎著，刘绩生译：《日本文化史（第二版）》，商务印书馆，1992 年。

［21］季庆芝：《现代汉语中的日语反输入》，山东师范大学硕士学位论文，2011 年。

［22］高名凯、刘正埈：《现代汉语外来词研究》，文字改革出版社，1958 年。

［23］高名凯、刘正埈、史有为等：《汉语外来词词典》，上海辞书出版社，1984 年。

［24］顾海根：《日本语概论》，北京大学出版社，1998 年。

［25］宫雪：《"协和语"研究》，东北师范大学博士学位论文，2014 年。

［26］韩玉德：《徐福其人及其东渡的几个问题》，《陕西师范大学学报（哲学社会科学版）》2000 年第 2 期。

［27］郝祥满：《日本近代语言政策的困惑——兼谈日本民族"二律背反"的民族性格》，《世界民族》2014 年第 2 期。

［28］黄行：《论国家语言认同与民族语言认同》，《云南师范大学学报（哲学社会科学版）》2012 年第 3 期。

［29］黄文溥：《汉日接触语言学视阈下的日语民族主义——论山田孝雄的语言同化观》，《华侨大学学报（哲学社会科学版）》2014 年第 1 期。

［30］黄亚平、刘晓宁：《语言的认同性与文化心理》，《中国海洋大学学（社会科学版）》2008 年第 6 期。

［31］胡超：《高语境与低语境交际的文化渊源》，《宁波大学学报（人文科学版）》2009 年第 4 期。

［32］胡双宝：《汉语·汉字·汉文化》，北京大学出版社，1998 年。

［33］赖肖尔著，孟胜德、刘文涛译：《日本人》，上海译文出版社，1980 年。

［34］李广志：《徐福传说与中日文化交流》，《民族论坛》2014 年

第 2 期。

［35］黎力：《明治以来的日本汉字问题及其社会文化影响研究》，南开大学博士学位论文，2013 年。

［36］李佳桐：《社会变迁中的日语外来语与语言政策》，《语文学刊（外语教育教学）》2012 年第 4 期。

［37］李炬、李贞爱：《汉字——中、日、韩（朝）文化之基石》，《四川外语学院学报》2000 年第 1 期。

［38］李茹：《在语言选择中构建社会身份》，《山西农业大学学报（社会科学版）》2008 年第 1 期。

［39］李巍：《论马丁内语言思想的主要特征》，《外语教学理论与实践》2014 年第 2 期。

［40］李艳华：《中日语言表现特点对比》，《湖北科技学院学报》2015 年第 10 期。

［41］李御宁著，张乃丽译：《日本人的缩小意识》，山东人民出版社，2003 年。

［42］李兆忠：《暧昧的日本人》，金城出版社，2005 年。

［43］刘桂萍：《战后日本青少年国语教育核心理念探析——基于战后日本首相施政报告及日本国语教学大纲的研究》，《外国中小学教育》2015 年第 7 期。

［44］刘元满：《日本的语言推广体系及启示》，《语言文字应用》2008 年第 4 期。

［45］卢万才：《现代日语敬语》，黑龙江大学出版社，2010 年。

［46］鲁思·本尼迪克特著，吕万和、熊达云、王智新译：《菊与刀：日本文化的类型》，商务印书馆，1990 年。

［47］安德烈·马丁内著，罗慎仪、张祖建、罗竞译：《普通语言学纲要》，国际文化出版社，1988 年。

［48］毛峰林：《日语表达方式特点及其语用语境关系》，《日语学习与研究》2008 年第 2 期。

［49］潘文国：《语言对比的哲学基础——语言世界观问题的重新考察》，《华东师范大学学报（哲学社会科学版）》1995 年第 5 期。

［50］潘一禾：《文化安全》，浙江大学出版社，2007 年。

［51］钱冠连：《语言——人类最后的家园：人类基本生存状态的哲学与语用研究》，商务印书馆，2005 年。

［52］邱紫华：《日本和歌的美学特征》，《华中师范大学学报（人文社会科学版）》2004 年第 2 期。

［53］申小龙：《索绪尔"语言"和"言语"概念研究》，《中国海洋大学学报（社会科学版）》2004 年第 6 期。

［54］史有为：《汉语外来词》，商务印书馆，2000 年。

［55］石田一良著，许极燉译：《日本文化：历史的展开与特征》，上海外语教育出版社，1989 年。

［56］孙芳、马爱莲：《日本母语教育的特色探微》，《语文教学通讯》2007 年第 33 期。

［57］孙常叙：《汉语词汇》，吉林人民出版社，1957 年。

［58］孙满绪：《日语和日本文化》，外语教学与研究出版社，2007 年。

［59］苏金智：《日本的语言推广政策》，《语文建设》1993 年第 3 期。

［60］涂成林、史啸虎：《国家软实力与文化安全研究——以广州为例》，中央编译出版社，2009 年。

［61］谢添：《浅析日语在国际化推广中的制约因素》，《青春岁月》2013 年第 23 期。

［62］徐来娣：《汉俄语言接触研究》，黑龙江人民出版社，2007 年。

［63］徐青：《日本国语政策中的"废除和限制汉字"现象》，《浙江理工大学学报（社会科学版）》2014 年第 5 期。

［64］徐一平：《日本语言》，高等教育出版社，1999 年。

［65］王彬彬：《隔在中西之间的日本——现代汉语中的日语"外来语"问题》，《上海文学》1998 年第 8 期。

［66］王东：《敛与狂：日本人看不见的日本》，人民文学出版社，2014 年。

［67］王立达：《现代汉语中从日语借来的词汇》，《中国语文》1958 年第 2 期。

［68］王今铮：《简明语言学词典》，内蒙古人民出版社，1985 年。

［69］王勇：《日本文化：模仿与创新的轨迹（日本学基础精选丛书）》，高等教育出版社，2001 年。

［70］王勇主编：《中日"书籍之路"研究》，北京图书馆出版社，2003 年。

［71］王艳艳：《日语外来语的本土化再考》，《济源职业技术学院学报》2013 年第 1 期。

［72］余澄清：《重提语言是一种世界观（上）》，《中南民族学院学报（人文社会科学版）》2000 年第 2 期。

［73］袁焱：《互补和竞争：语言接触的杠杆——以阿昌语的语言接触

为例》,《语言文字应用》2002 年第 1 期。

［74］翟东娜：《日语语言学》,高等教育出版社,2006 年。

［75］张福贵：《"文化安全"的悖论与"软实力"的正途》,《学术月刊》2012 年第 2 期。

［76］张建英：《文化安全战略研究》,国防大学出版社,2011 年。

［77］张思齐：《在比较中看日本诗歌的六个特征》,《东方丛刊》2008 年第 2 期。

［78］张西平、柳若梅：《研究国外语言推广政策,做好汉语的对外传播》,《语言文字应用》2006 年第 1 期。

［79］张志旻、赵世奎、任之光等：《共同体的界定、内涵及其生成——共同体研究综述》,《科学学与科学技术管理》2010 年第 10 期。

［80］赵坚：《历久弥新：〈论语〉在日本》,《国际汉学》2010 年第2 期。

［81］赵世开：《国外语言学概述——流派或代表人物》,北京语言学院出版社,1990 年。

［82］赵胤伶、曾绪：《高语境文化与低语境文化中的交际差异比较》,《西南科技大学学报（哲学社会科学版）》2009 年第 2 期。

［83］中川正之著,杨虹、王庆燕、张丽娜译：《日语中的汉字 日本人的世界》,北京大学出版社,2014 年。

［84］周祖谟：《汉语词汇讲话》,外语教学与研究出版社,2006 年。

日文参考文献

［1］阿部謹也：『「世間」とは何か』，講談社現代新書，1995 年。

［2］阿部謹也：『近代化と世間——私が見たヨーロッパと日本』，朝日新書，2006 年。

［3］阿部謹也：『「世間」への旅——西洋中世から日本社会へ』，筑摩書房，2005 年。

［4］阿部謹也：『日本人の歴史意識——「世間」という視角から』，岩波書店，2004 年。

［5］荒川惣兵衛：『外来語概論』，三省堂，1943 年。

［6］梶井厚志：『コトバの戦略的思考——ゲーム理論で読み解く「気になる日本語」』，ダイヤモンド社，2010 年。

［7］池上嘉彦：『「する」と「なる」の言語学——言語と文化のタイポロジーへの試論』，大修館書店，1981 年。

［8］石森秀三．基調講演『文明の衝突と文化的安全保障』，日本国立民族学博物館公開シンポジウム（2003）『文明の衝突と現代世界——文化的安全保障の可能性』，URL：http：//www. minpaku. ac. jp/research/activity/project/other/kaken/14601007，2016 年 3 月 30 访问。

［9］汪婷：『中国における外来語の受容——「外来文化の受容と変容」研究の一環として』，『日本鈴鹿国際大学纪要 CAMPANA』2009 年第 16 巻。

［10］加藤周一：『雑種文化——日本の小さな希望』，講談社，1956 年。

［11］樺島忠夫：『日本の文字』，岩波書店，1979 年。

［12］加美嘉史：『戦後京都市における「住所不定者」対策と更生施設：昭和 30 年代の「浮浪者」と「京都市中央保護所」を中心に』，『福祉教育開発センター紀要』2016 年第 13 巻。

［13］加美嘉史：『戦前期京都の「浮浪者」対策：昭和恐慌から戦時体制移行期を中心に』，『社会福祉学部論集』2016 年第 12 号。

［14］川上憲人：『わが国における「ひきこもり」の実態と関連要因：世界精神保健日本調査から』，URL：http：//www8. cao. go. jp/youth/

suisin/pdf/hikikomori/s1－2. pdf，2016 年 3 月 30 日访问。

［15］金光林：『近現代の中国語．韓国．朝鮮語における日本語の影響——日本の漢字語の移入を中心に』，『新潟産業大学人文学部紀要』2005 年第 17 号。

［16］鴻上尚史：『「空気」と「世間」』，講談社現代新書，2009 年。

［17］鴻上尚史：『「世間」を笑い飛ばせ!』，扶桑社，2010 年。

［18］斉藤泰雄：『わが国の国際教育協力理念及び政策の歴史的系譜：草創期から70 年代初頭まで』，『国立教育政策研究所紀要』2008 年第 137 巻。

［19］さねとう・けいしゅう：『日本語の純潔のために』，淡路書房，1956 年。

［20］柴崎秀子：『文字種による文の認知処理速度の差異』，『実験音声学・言語学研究』2010 年第 2 号。

［21］島田泰子：『ありさまを表す一字漢語名詞の国語学的研究：「式」「体」の用法史記述の試み』，奈良女子大学博士学位論文，2000 年。

［22］島田めぐみ：『ハワイの英語新聞に見られる日本語からの借用語』，『東京学芸大学紀要 人文社会科学系』2006 年第 57 巻。

［23］嶋津拓：『言語政策として「日本語の普及」はどうあったか——国際文化交流の周縁』，ひつじ書房，2010 年。

［24］鈴木孝夫、山田尚男、橋本萬太郎：『漢字民族の決断——漢字の未来に向けて』，大修館書店，1987 年。

［25］田中史郎：『「世間」の概念の二重性——阿部謹也「世間論」を検討する』，『世間学』2009 年第 1 巻。

［26］陳舜臣：『日本人と中国人："同文同種"と思い込む危険』，祥伝社，1971 年。

［27］陈生保：『中国語の中の日本語』，『日文研フォーラム』1996 年第 91 回。

［28］津田幸男：『日本語の攻防 他言語と日本語「日本語保護法」の制定を急げ!：日本の言語と文化の安全保障のために』，『日本語学』2012 年第 11 号。

［29］津田幸男：『日本語を護れ!——「日本語保護法」制定のために』，明治書院，2013 年。

［30］土居健郎：『「甘え」の構造』，弘文堂，1971 年。

［31］中根千枝：『タテ社会の人間関係』，講談社，1967 年。

［32］长尾高明：『敬語の常識』，渓水社，2005 年。

［33］中川正之、定延利之：『言語に表れる「世間」と「世界」』，株式会社くろしお，2006 年。

［34］新井芳子：『日本語の立場から見た異文化理解としての"世間体"』，『台湾日本语文学报创刊 20 号纪念号』2005 年記念号。

［35］森本哲郎：『日本語の表と裏』，新潮社，1988 年。

［36］林史典：『日本における漢字』，『岩波講座　日本語 8 ―文字』，岩波書店，1977 年。

［37］藤堂明保：『漢語と日本語』，株式会社秀英，1979 年。

［38］山田孝雄：『国語の中に於ける漢語の研究』，宝文館，1940 年。

［39］山本博文：『武士と世間――何故死に急ぐのか』，中公新書，2003 年。

［40］佐藤直樹：『世間の目――なぜ渡る世間は「鬼ばかり」なのか』，光文社，2004 年。

后 记

在华南师范大学外国语言文化学院专项经费的资助下，拙著几易文稿，终于付梓印刷。此时，笔者心里满怀感激之情。

数年前，笔者加入了华南师范大学外国语言文化学院这个大家庭，亲历了学院最近十年的综合发展。尤其是近五年来，学院各方面建设成果显著，有目共睹。在学术研究方面，全院上下形成了教学科研齐头并进的良好氛围。能够在这样的氛围下做自己感兴趣的课题是一件幸福的事情，衷心感谢感染我、指引我、让我较快地融入这个学术氛围的每一位老师和同事。

二十年前，笔者踏入了洛阳外国语学院。在那里，诸位恩师把我领入了日语语言和日本文化研究的学术殿堂。虽然笔者学艺不精、学术尚浅，但诸位恩师都给予了最大耐心的指引。洛阳外国语学院的胡振平教授、徐明淮教授、张云多教授、李国臣教授、姚灯镇教授、孙成岗教授、肖传国教授、许宗华教授，以及我的日语启蒙导师，现任职于北京外国语大学的施建军教授，都给予了诸多指导和帮助，还有吴宏教授、臧运发教授、李先瑞教授、张兴教授、何建军教授等也都给了笔者大哥哥大姐姐般的亲切指点和关照，在此表示由衷的感谢。原广东外语外贸大学教授，现于澳门大学任职的陈访泽教授是我博士课程的导师，是我学术征途上的一盏指路灯，他给予了我浓厚的学术熏陶，让我受益匪浅。

在日本京都大学田窪行则教授研究室访学期间收获颇丰；在与日本成蹊大学石刚教授的交流中，笔者也得到了极大的启发。感谢他们给予了笔者学术的火花。此外，华南师范大学的吴佩军教授等同事给拙著提出了宝贵的修改意见，在此一并表示感谢。

暨南大学出版社的编辑们百忙之中审校了书稿并及时反馈了书稿问题，没有他们的付出就不会有拙著的如期出版，在此表示衷心感谢！

拙著中如有疏漏或不妥之处，皆因笔者才疏学浅。所有文责均在笔者，恳请学界同仁不吝赐教。

著 者
2019 年 2 月于陋室书房中